WOGUO CHENGSHI GONGYONG SHIYE
PPP XINJIZHI YANJIU
JIYU HEYUE SHIJIAO DE FENXI

我国城市公用事业PPP新机制研究

——基于合约视角的分析

张一楠◎著

中国财经出版传媒集团
中国财政经济出版社
·北京·

图书在版编目（CIP）数据

我国城市公用事业 PPP 新机制研究：基于合约视角的分析 / 张一楠著. -- 北京：中国财政经济出版社，2024. 12. -- ISBN 978-7-5223-3444-8

Ⅰ. F299. 24

中国国家版本馆 CIP 数据核字第 20241U8044 号

责任编辑：张晓丽　　责任印制：史大鹏

封面设计：孙俪铭　　责任校对：张　凡

我国城市公用事业 PPP 新机制研究

——基于合约视角的分析

WOGUO CHENGSHI GONGYONG SHIYE PPP XINJIZHI YANJIU

——JIYU HEYUE SHIJIAO DE FENXI

中国财政经济出版社 出版

URL：http：//www. cfeph. cn

E-mail：cfeph@ cfeph. cn

社址：北京市海淀区阜成路甲 28 号　邮政编码：100142

营销中心电话：010-88191522

天猫网店：中国财政经济出版社旗舰店

网址：https：//zgczjjcbs. tmall. com

中煤（北京）印务有限公司印刷　各地新华书店经销

成品尺寸：170mm×240mm　16 开　16. 5 印张　253 000 字

2024 年 12 月第 1 版　2024 年 12 月北京第 1 次印刷

定价：68. 00 元

ISBN 978-7-5223-3444-8

（图书出现印装问题，本社负责调换，电话：010-88190548）

本社图书质量投诉电话：010-88190744

打击盗版举报热线：010-88191661　QQ：2242791300

序

张一楠博士是我十分欣赏的青年学者，他在攻读博士学位期间，就发表过高质量的学术论文，其旺盛的探索精神和严谨的治学态度给我留下了深刻的印象。在博士学位论文开题之前，他已对公用事业领域有一定的研究积累，并将管制经济学、新制度经济学等的理论与方法引入城市公用事业 PPP 模式的研究中，拓宽了管制经济学、新制度经济学的应用场景。今年盛夏他告诉我，他即将在中国财政经济出版社出版专著，而且这是他在其博士学位论文基础上完成的第一本学术专著。作为长期研究管制经济学、产业经济学的学者，我很赞赏他就一个领域、一个方向、一个问题，进行持续性、有深度、有时代回声的研究。我通读了张一楠博士的书稿，并欣然接受为该书作序的邀请。

中国式现代化具有划时代意义。新型城镇化是中国式现代化的重要组成部分，而城市公用事业发展又是我国新型城镇化战略中必不可少的关键环节。城市公用事业的更新与发展对提高我国现代化水平、激发企业活力、增进民生福祉具有重要意义。伴随着我国财税领域进入深度变革期，无论是政府或公共部门大包大揽的“家长式”体制，抑或是造成政府隐性债务膨胀、区域和城乡发展不均衡的 PPP 旧机制，无法适应中国式现代化的客观要求。2023 年 PPP 新机制的落地，为未来 PPP 项目的法治化、规范化和市场化发展提供了基本准则。“风正帆悬正当时”，在 PPP 新机制的东风下，应当也必须乘势而上，进一步提高我国城市公用事业的供给质量和效率，为实现人民幸福提供物质基础保障。

与传统的城市公用事业 PPP 模式相比，PPP 新机制主要强调以下几个方面内容：首先，在传统的PPP机制中，风险通常由政府和私营部门共同承担，但新机制可能更加注重风险的合理分配，确保各方承担的风险与其能力相匹配。其次，新机制特别强调了特许经营范围的明确性、使用者付费的定义以及PPP项目相关政府投资支持或运营补贴细则。再次，PPP新机制更加重视环境保护和社会责任，确保项目在经济利益的同时，也符合可持续发展的要求。当然，随着技术的发展，新的PPP项目可能更多地利用数字化和智能化技术，提高项目的效率和质量。最后，新机制可能采用更加先进的合同管理方法，如使用智能合约，以自动化执行合同条款，减少违约风险。在此基础上，增加项目的透明度，包括投标过程、合同条款和项目执行的各个阶段，以增强公众信任和市场信心。

张一楠博士的专著特色鲜明。首先，专注我国城市公用事业的研究，提炼出网络性、公用性与垄断性特征，并据此总结了中国经验和中国故事。城市公用事业在世界各国都有各自的发展模式与改革方向，中国特色社会主义市场经济体制决定城市公用事业在我国的发展路径的特殊性，以合约安排为线索，结合相关政策法规、实践案例，总结出政府与民营企业在不同阶段的合约特征及其变迁过程，并为其发展模式的研究提供有力的背景支持。其次，深刻剖析了PPP新机制。张一楠博士针对PPP新机制的本质——合约安排进行了详细论述，并透过产权视角，将我国PPP模式大致分为有限产权、混合产权、完全产权三大类。在此基础上，分析了政府和社会资本在PPP项目中的行为逻辑与约束条件，包括项目的社会总收益、风险偏好和信息不对称等。再次，创新性地阐释了我国城市公用事业PPP新机制实施过程中合约的基本框架和风险管理框架，前者包括项目类型与收费机制、合约的主要条款和设计准则，后者包括全面准确的风险识别清单、科学系统的风险预警机制、权责清晰的风险分担框架三个方面内容。最后，创造性地提出城市公用事业PPP合约的租值创造与分配方案，分析了如何利用贝叶斯方法和无信息先验概念处理合约中的不确定性问题，解决合约订立之初的剩余索取权分配问题。通读全书，我也高度认可PPP新机制的顺利落地运行，离不开科学的合约设计、完善的法律框架、高效的政府监管和广泛的社会参与。

该书的主要价值是就以上原则和主要观点，紧扣住合约这一主线，深刻阐明了城市公用事业PPP新机制面临的挑战，提出了一系列切实可行的治理方案。该书首先将PPP合约分为一般性合约与不完全性合约，其次探讨了PPP新机制的激励相容机制，然后设计了PPP合约全周期动态风险管理框架，最后设计了PPP合约租值创造与收益分配方案。就如何进行风险管理和收益分配，在当下不确定性增加、全社会投资回报率走低的现实背景下具有深刻的现实意义。对于PPP一般性合约中的负外部性与租值消散问题，以及不完全性PPP合约中合作各方行动概率、索取份额、租值创造与利益分配问题，该书都做了富有探索性的研究。

展望PPP新机制下我国城市公用事业的发展，应当以法律法规为准绳、以合约设计为线索、以人民福祉为依归，创造更多价值、尽可能规避各种风险、调动最大范围的积极性，培育法律严明、监管有效、社会共建的PPP发展新环境，为高质量发展我国城市公用事业PPP新机制提供有效的路径。当然，以上目标的实现，仅有一本偏重于理论和框架性的专著还是远远不够的。希望张一楠博士等新一代青年研究人员，有志于投身我国城市公用事业PPP领域的研究，提供更多鲜活的案例、采取更加科学的实证检验方法、钻研不同城市公用事业异质性合约安排，促进城市公用事业PPP新机制更加完善。

最后，再次祝贺张一楠博士完成本书的创作，让我们看到更多新一代年轻学者对管制经济学、新制度经济学和产业经济学的思考感悟。我想这本具有较高学术水平专著的出版，将有助于促进我国城市公用事业PPP新机制的不断完善、激励更多学术新星关注城市公用事业的研究。相信本书将会受到学术界和政府部门的重视以及广大读者的欢迎。

王俊豪

2024年8月于杭州

前　言

新型城镇化作为中国式现代化的重要组成部分，是实现现代化的重要途径和载体，而城市公用事业又是我国新型城镇化战略中必不可少的重要环节。城市公用事业是通过基础设施向个人或组织提供普遍性必需品和服务的产业集群的总称，具有保证物质生产、维护公共秩序、满足生活基本需求的作用。随着市场在资源配置中的作用日益显著，我国城市公用事业逐步从国有企业垄断经营向民营企业特许经营的方式转变。正是在这一过程中，PPP作为对传统供给模式的一种替代性制度安排，起到完善国家治理体系、改善公共服务供给、拓展企业发展空间的积极作用，从而在我国城市公用事业及基础设施建设领域广泛流行。2023 年，由国家发改委和财政部共同研究起草、国务院办公厅转发的《关于规范实施政府和社会资本合作新机制的指导意见》（以下简称“新机制”）正式出台。新机制的发布是中国 PPP 模式发展的重要里程碑，它为未来 PPP 项目的规范化、市场化和效率化发展提供了方向。与此同时，包括营建用途产生异化、社会资本参与困难、政府监管效能不足、项目风险管理水平欠缺的问题仍旧存在，严重阻碍了 PPP 新机制的高质量发展。以合约安排为线索，可以将我国城市公用事业 PPP 新机制面临的挑战理解为 PPP 合约的治理问题，从而通过完善其合约条款，优化其合约设计的方式，为 PPP 新机制在城市公用事业领域的发展寻找一条优化路径。有鉴于此，笔者通过对相关书籍与资料的研读，借鉴前人的理论成果，并结合中国的现实情况，从以下五个方面对中国城市公用事业 PPP 新机制进行了研究。

第一，PPP 新机制凭借其既能有效缓解地方财政压力，又能充分发挥政府和社会资本资源禀赋优势的特点，逐渐成为推动我国治理体系及治理能力现代化的重要制度安排。这一部分内容体现在四个方面：一是，对比已有国内外城市公用事业与 PPP 模式的相关文献及研究内容与方法。二是，城市公用事业的相关特征辨析与行业类别划分。三是，通过对 PPP 概念与内涵的探讨，阐明了其合约本质，并利用产权理论将现有 PPP 模式分为有限产权、混合产权、完全产权三类。四是，新古典与新制度经济学有关城市公用事业 PPP 模式研究的相关理论。

第二，城市公用事业 PPP 新机制现存问题及合约框架。首先，探讨 PPP 新机制的激励相容机制，分析政府与社会资本在 PPP 项目中的行为逻辑与约束条件。研究发现，政府在提供可行性缺口补贴时，需着重考虑项目的社会总收益及代理人风险偏好两个主要因素。其次，详细讨论 PPP 项目合约的基本框架，包括项目类型、收费机制、合约条款和设计准则。设计具体合约条款时，强调了项目模式匹配、风险合理分担和租值配置有效激励等原则。最后，探讨我国城市公用事业 PPP 新机制面临的挑战，将其主要概括为营建用途产生异化、社会资本参与率低、风险管理能力不足和监管效能有待提高四个方面内容。

第三，城市公用事业 PPP 项目合约的全周期动态风险管理。与之相关论述，正如以下四个方面内容：一是，阐明我国城市公用事业 PPP 合约风险的基本概念、四大特征及其全周期动态管理的步骤与方法。二是，建立全面准确的风险识别清单。在探讨比较各类 PPP 项目风险识别方法的基础上，通过跨案例研究的方式，将城市公用事业 PPP 项目风险归纳为七大类，36 种具体风险加以论述，并以此建立起风险清单。三是，科学系统的风险预警机制。利用模糊综合评判与风险清单相结合，建立一套科学系统的 PPP 项目风险指标评价体系，保证 PPP 项目在最大限度上做好风险预警。四是，权责清晰的风险分担框架。在阐明风险应对策略的基础上，明确公私双方的风险分担矩阵，同时，提供了一般性 PPP 合约风险分担的理论框架。

第四，城市公用事业 PPP 项目租值的创造与分配及其合约优化设计。从风险与不确定性的性质特征入手，将城市公用事业 PPP 合约分为一般性与不完全性进行分类讨论。对于一般性 PPP 合约而言，利用数理模型对城市公用事业 PPP 一般性合约的租值配置求取最优解，并结合 2551 个全样本、50 个典型样本和 153 份抽样调查问卷的数据，利用统计推断的方式对 PPP 项目租值配置的相关变量（初始所有权分配比例、风险偏好、各方合作意愿）进行参数估计，而后通过数值模拟的方式将最优剩余索取权等相关变量，量化为更加精确的数值表达。在此基础上，从交易费用的视角，分析 PPP 一般性合约中负外部性与租值消散的影响，引入非正式制度，探讨城市公用事业 PPP 项目负外部性的社会共治问题。对于不完全性 PPP 合约而言，通过动态博弈的数理模型推演，说明各个阶段谈判的损耗系数、合约中强势一方采取行动的概率与索取份额三个变量，对项目租值创造与分配的影响。在此基础上，演示如何利用贝叶斯方法和无信息先验概念处理 PPP 合约中不确定性的问题。最后，总结了城市公用事业 PPP 新机制合约条款的优化设计方案，包括收益条款、风险条款及其他补充条款的设计。

第五，发展中国城市公用事业 PPP 新机制的相关政策建议。总结全书的研究结论，有如下四条政策建议。一是，实现我国城市公用事业 PPP 新机制的高质量发展首先要优化其项目合约的设计，主要包括科学设定模式匹配机制，合理配置项目租值比例，完善动态风险管理框架。二是，PPP 项目合约以法律框架为依托，强化合约合法合规审查，厘清 PPP 合约法律关系，建立立体化法律法规。三是，城市公用事业 PPP 新机制的发展需要政府监管的保驾护航。因而，需要树立尊重市场化的监管理念，完善现代化的政府监管体系，健全科学系统监管监督机制。四是，发展城市公用事业 PPP 新机制还需要除了公私双方以外的社会公众力量的广泛参与。PPP 项目的社会共治可以通过释放社会柔性化治理效能，完善社会公众常规化问责，营造社会共治共享和谐圈。

总而言之，PPP 新机制的本质是建立在公共部门（政府）与私人部门（社会资本）之间的合约安排，实现中国城市公用事业 PPP 模式的良性运行与协调发展，应当着眼于 PPP 的合约治理，根据具体 PPP 项目所面临的局限条件，在项目缔约之前，项目试运营期间、项目中期评估阶段适时完善合约条款，从而不断优化 PPP 的合约设计，为高质量发展我国城市公用事业 PPP 新机制提供一条有效的路径。

目　　录

第1章
绪　论

1.1 研究背景与意义

1.1.1 选题背景

纵观历史，城市公用事业是伴随着欧洲工业化、城市化运动发展而来的。发端于西方国家的工业革命、资产阶级革命使旧的社会结构与统治制度走向终结，新型的生产关系出现，大量的劳动力离开乡村进入城市，以工厂为单位不断形成新的聚落，现代城市的理念应运而生（L. S. Stavrianos，1999）。与城市一同到来的还有新迁人口的生活问题，为生活在新环境里的居民提供必要的公用产品及服务的事业也随之产生。实际上，城市公用事业在居民生活与物质生产两方面具有极广泛的影响力。从消费角度来看，城市公用事业所提供的产品与服务是城市居民必需的生活保障。诸如轨道交通、水务系统、供暖供热等制造加工业、商业和服务业为代表的各项产业所必需的物质基础都依赖于城市公用事业的供给。从生产的角度来看，城市公用事业在一定程度上扮演着“生产要素”的角色。这是因为社会流通的几乎所有商品，它们的生产成本中都包含由城市公用事业提供的产品及服务的价格，一旦城市公用事业领域价格发生变化，其他领域的产品价格就会联动发生变化。

改革开放以来，我国城市公用事业以市场化为导向不断深化改革，历经了招商引资—扩大民营—公私合作（PPP）三个阶段。作为特许经营模式发展到一定阶段的产物，公私合作（PPP）模式在提高公共服务水平与改进政府职能方面都有卓越的表现，这使 PPP 在中国基础设施与城市公用事业领域得到广泛应用。2014—2023 年，在中央各部委陆续出台文件鼓励推广政府和社会资本合作（PPP）的情况下，各地方政府均推出 PPP 示范项目。地方公用事业或基础建设项目的 PPP 模式化“蔚然成风”。但是，刺激经济增长和政绩考核的压力也导致不经过充分论证或合约设计有缺陷的项目大量上马。

实际上，中国经济的结构性问题[①]对PPP模式的应用提出了更高要求，诸如营建用途产生异化、社会资本参与困难、风险管理水平不足、政府监管效能有待提高等问题在实践中逐渐暴露出来并亟待解决。

1. 国际背景

伴随西方国家城市化进程的城市公用事业发展至今，已成为各国经济运行中一个不可或缺的组成部分，其间经历了漫长曲折的发展过程。具体而言，从第二次世界大战结束后到20世纪70年代是“凯恩斯主义”经济学[②]占主导地位的时期，大多数西方发达国家的经济政策与理论研究都围绕着加强政府干预、促进供需总量平衡等内容展开。1947年美国经济学家阿尔文·汉森（Alvin H. Hansen）按照凯恩斯主义的构想提出，政府应当通过设立国有企业的方式增加公共基础设施建设，发展城市公用事业（Alvin H. Hansen，1947）。在此背景下，西方发达国家对多个行业纷纷实行国有化改革，以英国为例，截至1979年造船、电力、铁路、煤气、煤炭、邮政和电讯等行业的国有化率为100%（闻媛，2015）。

与此同时，在凯恩斯主义政策影响下的西方国家普遍出现了低经济增长率与高通货膨胀率的经济表现。面对历史上从未出现过的经济“滞涨”现象，各国政府无所适从。直至20世纪80年代初期，英国与美国政府先后尝试了对本国国有企业的私有化改革，在取得显著成效后，被其他国家纷纷效仿，旋即一场大规模的私有化浪潮在西方世界悄然开始并在随后的时间里加速演进。在此背景下，城市公用事业成为重点改革领域，各国经营企业的理念逐渐由保守转向开放，随之而来的是政府规模的收缩与公共开支日益被削减，在引入市场竞争机制的同时，鼓励社会资本进入市场，并大规模出售国有企业股份，为解决城市公用事业供给问题开辟了新的途径。

与其他行业相比，城市公用事业具有最显著的两大特性，即垄断性与公用性。著名经济学家保罗·萨缪尔森（Paul A Samuelson，2009）把整个西

① 自党的十八大以来，中国积极推动产业升级与产业结构调整，发展高新技术产业和现代服务业，以促进经济的高质量发展。同时，中国在应对债务问题上采取了一系列措施，包括控制地方政府债务规模、化解隐性债务风险等。

② 凯恩斯主义经济学是一种经济理论，主张国家通过扩张性的经济政策，如增加政府开支和实行财政赤字，来刺激总需求、促进经济增长，并维持经济繁荣。

方经济学抽象地概括为三个问题，即生产（供给）什么、由谁来生产（供给）、怎样生产（供给）。城市公共事业独具的两个特性就决定了它对以上三个问题的回答不同于一般行业。在经历私有化浪潮带来的经济高速增长的同时，20世纪80年代一些西方主要国家出现了财政赤字，基础设施建设投资不足，公用行业供给缺位等现象。有鉴于此，由英国政府率先倡议："政府可以采取特许经营的方式授权私营企业在长期合约框架下替代政府营造、运作、管理、城市公用事业及基础设施并向公众提供公共服务"，这就是后来公私合作（PPP）模式的雏形。经过多年来的有效实践，2017年世界权威杂志《国际公共管理》将公共部门与民营机构合作经营（Public—Private—Partnership）赞誉为20世纪80年代的全球性制度革命（王俊豪和陈无风，2014）。

21世纪以来，PPP模式在世界范围内得到了充分地发展与广泛地运用。私人融资计划PFI（Private Finance Initiative）可以被认为是当今全球最早的PPP形式，它发源于英国，在全球金融危机发生之前，一直呈上升趋势。美国PPP潜力巨大，却落后于全球PPP步伐，未形成稳定的项目库。近年来，PPP在加拿大稳步发展，无论从市场活跃度还是发展模式看，都堪称世界一流。加拿大PPP委员会发布的白皮书就毫不讳言地指出，加拿大是全球PPP最佳实践的主要来源。世界货币基金组织的报告也表明："许多欧洲大陆国家，包括芬兰、德国、希腊、意大利、荷兰、葡萄牙和西班牙等都有PPP项目。在中欧和东欧国家，包括捷克、匈牙利和波兰着手大量开展PPP项目投入时，日本与加拿大的公私合作项目数量也在逐步上升，而其中拉美、墨西哥和智利在这一领域最为领先"（萨瓦斯，E. S. Savas，2015）。

总而言之，公共事业或公共服务在西方发达国家多年来一直都是热门的研究领域。例如，埃莉诺·奥斯特罗姆（Elinor Ostrom）作为美国公共选择学派的创始人之一，以公共池塘资源自主治理等方面的研究成就，被授予2009年的诺贝尔经济学奖（Elinor Ostrom，2019）。PPP作为一种新型的与公用事业结合比较紧密的制度性安排，不但在全球很多国家得到推广运用，而且逐渐成为国际上重大基础设施特别是城市公共事业项目的主要营建模式，这为我国城市公用事业的发展提供了有益的参照。

2. 国内背景

在新中国成立后很长一段时期内，我国的城市公用事业基本上实行政府直接投资、国有企业垄断经营的管理体制。这种国有国营的发展模式虽然能够基本满足广大人民群众的生产生活需求，但却牺牲了企业经营的效率，并让政府背上了严重的财政负担，致使资源未得到最优配置。闻媛（2015）对公用行业在西方私有化浪潮中的改革状况总结到："本应由政府负担的福利措施都转变为由私人拥有和提供，第二次世界大战以前鲜明的自由资本主义色彩再度回归，取代了凯恩斯主义一跃成为国际范围内首要的政府执政理念"。我国以党的十一届三中全会的胜利召开为标志，开启了对中国特色社会主义探索的新时期，时间大致与欧美发达国家的私有化浪潮同期。1982 年 9 月，党的十二大明确提出了"计划经济为主，市场调节为辅"的经济原则，在此背景下，我国经济体制逐步由计划经济向市场经济转轨，其间，对中国城市公用事业民营化的改革呼声持续不断。

改革开放后，秉承"逐步开放，充分授权"的理念，中国城市公用事业采用了特许经营的发展模式。王俊豪（2022）将此概括为："中国城市公用事业改革最为普遍的形式是对城市供水、供气、供热、公共交通、污水处理、垃圾处理等主要城市公用事业实行特许经营，即城市政府按照有关法规，通过市场竞争机制选择城市公用事业的投资者或经营者，明确其在一定时期和范围内经营某项城市公用事业"。从 21 世纪初开始，面对着政府财政负担不断加重及城市居民对更高公共服务质量的需求，城市公用事业需要找到新的发展策略及经营手段。由于可以充分发挥政府部门与社会资本两个方面的资源禀赋，具有明显的风险分担与利益共享框架，PPP 逐渐成为我国基础设施及城市公用事业发展的流行模式，如 2008 年北京奥运会的主体育场鸟巢以及北京地铁 4 号线、14 号线运营建设等项目。党的十八届三中全会通过《中共中央关于全面深化改革若干重大问题的决定》（以下简称《决定》）明确提出，对包括主要城市公用行业在内的自然垄断行业，要"实行以政企分开、政资分开、特许经营、政府监管为主要内容的改革，根据不同行业特点实行网运分开、放开竞争性业务，推进公共资源配置市场化"，PPP 纵向一体化式的组织结构及其灵活有效的合约安排与《决定》的指导思想高度契合。

党的十八届三中全会后，政府着力寻求深化改革的方向，其中主要的着力点就是以 PPP（公私合营）模式为依托，通过推动城市公用事业及基础设施领域的建设来刺激投资，缓解地方政府债务压力。城市公用事业具有收入稳定、现金流充沛等特点，对追求稳定回报的社会资本具有强大的吸引力，因而公共部门与社会资本的合作渐成趋势。国务院及多部委先后颁布了《国务院关于加强地方政府性债务管理的意见》（国发〔2014〕43号）、《关于推广运用政府和社会资本合作模式有关问题的通知》（财金〔2014〕76号）、《关于规范政府和社会资本合作合同管理工作的通知》（财金〔2014〕156号）。2015年4月25日，国家发改委、财政部、住房和城乡建设部、交通运输部、水利部、中国人民银行六部委联合出台了《基础设施和公用事业特许经营管理办法》（六部委第25号令），积极倡导并推广使用PPP模式，从而掀起PPP模式的研究和运用热潮。2019年中央经济工作会议和全国财政工作会议强调要加大基础设施等领域补短板力度，有效防控地方政府隐性债务风险，充分发挥PPP模式积极作用，推动经济高质量发展。2019年财政部出台《关于推进政府和社会资本合作规范发展的实施意见》（财金〔2019〕10号），提出PPP规范发展的总体要求，扎实推进PPP规范发展。同年国家发改委又发布了《关于依法依规加强PPP项目投资和建设管理的通知》，在前期PPP项目的丰富实践后，进行了科学总结、加强了规范管理，一系列政策与法规为PPP模式在我国开展实践发挥了巨大作用。

根据财政部PPP综合信息平台数据显示，截至2022年年底，财政部PPP管理库项目10346个，入库项目的平均期限是19.52年，已处于执行阶段的项目计划合作时间为18.81年，其投资总额超16万亿元①。随着PPP模式在我国城市公用事业领域的广泛应用，诸如营建用途产生异化、社会资本参与困难、PPP合约治理与风险管理水平不足、政府监管效能有待提高等问题也逐渐暴露出来并亟待解决。国家发改委和财政部在2023年11月联合发布了《关于规范实施政府和社会资本合作新机制的指导意见》（国办函〔2023〕115号），这一政策文件的出台标志着中国PPP模式进入了一个新的发展阶段。政策导向转变为鼓励和引导PPP模式向规范化、市场化和法治化方向发展，重点支持那些有经营性收益、能够自我平衡的项目，同时对项目的财政承受能力进行严格控制，以防止新增地方政府隐性债务。

① 资料来源：财政部PPP综合信息平台 https：//www. cpppc. org/。

综上所述，PPP 从“呱呱坠地”到“枝繁叶茂”大致经历了一个“西风东渐”的过程，现已成为弥补我国基础设施领域投资不足的有力工具。从我国经济发展的实际出发，PPP 能够在保证财政可持续能力的前提下，满足农村和小城镇快速实现工业化和城市化，释放经济活力、提高经济发展效率的需求。随着城市公用事业 PPP 新机制逐渐地铺陈推广，使社会各界更加关注政府与市场的界定以及职能范围的划分，综合权衡公平与效率的关系，加快了城市公用事业高质量发展的步伐。

1.1.2 研究意义

1. 理论意义

第一，拓宽了垄断理论的界限。与垄断相关的理论研究历来是产业经济学关注的重点内容，城市公用事业长久以来被认为是具有自然垄断性质的行业，部分学者主张政府应该主动承担管理公用事业的责任，调节资源配置（许洋洋，2018）。在现实经济情况中，政府往往会设立专有国有企业以国家垄断的形式来确保这些行业的公共职能（谢地和刘佳丽，2015）。然而，自然垄断与政府垄断经营都属于垄断范畴，长期来看，这并不会给城市公用事业领域的资源使用带来根本性的变化。新古典经济学理论总是以自然垄断与反垄断的理论为出发点，试图在“有为政府”与“有效竞争”之间寻找一种平衡，PPP 模式作为一种在世界范围内流行的兼顾解决政府财政负担与提高公用品供给效率的新型制度安排，为解决公用事业经营的垄断问题提供了新的思路，拓宽了垄断理论的界限。

第二，将交易费用理论应用于城市公用事业 PPP 新机制的研究。新古典经济学理论通常以完全竞争市场或完全合约作为标准参照系，并以此来研究不同市场主体的生产效率和资源配置问题；然而，在现实的经济运行中却存在着大量交易费用，或者说是信息费用（信息不完全或不对称），忽略交易费用使新古典经济学缺乏对现实世界的解释力。风俗礼仪与社会规范具有降低交易费用的作用，并且可以被不同观察者度量，从而为 PPP 合约条款的优化设计提供更多的可能性。因而，本书的理论意义在于，从交易费用的视角，分析 PPP 一般性合约中负外部性与租值消散的影响，引入非正式制度，探讨城市公用事业 PPP 项目负外部性的社会共治问题。

第三，为中国城市公用事业 PPP 新机制的高质量发展提供了一个完整的分析框架。本书主张将 PPP 新机制理解为不同局限条件下的特许经营合约。通过区分风险与不确定性的概念将城市公用事业 PPP 合约分类为一般性与不完全性。从 PPP 一般性合约的角度出发，提出建立全周期风险动态管理，它包含全面准确的风险识别清单、科学系统的风险预警机制和权责明晰的风险分担框架。与此同时，利用数理模型对 PPP 一般性合约的租值配置求取最优解，并结合 2551 个全样本、50 个典型样本和 153 份抽样调查问卷的数据对其相关变量进行参数估计。从 PPP 不完全性合约的角度出发，通过动态博弈方法，分析了公私双方在专用性资产投资合作形式中的互动，以及影响谈判和租值分配的关键因素，从而完善 PPP 项目的合约条款设计，实现 PPP 项目合约的有效治理。

2. 现实意义

第一，对 PPP 模式的研究于我国城市公用事业的良性运行与协调发展具有积极作用。我国的城市公用事业还处在市场化改革的进程中，PPP 作为新兴的制度安排被引入我国公用事业领域，可以视为是特许经营发展到一定阶段的产物，或者可以认为是特许经营模式的一个“延续”，目前尚在探索发展阶段，涉及的 PPP 项目中合作各方的具体合作模式，以及风险分担、租值分配等合约设计都是直接决定项目成败的关键因素，对于 PPP 模式的发展和我国城市公用事业的运行都有着至关重要的作用，其合约设计办法为我国城市公用事业 PPP 项目提供了指导性、操作性的实施办法。

第二，采用 PPP 新机制发展城市公用事业有利于促进我国新型城镇化战略的实施。《国家新型城镇化规划（2014—2020 年）》的正式发布，标志着中国新型城镇化战略的具体实施框架已经确立。党中央提出了以人为核心的新型城镇化战略，这不仅关注人口的城镇化，更注重提高城市居民的生活质量。城市公用事业作为提升居民生活品质的重要部分，其发展水平直接关系到新型城镇化战略的成效。目前，单纯依靠各级政府的财政资金难以满足城镇化发展带来的巨大需求缺口，且单一的投资模式往往缺乏效率，这又会给新型城镇化的持续推进造成障碍。因而，总结旧有的城市公用产品与服务的供给模式的经验，引入 PPP 新机制有助于缓解政府的财政压力，同时促进城市公用事业的高质量发展，为新型城镇化提供必要的物质基础和生活质量保障。

第三，有利于促进我国政府转变职能，丰富了政府监管的实践内容。党的十八大以来，我国城市公用事业在不断放开社会化参与的准入门槛、深化市场化改革、提高公共服务效率等方面取得了长足的进步。政府在这一过程中扮演着既要“放得开”，也要“管得住”的重要角色。倘若政府没有科学地设计以及规划有效的竞争和监管政策就很可能造成经营效率低下、出现项目失败的风险。在全面推进经济高质量发展的新形势下，对政府监管也提出了新要求，学术界亟待重新审视城市公用事业 PPP 模式与政府监管面临的新课题。本书从树立全新监管理念、完善现有监管体系和注重社会性监管等方面对城市公用事业 PPP 项目监管提出了相关建议，为各监管方革新理念、重构监管目标、转变监管方式、设计高效的治理架构提供新的思路。

1.2 相关文献综述

1.2.1 国外相关文献述评

城市公用事业被传统经济学理论认为具有自然垄断性，有关该领域的研究也都以此为基础展开，对自然垄断及其相关理论的回顾将有助于我们的研究。回顾经济史可以发现，早在 1887 年，亨利·卡特·亚当斯（Henry Carter Adams）就在《政府与产业行为的关系》中明确了自然垄断行业的定义，他认为规模经济效应是造成行业天然垄断性的根本原因，并主张政府应该对具有自然垄断性质的行业实施管制，以达到维护社会福利的目的（Adams H C，1887）。凯森与特纳（Karl Kaysen 和 Donald Turner，1959）尽管也认为规模经济与自然垄断关系密切，然而，究竟该如何定义规模经济却是其面临的难题。如今的社会瞬息万变，市场规模及范围的变化导致自然垄断的边界也处在不断变化中，怎样处理城市公用事业垄断性业务的问题是学者们历来关注的重点。

20世纪70年代西方各国逐渐放松了政府管制政策，引入市场竞争机制，对传统国有经营的行业实行股份制改革，这一系列措施被后来的学者称为私有化浪潮，有关公用事业的改革在当时成为学者们关注的热点问题。在此背景下，英国政府率先提出了公共部门与私人部门合作经营公共事业的新兴发展模式，即PPP（Public - Private - Partnership）。有学者通过《世界志》考证了PPP的起源，“在凯撒时期，罗马帝国曾授予萨拉西布罗（Salacibro）管理小巴纳德山口收取道路费的特许权，作为回报，部落需要承担维修山间道路、引路和搬运的责任，这便是最早的公私合作的形式”（君特·维瑟尔，Gunther Wessel，2012）。由此可知，公私合作模式起源于公用事业中道路建设的一种公私合作关系，并最终拓宽至多领域的公用事业营建。

PPP模式发轫于欧美发达国家，由于其变化多端的实践形态与无法统一的合约标准，要对PPP提出一个精确的定义是相当困难的。《论语》有言：“名不正，则言不顺；言不顺，则事不成。”① 准确把握研究对象的概念是任何研究工作的前提（洪银兴，2019）。公私合作制（PPP模式）是一个相当宽泛的概念，虽然各国学者不能得到一个令所有人信服的统一的定义，但对于多国研究机构及著名学者的研究，以求同存异的目标进行总结，其结论是可以满足本书研究需求的。具体而言，欧盟将PPP定义为公共部门和私营部门共担责任与风险来提供公共产品的实践模式。这为相关立法和行政部门的监管导向、监管方式提供了指导，同时也可以由此拓展，考虑引入第三方参与PPP（杨雅琴，2016）。联合国发展计划署指出：“PPP是基于某个具体的项目，在政府、营利性企业和非营利性组织之间形成的合作形式，这种形式的好处是政府通过向私营部门转移部门风险和责任，最终双方享受合作带来的成果”（贾康、孙洁，2014）。加拿大国家PPP委员会：“PPP是公私部门之间的合作经营关系，合作的基础是合作者的经验。公共需求的满足通过风险分担，利益共享和资源分配来实现”（Allan B. J，1999）。

英国财政部将PPP模式总结为由三个层次组成的内容：一是私人部门在国有行业的引进；二是公共部门利用私人的技术、管理和资金优势，通过合

① “名不正，则言不顺；言不顺，则事不成”出自《论语·子路篇》，这里借喻定义PPP模式是其研究的前提。

约购买公共产品的服务以及支持公共项目；三是利用私人部门的技术和资金对政府商业潜力进行开发（Siemiatycki M，2012）。官方的定义来自美国 PPP 国家委员会（The Nations Council for PPP，USA，2002），该机构认为，尽管应用 PPP 模式进行工程建设、运营维护、经营管理的城市公用事业及基础设施几乎全部借助于私人资本来实现，然而，PPP 模式并不等同于私有化。它实际上是介于私人企业与政府购买服务之间并结合了两者特点的一种公共产品供给方式（The Nations Council For PPP，2002）。随着公私合作模式在世界范围内的推广，越来越多的组织机构对其性质进行了深入的研究。

尽管在世界范围内，学者们对 PPP 模式的理论研究与发展方向众说纷纭，但可以肯定的是这种合作关系的确立，必定以合约形式呈现。实际上，无论 PPP 项目的时间长短、投资大小以及经营效率如何，都要受到公共部门与私人部门所签订的合约的约束，所以，可以把公私合作项目看成是长短不同、内容相异、彼此联系紧密的若干合约的集合体。国际上许多学者从合约视角出发，对 PPP 模式展开了相关理论的研究。Liu F 等（2020）从合约关系的角度研究了 PPP 项目主体的治理机制。通过使用明确的合约条款来抑制风险行为，从而达到剩余索取权和控制权的对称配置，改善项目主体的合作方式，最终实现 PPP 项目的有效治理。Bi L 和 Ma X（2018）同样从合约理论的视角出发，对 PPP 项目中经济主体的机会主义行为与治理结构的问题进行了深入研究。有鉴于此，可以将 PPP 模式理解为公共部门（政府）与私人部门（社会资本）本着“共担风险，共享收益”的原则，通过事前双方确认的一系列合约条款的组合，为实现整个项目建设及运营能以最低的交易成本完成，达成改进资源配置效率目标的工具。

城市公用事业 PPP 项目就其本质而言，可以看成是基于风险分担、利益共享、长期合作的主要由政府与社会资本双方参与的一种特许经营合约。PPP 合约通常具有法律约束力，明确了政府和私营部门之间的权利、义务和责任。有鉴于此，实现城市公用事业 PPP 新机制的高质量发展，实际上，可以理解为 PPP 合约的有效治理问题。对于合约理论相关文献的综合与分析将有助于本书的研究。著名经济学家哈特（Oliver Hart）和莫尔（Bengt Holmström）提供了一个理解合约设计中激励机制和灵活性之间权衡的框架。在一般情况下，将合约分为宽松型合约（Flexible Contracts）与紧密型合约（Close Contracts)。宽松型合约（Flexible Contracts）具有高度的适应性，能够灵活应对合约执行过程中出现的未预见情况。在解决事后问题时，宽松型合约提供了较大的自由度，允许双方根据新信息进行调整。然而，这种灵活性可能会减少对前期特定投资的激励，因为投资者可能担心未来的合同条款会对自己不利。与之相反，紧密型合约（Close Contracts）为前期的特定投资提供保护，确保投资者能够从其投资中获得合理的回报。通过明确的合同条款，这类合同鼓励投资者进行特定资产的投资，因为它们减少了未来合同重谈的风险。但处理合约不完全性带来的补救问题时可能会产生较高的成本。事实上，没有一种合同形式是万能的，每种合约形式都有其适用的场景和局限性。在实际应用中，合约设计需要根据项目的具体特点、合作双方的风险偏好和预期的投资回报来定制。通过精心设计的合约，可以在激励投资和保持灵活性之间找到一个恰当的平衡点，从而提高合作的效率和成功率。

经济学家奥利弗·威廉姆森（Oliver Williamson）是合约理论和组织理论的重要代表性人物之一。他的研究强调了合约不完全性和个体机会主义行为，以及这些因素如何影响交易成本和治理结构的选择。城市公用事业项目需要进行大量专用性资产的投资，这些专用性资产会在公共部门与私人部门之间造成缔约后的收益分配问题，正如威廉姆森（Williamson，2002）所说："交易双方不可能在合约签订前，就事先确定所有的讨价还价行为。"这一结论是基于交易双方的有限理性以及合约运行环境的不确定性。因此，在合约签订之后，如何就治理结构和制度安排进行科学合理的设计是 PPP 合约治理的重心所在。如果合约是不完全的，就会出现"敲竹杠"问题，即当存在专用性投资时，当事人就面临投资导致的准租金被另一方当事人掠取的风险。

Mansor 和 Rashid（2016）认为，一个完全的合约是不可能达成的，其中，人的因素在决定合约是否完备方面起着重要的作用，该现象同样也适用于私人融资计划（PPP）合约。克莱因（Martin Kline）强调了市场力量在合约实施中的作用，特别是在考虑到合约环境的复杂性和个体行为的不可预测性时。他认为，通过调整合约中的价格机制，可以增强合约的执行力。这意味着合约价格的设定不仅是基于市场供需，还可以作为一种激励措施。这种方法认识到了市场机制在解决合同不完全性和机会主义行为带来的挑战中的潜力，为合约设计和执行提供了有价值的见解。舒尔茨（Schaltz）在 2019

年发表的文章中探讨了不完全合约导致的“敲竹杠”问题，并分析了信息结构如何影响投资激励。在信息对称的条件下，买方的投资动机会随着其谈判能力的提升而增加。然而，这一结论仅适用于单边私人信息的情况；在双边私人信息的情况下，结论可能完全相反。

PPP 项目合约中未明确规定的权利分配可能导致的“敲竹杠问题”（Hold – up Problem）。主流经济学界通常把这一问题划分为不完全合约理论的范畴。不完全合约是指，因为信息不对称或不完全普遍性地存在于各个领域，在信息因素的制约下，缔约各方不可能全面且准确地考虑到未来所有可能发生的情况及对应的职责和权利（Yu – Zhuo Z，2019）。桑福德·格罗斯曼（Sanford J. Grossman）、哈特（Hart）和约翰·摩尔（JohnH Moore）通过建立数学模型提出了不完全合约理论 GHM 模型（GHM 是三位作者姓氏的首字母）①。该理论主要基于以下三个条件：（1）不确定性：由于未来充满不确定性，人们无法预见或预测所有可能发生的情况，这限制了合约能够覆盖的范围。（2）合约的翔实性：即便某些未来事件可以被预见，将这些事件的所有细节以双方都认同的方式纳入合约也是非常困难的。（3）第三方解决成本：当合约双方出现纠纷时，求助于第三方（如法院）来解决问题的成本可能非常高昂。GHM 模型进一步阐释，剩余权利的分配不仅决定了投资决策，还可能对企业各方的行为产生激励或抑制效果，最终影响企业的整体绩效。因此，理解并妥善处理不完全合约及其带来的剩余权利问题是企业管理和治理中的一个关键挑战。

尽管 GHM 理论在不同主题的经济现象中有着强大的揭示力，但其应用也有局限性，即 PPP 项目中产出的产品具有准公用品属性，GHM 模型分析控制权配置问题时，会受到对象的特殊性的影响而失去准确性。有鉴于此，哈特（Hart）、施莱弗（Shleifer）和维什尼（Vishny）利用不完全合约的理

① GHM 理论，即格罗斯曼 – 哈特 – 莫尔（Grossman – Hart – Moore）理论，是现代企业理论中的一个重要分支，主要研究不完全合同、产权和企业治理结构等问题。这一理论由格罗斯曼和哈特（Grossman 和 Hart，1986）以及哈特和莫尔（Hart 和 Moore，1990）共同创立，因此得名。GHM 理论的核心观点是：由于合同不可能完全预见所有未来的情况，因此产权或剩余控制权的配置对激励和信息获取具有重要影响，是分析企业理论、公司治理结构中控制权配置对激励和信息获得性影响问题的最重要分析工具之一。

论框架分析了有关公共部门所有和私人部门承包的两种情况下，对产品和服务成本及质量改进投入的不同影响，并以此提出了 HSV 理论模型①。2006 年弗兰切斯科尼（Francesconi）和穆图奥（Muthoo）总结了 GHM 与 HSV 理论的相关研究成果，在此基础上，提出 FM（Muthoo & Francesconi）理论，这是一种动态的剩余控制权安排思想，所强调的是在公私部门之间生产准公共物品时，最优剩余控制权随着主要影响因素的变化，配置方式也应该有所不同。

根据以上综述分析，可以得出结论，城市公用事业 PPP 项目的合约具有不完全性。从专业术语的角度来讲，人们将这种凭借主观难以分辨概率的状况称为奈特氏不确定性。这里所提到的奈特来自著名经济学家弗兰克·奈特（Frank H. Knight）的名字。弗兰克·奈特将可以分布概率的状况称为风险（Risk），将无法了解概率的状况称为不确定性（Uncertainty），并对两者进行了明确的区分。不仅如此，奈特还主张将许多与经济交织在一起的状况归为"不确定性"。由于这种不可避免并且无法预测的"不确定性"的存在，城市公用事业 PPP 合约需要再谈判机制的设计。切（Che）和豪斯（Hausch，1999）提出了一种更为动态的视角，他们认为当事人的投资行为可能相互影响，即一方的投资会对另一方产生外部效应。在这种情况下，通过建立一个动态的谈判和投资模型，可以在考虑这些外部性的基础上实现帕累托最优。具体来说，如果原始契约不允许重新谈判，那么最优结果无法实现；但如果允许重新谈判，就可以设计出能够达到帕累托最优的合约条款。

阿吉翁等（Aghion 等，1994）强调通过设计契约中的重新谈判机制来应对未来可能出现的不可预见情况。他们认为，设计一个能够防止"敲竹杠"行为的重新谈判框架是解决这一问题的关键。该框架依赖于两个核心条款：首先，极端地配置谈判权利给契约中的一方；其次，如果重新谈判未能达成一致，则维持现状作为默认选项，以保持各方的激励。Segal 和 Whinston 在 2000 年的研究中考察了在特定投资水平下，买方只从一个卖方处购买时排他性契约的重新谈判效果。他们发现，当买方的内部投资能够替代外部投资

---

① HSV 理论模型是由经济学家奥利弗·哈特（Oliver Hart）、安德烈·施莱弗（Andrei Shleifer）和罗伯特·维什尼（Robert Vishny）提出的，旨在分析公共部门所有与私人部门承包两种不同所有权结构下，对产品和服务的成本及质量改进投入的影响。该模型基于不完全合约理论框架，探讨了在不同所有权安排下，激励机制如何影响服务提供者的行为。

时，排他性契约是有益的；相反，如果买方的内部投资与外部投资是互补的，则排他性契约是有害的。同样，如果卖方的内部投资与外部投资互补，排他性契约也是有益的。经济学家让·梯若尔（Jean Tirole），强调了信息透明度和动态协商在解决这一问题中的作用。通过动态协商和重新谈判来适应未来不确定性，同时减少信息不对称和证实成本。这种思路强调了合约设计中的灵活性和适应性，以及在合约关系中建立信任和合作的重要性。在实践中，这意味着合同双方需要投入更多的时间和资源来了解对方的利益，建立有效的沟通机制，并在合同中嵌入灵活的修正条款，以应对未来可能出现的各种情况。

在各国的 PPP 项目实践中，从交易费用或机会主义角度进行的探讨，近年来获得了一些有说服力的结论。Kumar. C（2018）利用印度 PPP 公路合约，从机会主义的视角，比较分析两种主要类型的合同（即关联合同和脱钩合同）所分配的风险。在此基础上，采用 82 个 PPP 项目对这些发现进行了实证检验，得到结论为在已终止的项目中，及时完成的概率较低，超期时间较长，表明存在可能的机会主义。对脱钩合约的进一步分析表明，同一组公司（其投资组合中有两种类型的合同）可能会利用指定不正确的脱钩合同来制造类似停滞的情况。Athena（2018）等通过回顾 PPP 市场竞争对手交易成本的动态变化，对各种投标程序进行研究，旨在根据市场（现有竞争）中潜在竞标者的数目和他们各自的交易成本，为公私合作（PPP）招标程序的设计提供一套指导方法。Nguyen 和 Garvin（2019）认为，PPP 项目普遍存在的生命周期不确定性是许多合约问题的根源，如激励分配、高交易成本和长期合同中固有的机会主义是解决问题的关键。因而，通过研究美国公路部门的 23 份 PPP 合约条款，提出在项目生命周期每一阶段，适时调整公共部门控制和特许经营者授权之间的关系，从而弥补不确定性造成的损失。

Kosuke（2016）认为，尽管政府对私营部门参与基础设施建设的需求有所增加，但在填补新兴市场基础设施缺口的任务中，私营部门对公私合作关系参与度很低。通过不完全合约的视角，发现公私双方围绕租值收益博弈的优势和劣势。由此，不完全合约理论常与博弈论结合，应用在 PPP 研究当中。Shi L 和 Zhang L（2018）等从 PPP 项目的财务方向出发，建立了一个不完全合约模型来研究重新谈判如何引发事前的道德风险和事后的低效清算。最终提出内源性由投标决定的服务费均衡策略，并考察了均衡策略的效果。

Yunhua 和 Jingchun（2017）等主张，公私两部门之间控制权的合理配置与PPP 项目的效率密切相关。他们从激励和约束的角度建立了剩余控制权的最优配置模型。模型推演结果表明，企业投资、股权比例、技术水平、管理能力、监控成本、社会效益是影响剩余控制权分配的主要因素，并据此提出了一系列激励方案。以上研究为本书拓展了思路，提供了有益的参考。

城市公用事业 PPP 新机制的合约治理与风险管理可以被视为同一枚硬币的两面，即最好的合约治理可以将风险因素控制在最低水平，相反，制约PPP 合约租值创造与分配的风险因素被最大限度地控制，就意味着实现了最优化的合约治理。国外学者在对 PPP 项目研究的过程中普遍认为，对风险进行分类和识别是风险管理的基础，包括微观和宏观层面的风险，指出合理的风险分担对于吸引社会资本、保障项目成功和维护公共利益至关重要。在此基础上，提出建立一个系统的风险管理机制，包括风险识别、评估、分担和控制等环节，以实现风险的科学管理。对此，Demirel H C 等（2017）指出，PPP 合约治理的本质是设计和实施创新伙伴关系计划，这有赖于行之有效的风险转移策略。同样持此观点的学者认为，PPP 项目较长的特许经营期限决定，风险的合理配置是影响其成败的关键因素（Yan－liang M，2010）。我国近年来为了加快基础设施建设，大力推进公私合作（PPP）项目的发展。尽管 PPP 项目将带来不可估量的好处，但运行 PPP 项目的风险是巨大的。识别PPP 项目全生命周期各阶段的风险，并建立风险的合理分担机制，才是控制PPP 项目风险的有效对策（Ying Yi－hua 和 Huang Hui－qiong，2017）。

很多学者根据风险性质的不同，以双方确立的转移支付原则为基础，设计了在公共部门与私人部门之间的多种情况下的最优合约形式。恩格尔（Engel，2013）等指出："如果政府负责筹集公共资金就需要承担影子成本，而且由于交易费用的缘故在补贴过程中还需要承担额外的代价"。如此一来，最优的需求风险配置合约应该考虑用户收入上限与最低用户收入保证两个方面的内容。洛萨（Iossa）和大卫·马赫蒂摩（David Martimort，2009）则从需求风险内生性与私人部门努力程度的相关性来讨论项目的效率问题。他们通过研究发现，公共部门与私人部门承受需求风险的能力与需求风险本身一样，都是影响 PPP 项目资源使用效率最大化的根本性因素。Stiller D F R（2015）从政治风险的角度考察了影响 PPP 项目效率的因素，并以机场为例，着眼于交易结构和财务结构的相关因素，讨论了政治风险保险的主要特征，将其作为一种工具来寻找针对投资者的风险，指出通过适当的治理结构设计可以避免这种风险。

许多研究 PPP 项目风险的学者主张建立一个生命周期风险管理框架，从而实现 PPP 项目效率的最优化。例如，Zou P X W 和 Wang S（2008）等对来自澳大利亚与中国的三个 PPP 案例进行深入分析，通过案例的风险产生和缓解方面的相关经验，指出 PPP 项目风险识别、评估、分配是全周期风险管理工作的重心所在。本（Ben L，2014）根据 PPP 项目的不同特点，收集了与 PPP 项目风险识别相关的主要风险，并对 PPP 项目的风险因素进行了实质性划分，使参与方能够对项目风险进行有效控制。还有学者通过对 PPP 项目风险的文献综述，总结了风险识别、风险评估和风险分配的研究步骤并对其进行了详细分类和解释，为以后的学者提供参考（Hong L I 和 Dan - Lin H，2014）。在 PPP 风险研究的方法上，一些国外学者提供的分析工具值得参考。例如，采用故障树分析法对属于不同阶段的 PPP 风险因素进行评价，并在风险识别的基础上量化风险影响程度。通过计算 PPP 项目准备阶段的单元结构重要性，确定风险因素的重要性顺序。结果表明，政府决策的准确性、民间投资者资金配置的合理性和市场收益的不稳定性是产生项目共同风险的主要因素（Xing Y 和 Guan Q，2017）。

日本学者栗原伸一（2021）对风险研究过程中过度依赖统计检验与计量回归的方法论倾向批评到："显著性"（Significance）是一个关键概念，但它经常被误解或过度强调。显著性检验并不提供关于效应大小或实际意义的信息。一个统计上显著的结果可能在实际应用中并不重要，反之亦然。为了正确使用 P 值和显著性概念，美国统计协会（ASA）在 2016 年提出了六项原则，这些原则包括：（1）P 值不是用来决定"存在"或"不存在"效应的证据。（2）P 值不应被用来衡量效应的大小或重要性。（3）显著性检验是测试零假设的证据，而不是用来证明研究假设。（4）显著性检验应伴随对数据的严格分析，包括效应大小和置信区间。（5）显著性水平（α）的选择应基于应用场景和错误决策的代价。（6）报告结果时应包括 P 值的数值，而不仅是"显著"或"不显著"。ASA 的原则强调了在统计推断中需要考虑的多个方面，以确保统计结果的合理解释和应用。

尽管PPP模式在提高效率、分担风险、促进创新等方面具有显著优势，但其复杂性也带来了一系列风险管理的挑战。外国学者的理论研究为政府和社会资本合作模式在中国的发展提供了宝贵的风险管理经验和决策方法。然而，在对PPP项目风险研究过程中，采用概率统计为主要研究方法的各界学者，其结论成果也同时受到了脱离实际这样的诟病。在风险识别阶段，可能缺乏行业专家和运营专家的参与，导致对特定行业、地区、工艺路线和回报机制下的主要风险因素及其影响程度识别不足。在风险估测阶段，由于缺少特定行业项目相关风险概率和损失的定量数据，导致定性分析多于定量测算，这可能影响风险估测的准确性。虽然理论上风险管理应该是动态的，但实际操作中，由于合同签订后重新分配风险的难度大，导致风险管理缺乏灵活性。这些不足之处提示了PPP项目风险管理领域仍需进一步地研究和实践探索，以提高风险管理的有效性和适应性。这些共同点反映了PPP项目风险管理的多维度和复杂性，以及实现有效风险管理所需的多方面努力。

学者小岛宽之（2021）强调，统计概率的有效性基于一个重要的假设：诱发事件的机制在时间上是一致的。这意味着过去观察到的数据生成过程（DGP）与未来的情况相同。如果这一机制发生变化，那么基于历史数据得出的统计概率可能不再适用。例如，如果一个地区的气候模式由于全球变暖而发生了变化，那么基于过去气候数据的统计预测可能就不再准确。诸如物理学等自然科学的验证通常依赖于实验的重现性。一个定律如果能够通过多次实验得到相同的结果，它就被认为是有效的。这种重现性为物理定律提供了坚实的基础。然而，对于包括经济学在内的社会科学中，由于人类行为的复杂性和多变性，很难达到同样的重现性水平。米塞斯（Ludwig Von Mises，1999）甚至认为，就经济学进行数理分析，真实的情况是只有变量，没有常量，在没有常量的情况下谈论变量是没有意义的。这里并不存在重复实验的基础。2015年，发表在《科学》上的一篇文章指出，回顾270名心理学家在5个国家重复进行的100项经典的心理学实验，结果发现74%的实验结果都无法重现。

总而言之，外国文献对城市公用事业PPP项目风险的研究多依赖于统计推断及概率统计，实践证明，该方法在处理小概率事件或一次性事件时也存在困难，因为这些事件的频率很难估计。在实际应用中，可能需要额外的信息或专业知识来评估数据的合理性。例如，专家的经验和直觉、历史先例、理论模型等都可以用来辅助判断数据的合理性。换言之，统计概率是一个强大的工具，但它的应用需要谨慎和批判性思维。在依赖统计概率进行决策时，我们必须认识到其背后的假设、验证数据的准确性、考虑数据生成过程的稳定性，并在必要时寻求额外的专业知识。通过这些措施，我们可以更有信心地使用统计概率来指导决策，同时对可能出现的不确定性保持警觉。

1.2.2 国内相关文献述评

中国特色社会主义市场经济制度以及中国独有的几千年文化传统，令PPP 模式在我国应用过程中面对的局限条件不同于欧美社会，对国内相关文献的梳理总结能够让本书的研究更加贴近我国的现实，有助于 PPP 模式在我国城市公用事业的有效运用。美国经济学家德姆赛茨（Demsetz，1968）提出了可操作性强的特许经营理论，而特许经营也成为我国改革开放后，发展城市公用事业的主要模式。学者李维华（2005）认为，特许经营是政府与民营企业间的一种合约形式，在被充分授权的基础上，被特许人可以利用商标、商号、经营模式等手段进行合法的经济活动，其前提是被特许人需要遵照合约规定的统一经营体系并向特许人支付特许经营费。与此同时，还有学者把特许经营组织与连锁店、自由连锁、合作社等并列，属于不同所有权的范畴。这种理解涵盖了公用事业特许经营和商业特许经营，极大地丰富了特许经营的内涵，有助于我国在特许经营的政策框架下，引入和推广 PPP 模式（王俊豪和陈无风，2014）。

我国与欧美发达国家对 PPP 与特许经营的关系认识上可以说是大相径庭。不同于欧洲的大陆法系，英美国家的法律传统主张特许经营是一种特殊的行政合约，这导致他们认为特许经营是 PPP 模式中的一种，两者是包含与被包含的关系。一百多年前，德法存在着“社会经济混合体”和“特许经营”模式，如今，这仍是管理商业型公共服务和建设公共基础设施的最普遍形式（王守清和刘婷，2014）。学者周兰萍（2016）认为，PPP 不仅可以应用在城市公用事业及基础设施领域，包括医疗卫生、农林产业、养老、教育、文化等公共服务领域都可以是 PPP 的目标。相较之下，特许经营模式则更强调项目本身的盈利性，同时，也更倾向于独家垄断经营项目，特别是能源、水利环境保护、市政工程等能够产生稳定现金流的项目。

我国虽然没有提出过PPP这一概念，但放眼中国历史，与PPP模式相似或一样的形式在我国古代社会就已经出现，并在经济体制和国家治理中扮演重要角色。在我国传统的国家治理结构中，将广义的政府与民间资本合作都归结为公私合作、特许经营（钱穆，2014）。中国历史，源远流长，历经风雨，千年不辍，其发展之悠久为“特许经营”提供了足够的长度，任它变化演绎直至作为一种成熟的制度积淀下来；其文化之多彩又为“特许经营”增加了充分的厚度，使它在实施方面有着丰富的经验传照后世。尽管PPP（公私合作）与特许经营一直以来好像是以两种称谓在各自的理论脉络下发展，但两者在应用上的经验是有互补性的。实际上，无论是特许经营还是公私合作（PPP）都是我国政府进行公共治理及提供公共物品的工具，两者概念不同，理念相似，外延有别，内涵趋近。由此可知，中国传统的“生意专营”或“官督商办”与现代流行于欧美各国的PPP模式不谋而合，特许经营或许是一种更加合理的关于公共部门与私人部门关系的定义。

党的十八大以来我国各个行业深化改革不断取得进展，城市公用事业逐渐变成经济体制改革相对滞后的领域，对此，王俊豪等（2014）总结到：“城市公用事业民营化改革暴露出缺乏与民营化相适应的有效政府管制、价格上涨过快、公共利益受到损害等问题，在少数城市甚至出现国有资产流失的腐败、政府缺乏应有的责任和控制力等负面效应，这在相当程度上影响了城市公用事业民营化改革的成效。”随着PPP模式在世界范围内的广泛应用，其在实践中的成功经验为我国城市公用事业的民营化提供了新的思路。现阶段我国政府正着手破除各种体制机制性障碍，引导鼓励民间资本参与公用事业的改革，支持PPP模式项目在中国的全面开展。罗曼和王海霞（2014）指出，大力发展公私合作模式有助于我国新型城镇化战略的实现。PPP模式可以弥补巨额资金的供需缺口、提高公共产品和服务的供给以及分散公共设施供给的整体风险。与此相反，姚东旻和李军林（2015）认为，只有在外部性及设施所有权归属满足一定条件时PPP模式才会比传统模式更具效率。而不同的项目在成本、质量及期限等方面各具特点，PPP与传统模式比较而言并不是任何方面都有优势，因此需要结合公共服务的特质以及其他外部因素进行具体考量。

2023 年，由国家发改委和财政部共同研究起草，国务院办公厅转发的《关于规范实施政府和社会资本合作新机制的指导意见》（以下简称“新机制”）正式出台。新机制的发布是中国 PPP 模式发展的重要里程碑，它不仅解决了之前存在的问题，还为未来 PPP 项目的规范化、市场化和效率化发展提供了方向。通过鼓励民营企业的参与和实施用户付费机制，旨在创造一个更加有利的生态环境，推动 PPP 项目的高质量发展。对此，王爱军（2024）提出，PPP 新机制强调正本清源，优先选择民营企业参与，这有利于调动民间投资积极性，推动民间投资结构持续优化。这一理论基础体现了政府对于促进民营经济发展的重视，以及通过 PPP 模式创新来实现这一目标的战略意图。蔡芳方（2024）在《从项目实操视角看 PPP 新机制》中提出，PPP 新机制的实施应关注补贴机制、特许经营方案审批、可行性论证的开展等多个实操环节，这为 PPP 项目的规范操作提供了理论支持。潘飞（2024）探讨了 PPP 模式新机制项目投融资决策模型的理论基础和构建方法，为 PPP 项目的投融资决策提供了理论依据和实践指导。尹昱（2024）指出，115 号文提出的新机制为金融机构开展 PPP 融资带来了新的机遇，这表明政策制定者意在通过政策创新来推动金融领域的参与和创新，为 PPP 项目提供更加多元化和可持续的融资渠道。

王春华（2024）提道，《基础设施和公用事业特许经营管理办法（修订）》将促进民间投资作为立法目的，新增了政府和社会资本共担风险的基本原则，并专设了鼓励民营企业参与特许经营的条款，这些都是 PPP 新机制理论基础的重要组成部分，旨在推动民间投资的发展壮大。PPP 新机制项目投融资决策模型的构建和应用，不仅需要理论的支撑，还需要结合实践案例进行分析和优化。这表明 PPP 新机制的政策和理论基础需要在实际操作中不断检验和完善。

陈益刊（2023）提出了关于 PPP 新机制的挑战，其中包括市场对于新政策的理解和接受程度，以及实操中政策的进一步明晰化。特别是在特许经营范围的明确性、使用者付费的定义以及 PPP 项目相关政府投资支持或运营补贴细则的明确性方面存在挑战。讨论了新机制推动 PPP 大瘦身的背景，严防新增地方政府隐性债务，并指出了 PPP 新机制下适用项目范围的大幅减少，以及存量 PPP 项目的处理问题。金永祥和崔红永（2024）强调了新机制下，项目审批核准流程的调整所带来的挑战。他们指出，新机制要求政府和社会资本合作项目的前期工作更科学、更扎实，这要求相关单位加强能力建设，提升业务水平，以适应新机制下对特许经营方案编制工作的更高要求。

由于城市公用事业 PPP 项目主要是政府与社会资本之间的一种合约安排。在新机制的背景下，探讨如何建立双方的更加有效的合作机制，实质上就是对 PPP 合约有效治理的研究。有鉴于此，回顾并分析合约理论以及 PPP 合约相关文献将有助于本书的研究。张五常、李俊慧、向松祚、周燕等在合约与交易费用理论领域笔耕多年，极大地拓宽了本书的理论视野，开阔了本书的研究思路。PPP 模式结构复杂，形式多样，几乎包含介于完全由政府直接供给与完全由社会资本提供之间的所有服务供给模式。要从合约角度研究 PPP 模式，首先需要对其成本构成进行考察。生产成本并不如马歇尔（Alfred Marshall）说的那样简单地分为长期与短期，这是为了避开交易费用的分析而采取的做法。追根溯源，上头成本（Overhead Costs）就是马歇尔定义的，在工业生产中的“Supplementary Costs”，张五常（2019）为直接译为“上头成本（Overhead Costs）”最恰当，同时也被弗里德曼（Milton Friedman）称为非合约性成本，他在《经济解释》中指出：“上头成本（Overhead Costs）必定要在作了生产投资，才可以存在。这些成本是指开始经营后，有些费用不生产也要支付。”实际上，许多经济学家认为上头成本的概念与沉淀成本（Sunk Costs）相似，应该统一表述。汤吉军和郭砚莉（2012）为沉淀成本是投资承诺之后不能得到完全补偿的部分成本损失。

与上头成本相对应的一个概念是直接成本（Direct Costs），李俊慧（2021）认为，马歇尔提出的所谓可变成本（Variable Cost）应该理解为直接成本，是指随着生产活动的进行，由产量的变化而引起的支出，也就是那些不生产就不需要支付的费用。弗里德曼（Milton Friedman，2011）定义为：“一旦厂商决定了生产多少产品和如何生产，它就必须承担一定的总支付额，这个总支付额称为总合约成本。这些成本的大小取决于厂商的生产决策——有关生产多少以及如何生产的决策。”实际上，对城市公用事业 PPP 项目的投资而言，如果所有成本都是直接成本，生产的费用就比较明晰。完全由直接成本的合约等同于按股份分配收入，诚然，同时也需要分担经营风险。相反，若整盘生意的上头成本都由经营者一力承担，相当于把本可以分散化的风险集中，同时所有收入也全都自己享用。张五常（2019）指出，凡是牵涉生产要素的租用或雇佣，有关的合约必定是结构性的。城市公用事业的 PPP 合约普遍具有结构性，这对资源使用效率有重要影响。

合约理论作为现代经济学的重要分支，它探讨了在信息不完全和有限理性的条件下，经济主体如何通过契约来分配风险、激励行为和分配资源，对于理解企业本质、市场与企业边界，以及济活动中的交易成本等问题提供了有效的解释力。徐德信和汪国银（2010）探讨了合约实施理论的发展，包括合约实施的重要性和特殊性两个主要发展阶段。他们指出，合约实施不仅依赖于法律制度，还受到社会规范、政治结构和文化传统的影响。合约实施比合约形式更重要，合约实施的多样性和复杂性对合约理论的最新发展至关重要。丁志国和郭婷婷（2019）讨论了合约理论的发展历程，从古典合约理论到新古典合约理论，再到现代合约理论。他们强调了合约理论在经济学中的重要地位，以及其在金融、公司治理、法律等领域的广泛应用。

国内许多学者从不完全合约的视角对 PPP 模式进行了深入研究，有益地开阔了本书的思路。杨瑞龙等（2006）全面介绍了不完全契约理论的产生、发展和应用，并探讨了面临的挑战和未来前景。他们指出，合约的不完全性源于预见成本、缔约成本和证实成本，这些成本导致合约无法预见所有可能状态，增加了交易成本。合约的不完全性是现实情况，导致事前最优合约失效和投资效率问题。强调了通过机制设计和制度安排来减少由此带来的效率损失。汤吉军（2017）认为“交易专用性资产投资很容易引起敲竹杠问题，因而产生激励与协调不完全问题，致使产权界定变得十分重要”。所以，可以把公共部门与私人部门之间的长期合作关系看成合约关系，而且是为了提高公共服务水平和实现私人部门利润相协调的不完全合约关系。

高东方（2018）概述了哈特的不完全合约理论，包括企业产权理论、企业性质、纵向一体化和企业边界问题。认为企业是对物质资产的控制集合，产权分配影响投资激励。不完全合约理论提供了对企业一体化理论的新视角，并对企业降杠杆和债转股政策提供了理论基础。另外，潘旭亮和贾康（2018）指出，PPP 组织（SPV）内部的交易成本及信息费用是导致其项目合约不完全的根本原因，并主张政府和社会资本能够依据公共项目重要性和风险偏好选择专用性资产投资比例，由此产生的合约治理结构会受到技术进步、社会规范、机会主义、治理成本等因素影响，其中，机会主义让位商业惯例，自我约束会增强合约履行程度，导致治理成本的降低。王志刚等（2018）基于不完全合约视角，提出 PPP 项目风险管理的具体措施。讨论了 PPP 项目中的风险识别与化解，强调了完善法律规范体系、构建风险分担机制和创新金融工具的重要性。

刘相锋等（2021）的研究则从特许经营制度执行主体改革的角度出发，探讨了多情景下，机构优化调整的策略，采用数理模型分析，构建多情景改革收益权衡分析框架，提出了在特许经营制度执行主体改革中，应基于不完全契约理论进行多情景分析，以优化机构调整，强调政府在机构改革时需评估部门间协作收益与利益损失，以及领导权或所有权的分配应考虑资产专用性。应益华（2024）通过构建公共价值分析框架，探讨了新机制下公共价值实现的路径，强调了在新机制下，应将公共价值最大化作为目标，通过公共价值分析框架来识别行动者联盟、动机，并采用相应工具实现价值创造。侯丹丹等（2024）通过文献回顾和政策分析，对 PPP 模式的新旧机制进行了比较。分析了 PPP 模式的发展历程和当前面临的挑战，提出了新机制下 PPP 模式的实施原则和政策保障。

通过对上述文献的综合与分析可知，不确定性的无法避免与无法预测的特征致使城市公用事业 PPP 项目合约具有不完全性。这意味着政府与社会资本双方需要随着项目的运营发展，就初始合约中未明确的剩余索取权进行分配，关于项目的谈判与再谈判成为常态化的机制。对 PPP 项目重新谈判或再谈判的相关文献进行梳理将有助于本书的研究。赵团结等（2019）通过案例分析的方式，探讨了 PPP 项目再谈判的必要性、主要内容以及再谈判过程中需要注意的重点问题。谢伊玲（2024）通过案例分析，指出政策变化、政府信用缺失、建设运营成本超支等内部因素，以及市场需求变化、宏观经济波动等外部因素，是触发 PPP 项目再谈判的主要原因。宿辉等（2019）基于实证分析，探讨了交通运输行业 PPP 合同的再谈判触发机制，并提出了完善建议，包括明确再谈判的触发条件、建立再谈判的程序和规则等。

尹贻林等（2019）通过实证研究，验证了 PPP 项目再谈判触发事件，并为合同条款注入再谈判的设计提供了依据。研究提出了再谈判的多种方式，包括基于绩效的调整、风险共担机制的引入以及合同条款的设计等。刘晓月等（2021）提出了事前机制设计和事后问题监督两个主要方面的再谈判控制措施。事前机制设计包括在合同中嵌入再谈判条款，明确再谈判的条件、程序和可能的结果。事后问题监督则涉及谈判过程的监管，确保再谈判的公正性和透明度。另外，程敏等（2021）构建了一个基于实物期权的PPP项目价值评估模型，用以确定项目未来价值和特许期调整区间。建立了一个非对称压力讨价还价博弈模型，以研究再谈判中双方的策略选择，并以某污水处理项目为例进行了模型应用分析。秦红嫚（2023）探讨了PPP项目合同纠纷的可仲裁性问题，指出PPP合同兼具民事性质和行政性质的双重属性，且其纠纷符合可仲裁性标准。这为通过仲裁方式解决PPP项目合同纠纷提供了理论基础。他们的研究强调了再谈判条款在合同设计中的重要性，以及如何通过再谈判机制来应对项目执行过程中的不确定性。

综上所述，PPP项目的合约治理和再谈判机制对于项目的长期稳定运行至关重要。合约治理需要考虑风险管理、法律框架、政府行为和监督体系等多个方面。再谈判触发因素的多样性要求项目参与各方具备高度的灵活性和适应性。再谈判治理机制的建立有助于项目参与方有效应对合同执行过程中出现的各种风险和不确定性。未来研究应进一步关注PPP项目合同治理的优化策略，以及再谈判和合同提前终止的预防和解决机制，以促进PPP新机制的高质量发展。

近年来，PPP模式的风险分析取得了一些突破，相关的研究结论值得学界汲取。例如，向松祚（2020）对经济学中利用“大数定律”表述风险的方式总结到，用预期的变量变动方差系数来衡量风险的大小，方差系数一变，风险就变，若我们能够预期变量变动的方差系数就可以推断人的行为或人们将怎样进行合约选择，然而，这是自相矛盾的。如果人们真的能够知道变量变动的方差系数，就等于掌握了未来的选择，又怎么会有风险存在呢？换言之，能够表述出来的风险还是风险吗？与此同时，向松祚（2020）高度评价了张五常在《经济解释》中对风险概念的处理：“所谓风险、不确定性实际上可以看作是某种交易费用的结果。风险、不确定性无从观察、验证和度量，而交易费用可以观察和度量，至少可以排列高低或大小，可以观察边际上的转变。”学者李俊慧（2016）认为，应用信息费用解释现象是对“风险”概念高明地替代。信息费用是交易费用的一种，而且是最重要的一种表现形式。以交易费用或信息费用替代“风险”来解释或分析经济问题可以避开“风险”度量的困难。由此可知，“信息费用”是比“不确定性”更具有操作性、更符合实证经济学要求的概念。

纵观历史，中国社会自古以来都对风险的意义及重要性有清晰地认识。产生于周代（公元前1000年左右）的《易经》是一部古老的中国哲学著作，它以卦象和爻辞的形式揭示了事物发展变化的规律，其中就包含对风险变化的深刻认识。《易经》认为万事万物都在不断地变化之中，它提醒人们在面对这种变化时，要有预见风险、化解风险的意识。《易经》中的爻辞随处可见对风险的态度和应对方式的指导。例如，乾卦初爻的“潜龙勿用”告诫人们在力量不足时应该保守观望、积蓄力量，等待合适的时机。

中国多年的实践表明，无论是PPP合约治理，还是项目管理，风险与不确定性都是各参与方需要高度重视的“关键词”。以往研究表明，PPP项目风险由最有能力管理的一方承担（赵福军和汪海，2015）。这意味着政府和私营部门根据各自的专长和能力，共同识别、分配和管理项目风险。例如，私营部门可能更擅长管理建设和运营风险，而政府则可能更适合处理政策和法律风险。与此同时，城市公用事业PPP项目合约的风险管理与租值创造是密不可分的，正如著名经济学家奈特（2024）[①]指出的那样，企业家在经济中承担不确定性并从中寻求利润的关键角色。企业家通过预测市场和组织资源来应对不确定性。在一个完全竞争的市场中，如果所有未来的结果都是已知的，企业将无法获得利润。

“欲得其功，先修其器”。对于PPP项目风险的准确识别是对其风险有效研究的前提条件。通过相关文献的收集整理总结出PPP项目风险识别的主要方法，并归纳出每种方法的优劣。（1）流程图法是调查分析PPP项目流程中的所有环节和阶段，由于是全面且逐一的风险排查，因此可以较大限度地发现项目中存在的风险。另外，由于将PPP项目进行了“切割式”的分析，因此在发现风险点后，还可以进一步寻找到引致风险的原因。最后，当从项目整体分析时，就可以获得有关PPP项目损失的信息以及对整个PPP合作机制中相关各方的消极影响。它可以对风险进行定性分析，但由于研究结果粗

---

① 程奇．弗兰克·奈特主要经济思想研究［D］．浙江大学，2004.

糙，所以一般不会单独应用。（2）故障树法是由上往下的演绎式失效分析法，它的优势在于着重分析 PPP 项目中的不利因素和消极状态，尤其是对于像桥梁、道路和水利等基础设施建设，其安全性关系到 PPP 项目的成功，相对的直接经济效益反而难以短期内识别。故障树法有助于 PPP 项目管理方寻找优化方案，从而能够在一定意义上降低 PPP 风险发生的概率，减小 PPP 项目失败的可能性。相比流程图法，它可以对 PPP 项目风险进行定量分析，但是能够识别的风险数量较少，而且对于风险事件和风险因素之间的关联性研究也存在缺陷。（3）情景分析法是质性化研究的重要方法，侧重于情景的描述，故而可以对单个项目进行个性化分析。它的基本假设是 PPP 项目会在现有的政治、经济和社会环境下运行，然后加入一些变动因子，模拟 PPP 项目在这些因素下可能出现的情况，从而判定 PPP 项目是否会出现风险。这一方法的原理就是通过改变大部分条件，以测试 PPP 项目的稳健性。与此同时，这一方法的主观波动性较大，使它的成功运用需要风险分析者具备丰富的经验且能够处理复杂烦琐的算法。（4）PPP 项目的文件审查法是一种结构化的风险识别过程，它要求项目团队对项目相关的所有文档进行详尽的检查。这种方法通过评估项目计划、假设条件、历史记录和协议等文档的质量，帮助团队发现可能的风险指示器。文件审查法有助于确保项目文档的准确性和完整性，为风险评估和管理提供关键信息。通过持续的文件审查，项目团队可以及时识别和响应新出现的风险，确保项目顺利进行。（5）头脑风暴法是一种集体创意技术，旨在通过团队合作生成项目风险的全面清单。这种方法通常由项目团队成员以及可能涉及的多学科专家共同参与，通过自由讨论提出各种潜在风险的想法。在专业主持人的引导下，团队成员可以自由地表达观点，无须担心批评或判断，从而促进开放和创造性的思维。头脑风暴法的优势在于能够快速收集多样化的观点，帮助项目团队从不同角度识别风险，并为后续的风险评估和管理策略制定提供基础。（6）专家访谈法是一种定性研究方法，通过与经验丰富的项目参与者、干系人或特定领域的专家进行深入对话来收集信息。这种方法侧重于从专家的知识和见解中获取深度信息，有助于识别项目中可能的风险和问题。专家访谈法可以提供关于复杂问题的独特视角和解决方案，增强项目团队对项目环境的理解。由于依赖于专家的个人经验和判断，这种方法需要精心策划和执行，以确保信息的准确性和可靠性。（7）SWOT 分析法是一种战略规划工具，用于评估项目或组织的优势（Strengths）、劣势（Weaknesses）、机会（Opportunities）和威胁（Threats）。通过这种分析，项目团队能够全面了解内部条件和外部环境，识别出可以利用的优势和需要改进的劣势。SWOT 分析有助于项目团队制定策略，抓住机会并应对潜在威胁，从而提高项目成功的可能性。这种方法简单易行，适用于各种规模和类型的项目，是风险管理和决策支持的重要工具。（8）风险核对单法是一种结构化的风险识别工具，它基于历史数据和经验来列出可能的风险因素。这种方法通过预先定义的风险清单来引导项目团队系统地检查潜在风险，确保没有遗漏重要因素。风险核对单可以针对特定项目或行业进行定制，以提高其适用性和准确性。然而，风险核对单法也有其局限性，它可能无法涵盖所有新颖或未预见的风险，因此通常与其他风险识别方法结合使用，以获得更全面的视角。

PPP 项目涉及多方利益主体、资金规模大、周期长，且受多种外部因素影响，因而，如何减少和分担这种风险将会是合约签订过程中的重要考量。卫志民和于松浩（2019）探讨了 PPP 模式中潜在风险的表现形式及其成因，并提出了构建制度化风险防范机制的重要性。文献中的风险分担模型和策略，如演化博弈分析、风险分担决策模型等，为实现多方共赢提供了理论支持。学者董坤（2019）和张冬梅（2018）等仅仅聚焦于缔约或招投标阶段的风险分担问题，没有从动态、全流程的角度加以分析。另外，徐杰和李果林（2020）强调风险分担在政府与社会资本合作（PPP）项目中的重要性。他们指出，合理的风险分担能够吸引社会资本参与合作，而社会效益作为风险调节变量可以控制社会资本的参与规模。合理的风险分担机制能够平衡各方利益，提高项目的合作效率。刘景婵和马宝珠（2018）则认为，要实现 PPP 项目缓解政府财政压力，激发企业活力的目标就需要对所实施的项目进行风险管理，而这需要从事前预防，事中监控，事后弥补三个维度，同时进行管控并且相互之间配合得当。

PPP 项目的风险来源多样，包括政策法律风险、财务风险、项目建设风险和管理运营风险等。这些风险相互交织，对项目的稳定性和效益产生影响。有效的风险识别是 PPP 项目良性运行与协调发展的关键。周清松等（2016）指出，由于 PPP 项目具有投资量大、资本易沉淀、经营期限长等特点，因而整个项目生命周期中出现的各种风险，难以被预测及管理。因而，建议将企业管理中常用的风险整合框架（COSO－ERM）应用在 PPP 项目风险管理当中。从内部环境、目标制定、事项识别、风险评估、风险应对、控制活动、信息与沟通八个方面构建风险管理流程或体系，通过概率或权重判断目标的相关性，从而实现对 PPP 项目风险的防范与管理，确保项目高效实施。黄志雄和袁峰华（2021）分析了经济下行情境下 PPP 模式的风险来源，指出了中国现行 PPP 模式机制设计中的风险识别与分配机制存在的问题。曲久龙和胡雪莹（2023）基于扎根理论，构建了公共图书馆 PPP 项目风险清单，并提出了风险应对策略。

李伟和陈成（2023）在《PPP 项目风险管控研究——以某湿地修复项目为例》中，通过案例分析法和德尔菲法相结合的风险识别方法，分析了 PPP 项目实施风险，并提出了具体的风险应对措施。郭玉凤等（2024）在《PPP 模式下综合管廊运营风险管理研究综述及评价》中，提出了在新城规划和旧城改扩建过程中，综合考虑城市未来发展需要，统筹众多管线的集约化、规范化运营实施是阻碍城市化发展进程的无法回避的课题。董啸天等（2023）探索了我国当前 PPP 融资模式的风险因素，并对其风险管理存在的问题进行了分析。

城市公用事业 PPP 模式经过近 20 年的发展，总体而言，来自社会各界的专家、学者对其项目风险已经进行了比较深入的研究并且取得了许多理论成果。然而，诸如风险管理知识与实践的脱节、风险统计数据的滥用、风险管理的动态调整困难等不足，同时也成了阻碍我国 PPP 模式发展的主要因素。究其原因，一个容易被忽略的事实是中国社会科学在几十年高速发展过程产生的方法论谬误，即形成一种崇尚定量分析、过分依赖概率统计，数据使用泛滥的频率主义研究倾向。徐鸿鹄（2023）评价道，人类社会和经济系统的复杂性远远超出了物理和化学系统的复杂性。社会科学中的变量不仅数量众多，而且它们之间的相互作用往往是非线性的、复杂的，这使得在严格控制条件下进行可重复实验变得非常困难，因此难以得出像物理定律那样客观的规律。

综上所述，尽管频率主义在统计推断中占有重要地位，但它并不是一个完美无缺的理论。在统计学中，频率解释是一种将概率解释为长期观察中某一事件发生的相对频率的方法。然而，在现实世界中，很多情况下我们无法进行足够多次的实验来确定一个事件的长期频率，或者实验的成本和道德约束使得重复实验不可行。这也是为什么对于PPP项目风险的研究结论往往在实践中难以奏效的根本原因。因此，在应用统计概率时，我们需要认识到其局限性，并结合其他概率解释，如贝叶斯概率，它基于主观信念和证据更新，可能更适合处理社会科学中的不确定性和复杂性。在实际应用中，决策者可能需要采用多种方法来评估不确定性，包括频率主义、贝叶斯方法以及其他统计和经济学工具。通过综合这些方法，可以更全面地理解和应对城市公用事业PPP项目在各阶段中的不确定性和复杂性。

总之，国内外关于城市公用事业的研究已经相当深入。因而，本书在总结吸收了前人研究成果的情况下，试图通过建立一个完整的合约分析框架，来处理PPP新机制在我国城市公用事业领域的应用问题。希冀可以为以后的相关研究提供有益的借鉴。

1.3 研究思路与研究方法

1.3.1 研究思路

本书的研究思路如图1-1所示。

1.3.2 研究方法

本书在对我国城市公用事业PPP新机制的研究中，主要采用的研究方法如下：

1. 文献研究法

本书为了研究中国城市公用事业PPP新机制对现有文献进行了系统性分析，通过总结现有的理论成果来规范本文的研究导向。起源于西方的PPP模式要在我国落地生根需要与本土制度有机融合，本书通过对特许经营、PPP模式及城市公用事业的相关学术性与资料性文件及音像资料的研究，追溯了特

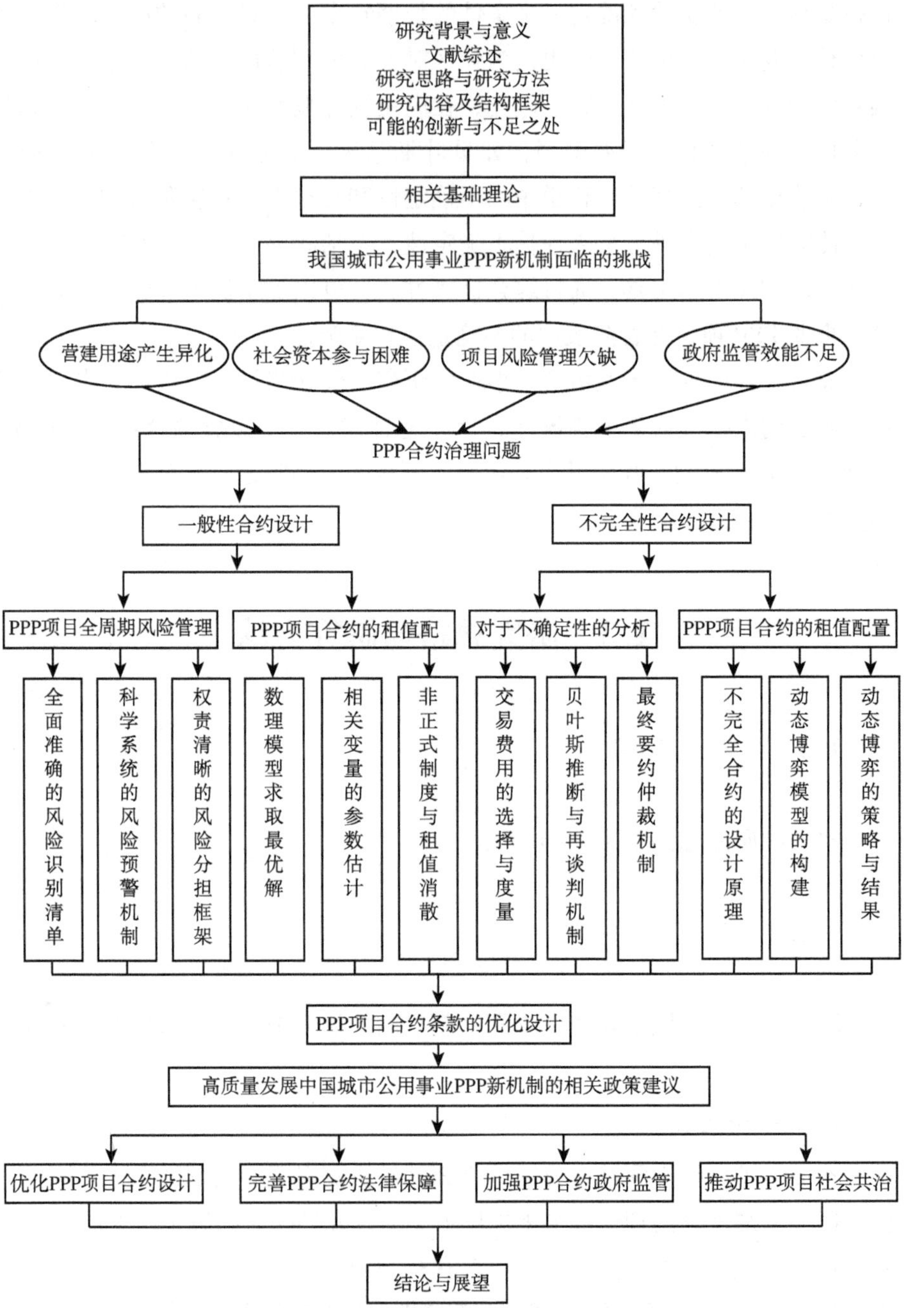
研究背景与意义
文献综述
研究思路与研究方法
研究内容及结构框架
可能的创新与不足之处
相关基础理论
我国城市公用事业PPP新机制面临的挑战
营建用途产生异化
社会资本参与困难
项目风险管理欠缺
政府监管效能不足
PPP合约治理问题
一般性合约设计
不完全性合约设计
PPP项目全周期风险管理
PPP项目合约的租值配
对于不确定性的分析
PPP项目合约的租值配置
全面准确的风险识别清单
科学系统的风险预警机制
权责清晰的风险分担框架
数理模型求取最优解
相关变量的参数估计
非正式制度与租值消散
交易费用的选择与度量
贝叶斯推断与再谈判机制
最终要约仲裁机制
不完全合约的设计原理
动态博弈模型的构建
动态博弈的策略与结果
PPP项目合约条款的优化设计
高质量发展中国城市公用事业PPP新机制的相关政策建议
优化PPP项目合约设计
完善PPP合约法律保障
加强PPP合约政府监管
推动PPP项目社会共治
结论与展望

图 1-1 本书的研究思路

许经营PPP模式在我国历史中的发展轨迹，回顾了我国城市公用事业的发展历程，明晰了公用品理论、合约理论、产权理论、博弈理论等相关理论，为PPP模式在我国城市公用事业领域的应用研究提供了理论支持和有益的参考。

2. 数理模型与案例实证相结合的方法

本书以合约安排为线索，将PPP模式在我国城市公用事业应用过程中出现的难题，转化为PPP合约治理问题。合约设计的核心问题是其租值配置或租金分配。通过构建数理经济模型来解释合约中的企业以及政府行为，对一般性及不完全性合约的租值配置求取最优解，并找出其重要的影响因素。在此基础上，结合2551个全样本、50个典型样本和153份抽样调查问卷的数据，利用统计推断的方式对PPP项目租值配置的相关变量进行参数估计，而后通过数值模拟的方式将最优剩余索取权量化为更加精确的数字表达。

3. 定量分析的方法

PPP项目风险的量化问题从来都是该领域的难题，本书采用模糊综合评判的方法对其进行评估。首先，构建指标体系，通过对PPP项目风险因素种类（风险清单）的分析，将风险划分为各个层次，按不同层级构成风险因素的指标体系；其次，建立判断矩阵并计算各因素权重值，并将同级因素指标间的相对重要程度通过两两比较的方式建立风险判断矩阵；再次，检验矩阵的合理性，为保证通过判断矩阵计算出的权重值的合理性和逻辑性，需要通过对几个指标的计算和比较来对判断矩阵进行一致性检验。明确各风险因素的隶属度，再由专家根据评价等级对各个因素进行评价，得到评价等级的模糊函数矩阵。最后，再在各类影响因素之间进行的综合评判，可以得到案例项目的总体风险等级，从而为城市公用事业PPP新机制下合约条款设计提供有价值的参考。

1.4 研究内容及结构框架

1.4.1 研究内容

本书所要研究的是中国城市公用事业PPP新机制，主要包括以下几个方面内容。第一，研究的行业是城市公用事业，对城市公用事业的有效研究要求准确把握其概念与特征。传统经济学理论定义下的公用事业具有自然垄断与公共物品属性，而这与其网络性密不可分。本书通过对城市公用事业的网络性、公用性与垄断性及相关理论的考察，提高了概念的精确性，明确了城市公用事业的范围。在此基础上，本书专注于中国经验和中国故事。城市公共事业在世界各国都有各自的发展模式与改革方向，中国特色社会主义市场经济体制决定城市公用事业在我国的发展路径独一无二，以合约安排为线索，将改革开放后城市公用事业的发展历程划分为三段，结合相关政策法规、实践案例，总结出政府与民营企业在不同阶段的合约特征及其变迁过程，并为其发展模式的研究提供有力的背景支持。

第二，研究对象为 PPP 新机制。改革开放后，随着中国城市公用事业从国有企业垄断经营向民营企业特许经营的市场化方向转变，PPP 模式作为对传统公用品供给模式的一种替代性制度安排，在我国城市基础设施建设及公用事业领域逐渐流行。本书对 PPP 的概念与起源进行考察，针对 PPP 新机制的本质——合约安排进行了详细论述，并透过产权视角，将我国 PPP 模式大致分为有限产权、混合产权、完全产权三大类。在此基础上，分析了政府和社会资本在 PPP 项目中的行为逻辑与约束条件，发现政府在 PPP 项目中提供财政补贴的决策受到多种因素影响，包括项目的社会总收益、风险偏好和信息不对称等。这需要通过合理的激励相容机制设计，使城市公用事业 PPP 合约的参与各方的行为动机与项目目标或社会整体利益相一致，从而实现 PPP 新机制的高质量发展。

第三，总结中国城市公用事业 PPP 新机制实施和完善可能面对的挑战并阐释其合约的基本框架。目前，我国城市公用事业 PPP 模式发展中逐步暴露出的问题主要包括营建用途产生异化、社会资本参与困难、项目风险管理不足、监管效能有待提高。追根溯源，PPP 新机制的本质是合约安排，由于无法消除经济活动中的不确定性，致使 PPP 合约具有结构性，只有依靠在不同局限条件下，PPP 合约条款的优化设计，才能保证新机制持续健康的发展。另外，PPP 项目合约的基本框架，包括项目类型与收费机制、合约的主要条款和设计准则。在合约设计中，强调了项目模式匹配、风险合理分担和租值配置有效激励等原则，以确保 PPP 项目的顺利实施和高效运营。

第四，对PPP项目风险实施有效管理，是实现城市公用事业PPP合约优化设计的前提条件。PPP项目风险的全周期动态管理主要包括全面准确的风险识别清单、科学系统的风险预警机制、权责清晰的风险分担框架三个方面内容。首先，首先，通过跨案例综合分析，将城市公用事业PPP项目风险总结归纳为七大类，包括政府引致风险、法律风险、金融风险、项目建设风险、市场运营风险、不可抗力风险和工程技术风险，并且以一级指标呈现。其中，包含36种具体风险，以二级指标呈现。其次，利用模糊综合评判与专家打分相结合的方法，建立了一套科学系统的风险指标体系，并以此演示如何在实践中合理评价城市公用事业PPP项目风险。最后，采用构建风险分担矩阵与要约仲裁机制相结合的方式，构建城市公用事业PPP项目的风险分担框架。

第五，PPP项目的租值创造与分配，是公私双方缔结PPP合约的根本动力，同时，也是其合约设计的核心内容。从PPP一般性合约的视角出发，利用数理模型对其租值配置求取最优解，并找出其重要的影响因素，并结合2551个全样本、50个典型样本和153份抽样调查问卷的数据，对PPP项目租值配置的相关变量进行参数估计，而后通过数值模拟的方式将最优剩余索取权量化为更加精确的数字表达。从PPP不完全性合约的视角出发，通过动态博弈方法，分析了公私双方在专用性资产投资合作形式中的互动，以及影响谈判和租值分配的关键因素。在此基础上，探讨了PPP合约不完全性与交易费用的相关性，提出通过合理机制设计和风险分配降低潜在负面影响。分析了如何利用贝叶斯方法和无信息先验概念处理合约中的不确定性问题，为合约订立之初的剩余索取权分配提供了有益的结论。

第六，总结本书的研究结论，提出四条发展中国城市公用事业PPP新机制的政策建议。其一，实现我国城市公用事业PPP新机制的高质量发展首先要优化其项目合约的设计，主要包括科学设定模式匹配机制，合理配置项目租值比例，完善动态风险管理框架。其二，PPP项目合约以法律框架为依托，强化合约合法合规审查，厘清PPP合约法律关系，建立立体化法律法规。其三，城市公用事业PPP新机制的发展需要政府监管的保驾护航。因而，需要树立尊重市场化的监管理念，完善现代化的政府监管体系，健全科学系统监管监督机制。其四，发展城市公用事业PPP新机制还需要除了公私双方以外的社会公众力量的广泛参与。PPP项目的社会共治可以通过释放社会柔性化治理效能，完善社会公众常规化问责，营造社会共治共享和谐圈。

1.4.2 结构框架

本书总共分为 8 章进行论述，章节要旨，如下所示。

第 1 章，绪论。本章介绍了本书研究的意义与选题的背景，对已有的国内外城市公用事业相关文献与 PPP 模式相关文献进行了评述。简要概括了全书研究的思路与方法、主要内容和结构框架，最后，提出了可能存在的创新与不足之处。

第 2 章，相关概念及理论基础。首先，通过对网络性、垄断性、公用性概念的辨析，补充了传统理论对城市公用事业特征的研究不足，并对城市公用事业的行业及业务类别进行划分，为分析其发展模式锁定清晰准确的范围。其次，追溯了公私合作模式在我国城市公用事业的发展历程，并就其本质特征详加论述。在此基础上，利用产权理论对现有 PPP 模式进行了分类，为下文的研究做好铺垫。最后，对合约理论、产权理论、交易费用理论与博弈理论的发展过程进行了回顾，并特别介绍了这些理论在本书中的应用。

第 3 章，我国城市公用事业 PPP 新机制问题及合约治理。本章首先介绍了 PPP 新机制的激励相容机制，探讨了政府和社会资本在 PPP 合约中的行为逻辑与约束条件，阐明了影响 PPP 合约参与各方的行为动机与项目目标相一致条件下的各个因素。其次，详细分析 PPP 项目合约的基本框架，包括项目类型与收费机制、合约的主要条款和设计准则。在合约设计中，强调项目模式匹配、风险合理分担和租值配置有效激励等原则。最后，明确了目前我国城市公用事业 PPP 新机制面临的挑战，主要包括营建用途产生异化、沦为变相举债工具；社会资本参与困难、合约治理能力欠缺；风险管理能力不足、政府市场界限不清；监管效能有待提高，社会性监管重视不够。

第 4 章，我国城市公用事业 PPP 一般性合约的风险管理。首先，本章阐明了我国城市公用事业 PPP 合约风险的基本概念、四大特征及其全周期动态管理的步骤与方法。其次，在探讨比较了各类 PPP 项目的风险识别方法的基础上，通过跨案例研究的方式，将城市公用事业 PPP 项目风险归纳为 7 大类，36 个风险，并以此建立起风险清单。再次，利用模糊综合评判与专家打分相结合的方式，建立了一套科学系统的PPP项目风险指标评价体系，保证PPP项目在最大限度上做好风险预警。最后，在阐明风险应对策略的基础上，明确公私双方的风险分担矩阵，同时，提供了PPP一般性合约风险应对的理论框架。

第5章，我国城市公用事业PPP一般性合约的租值问题探讨。首先，围绕着PPP一般性合约的租值创造与分配展开讨论，利用数理模型对城市公用事业PPP合约的租值配置求取最优解，并找出其重要的影响因素。其次，结合2551个全样本、50个典型样本和153份抽样调查问卷的数据，通过统计推断的方式对PPP项目租值配置的相关变量进行参数估计，从而利用数值模拟的方法将最优剩余索取权量化为更加精确的数字表达。最后，分析PPP一般性合约中负外部性与租值消散的影响，引入非正式制度，探讨城市公用事业PPP项目负外部性的社会共治问题。

第6章，我国城市公用事业PPP不完全性合约分析及PPP合约优化设计。首先，本章利用动态博弈模型，分析了公私双方在专用性资产投资合作形式中的行动逻辑以及影响再谈判和租值分配的关键因素。其次，探讨了PPP合约不完全性与交易费用的相关性，演示如何利用贝叶斯推理方法和无信息先验概念处理合约中的不确定性问题，为PPP不完全性合约的条款设计提供一条有效可行的路径。最后，本章探讨了城市公用事业PPP新机制合约条款的优化设计方案，包括收益条款、风险条款及其他补充条款的设计。

第7章，高质量发展我国城市公用事业PPP新机制的相关政策建议。总结全书的研究结论，从而提出四条发展中国城市公用事业PPP模式的政策建议。第一，实现我国城市公用事业PPP新机制的高质量发展首先要优化其项目合约的设计，主要包括科学设定模式匹配机制，合理配置项目租值比例，完善动态风险管理框架。第二，PPP项目合约以法律框架为依托，强化合约合法合规审查，厘清PPP合约法律关系，建立立体化法律法规。第三，城市公用事业PPP新机制的发展需要政府监管的保驾护航。因而，需要树立尊重市场化的监管理念，完善现代化的政府监管体系，健全科学系统监管监督机制。第四，发展城市公用事业PPP新机制还需要除了公私双方以外的社会公众力量的广泛参与。PPP项目的社会共治可以通过释放社会柔性化治理效能，完善社会公众常规化问责，营造社会共治共享和谐圈。

第 8 章，研究结论与展望。这部分对全书内容进行了回顾并总结出六条重要结论。随后，对将来需要继续研究的内容进行展望。

1.5 本书的创新与不足

1.5.1 主要创新

1. 研究观点的创新

本书在研究观点上有两处创新。第一，提出通过贝叶斯方法处理城市公用事业 PPP 合约中再谈判问题的观点。不确定性在经济活动中普遍性的存在是 PPP 合约产生再谈判的根本原因。PPP 项目中的不确定性可以通过主观概率和贝叶斯方法来量化和处理。主观概率基于个人经验、专业知识和逻辑分析，虽然不是客观概率，但能为决策提供相对可信度的量化。在城市公用事业 PPP 合约中，贝叶斯方法可以帮助各方评估不同设计方案的可信度，并根据新信息调整这些概率。即使在无法精确计算数据概率的情况下，通过比较 $P(H|D) \propto P(H) \times P(D|H)$，也能评估不同假设的相对可信度，从而做出更合理的决策。第二，防范城市公用事业 PPP 项目风险不仅需要优化其合约设计，还需要社会共治的环境。社会规范与礼仪习俗可以协助合约运作，有助于降低 PPP 项目本身的交易成本以及社会中的制度性交易成本。以个人声誉或名誉为担保，通过对社会公众的合作机制设计，能够塑造一个更利于保障城市公用事业 PPP 合约履行，项目有效运作的大环境。

2. 方法应用的创新

本书提出城市公用事业 PPP 合约的全周期风险动态管理主要由三个方面内容构成，即全面准确的风险识别清单、科学系统的风险评价机制、权责清晰的风险分担框架。通过 40 个实际案例分析的方式，识别出政府引致风险、法律风险、金融风险、项目建设风险、市场运营风险、不可抗力风险和工程技术风险 7 大类，合计 36 种风险，并以此建立风险清单。在此基础上，通过模糊综合评判的方法对城市公用事业 PPP 项目风险进行评估，对这些风险因素的权重及对案例项目成败的影响程度进行量化分析，从而帮助决策者识别 PPP 项目过程中可能面临的各种风险因素，并判断出 PPP 项目实施的不同阶段其风险因素的重要程度。最后，利用风险分担矩阵与最终要约仲裁的方式将项目面临的风险，在公私双方之间合理分配，从而优化城市公用事业 PPP 合约条款的设计，这是与以往相关研究不同的方法应用的创新。

3. 研究角度的创新

本书在研究角度上主要有两点创新。第一，提出城市公用事业的垄断性与公用性其实都来源于其网络性特征。首先，我国的千家万户都有铺设城市公用网络系统的流经，从《物权法》的角度来看，我国城市公用事业的网络铺设存在地役权的障碍，而这才是城市公用事业垄断性的合理解释。其次，城市公用事业的公用性有赖于其物理网络系统，它通过计量表等测量工具对不付费的使用者加以“隔离”，也就是为公用产品在消费技术上提供了可分性，经营者通过控制网络结点使那些“免费搭乘者”无法消费这种公用产品，而这是传统公用品理论没有涉及的内容。第二，对新制度经济学中的合约理论追根溯源，从风险与不确定性的性质特征入手，将城市公用事业 PPP 合约分为一般性与不完全性进行分类讨论，从而为 PPP 新机制的高质量发展提供一 个完整的合约分析框架。

1.5.2 不足之处

第一，2024 年 4 月 10 日，国家发展改革委依托全国投资项目在线审批监管平台，正式上线全国政府和社会资本合作项目信息系统（以下简称“信息系统”），并向各地发送了信息系统操作手册。尽管如此，截至本书完成的时间，信息系统还没有建立起有参考价值的 PPP 新机制项目库。有鉴于此，本书对相关参数的估计全部来源于财政部 PPP 综合信息平台与自制问卷调查的数据。因而，在时效性方面有一定程度的影响。第二，学术界有关 PPP 项目风险的应对，PPP 合约相关法律法规及保障，PPP 项目合约的政府监管等问题的研究成果不断，在写作本文的同时，无法将所有新鲜的研究成果与方法纳入到参考之列，深表遗憾。以上即是本书研究的不足之处。

第2章
相关概念及理论基础

PPP 作为一种对传统公共服务及产品提供方式的替代，逐渐成为推动我国治理体系及治理能力现代化的重要制度安排，被广泛地应用于城市公用事业及基础设施建设行业。有关城市公用事业PPP 模式的理论研究可以说是车载斗量，其中多数都是以新古典经济学的分析框架为基石。新古典经济学自身的不断发展及其他经济学理论的完善，为本书的研究提供了有效的分析工具。本章主要对城市公用事业的属性特征、PPP 模式定义内涵与发展历程以及研究所运用的经济学理论进行概述，并结合研究需要对相关内容加以阐述。

2.1 城市公用事业特性及相关理论

城市公用事业被公认为具有自然垄断属性，其所提供的产品属于公用物品或准公用物品。而无论是垄断性还是公用性都需要建立在网络性的基础上，换言之，城市公用事业的垄断性以及公用性的成因是来源于其网络性。通过对城市公用事业的网络性、公用性与垄断性及相关理论的考察，可以为其发展模式研究锁定清晰准确的范围。

2.1.1 城市公用事业的网络性

城市公用事业涉及科技教育、环境卫生、文化旅游、社会保障、基础设施等经济社会和民生领域的方方面面。因而，卢洪友（2007）总结道："城市公用事业包括那些生产或提供城市居民（包括自然人和法人）集体消费或使用的具有程度不同的非竞争性和非排他性混合商品的产业总和。"通常情况下，城市公用事业都会带有庞大的网络系统，只有通过系统内的各个子部门间的相互配合才能保证将产品或服务送达消费领域。对此，肖兴志（2016）指出："一个城市的电力与热力供应、电信、煤气、自来水和邮政等行业，都属于网络性行业（Network Industries），它们的一个共同特点是必须具备一个完整统一的网络才能提供社会化服务。"例如，城市水务行业的基本流程可分为原水、制水、输配水、排水、污水处理、再生产利用等多个相互联系且不可分割的业务环节，其中核心部分是通过自来水管道系统分销给各类消费者的输配水环节（许梦博和张一楠，2017）。实际上，世界各国的城市公用行业都具有这种多环节的、网络性的技术经济特点，发达国家把网络上的流量（供水、电力和通讯信号等）作为衡量这些产业的最佳指标。

相对而言，无网络型的城市公用事业是指园林绿化、道路照明、道路与河道养护、垃圾处理、环境卫生等，即基本无须借助物理性的网络管道系统提供产品或服务的行业。无网络型公用事业看似与城市居民的生产与生活没有直接的联系，然而，它却是一个城市的“脸面”，对美化城市面貌，营造优雅、舒适、文明的社会环境等方面具有重要的作用。换言之，它们不实际提供某种“产品”，却是城市公用事业的重要组成部分；它们不为城市居民的生产生活提供“直接”帮助，却是所在城市的“名片”。需要特别强调的是，本书研究对象属于网络型城市公用行业，也就是通过一定物理管网向社会公众提供产品和服务的类属。

综上所述，根据网络性特征可以将城市公用事业区分成两类：一类是以一定物质形态为载体或利用物理管网系统向社会公众广泛地提供生活必需品及服务的行业，可以被称为市政及基础设施事业。另一类是由文化、教育、卫生、环境等部门组成的非物质形态的网络系统来提供社会保障功能的行业，被我们界定为公共服务事业。表 2 –1 详细比较了以上两类城市公用事业的异同。

表 2 –1　　城市公用行业的分类及异同

类别	市政及基础设施事业	公用服务事业
范畴界定	城市水务体系、城市道路交通体系、能源体系、通信体系、垃圾处理体系等与以上内容相关依附物质形态的基础及市政设施	科技教育、环境卫生、文化旅游、社会保障、商业服务、市政服务、保险金融、医疗服务等社会公共服务
基本职能	作为城市居民能够生产生活的物质基础	保证城市居民的身心健康及社会秩序
行业服务载体	主要依靠专用性物理设施	主要依靠人工服务

通过表 2 –1 的分类可知，基础及市政设施行业具有典型网络性特征，可以被描述为以满足社会公共需求为目标，普遍地向城市居民及各个生产组织提供生产生活必需品的行业集群。如果没有特殊说明，本书语境中的城市公用事业就是城市基础及市政设施行业的集群，并在后文中统一使用“城市公用事业”指代。换言之，相对于其本质更类似于“公共资源”的公用事业，本书的研究对象可以概括为以一定的物理网络系统支撑的，各业务之间相互稳定衔接形成的纵向一体化式的生产性组织。

2.1.2　垄断性与自然垄断理论

1. 自然垄断理论的演进

新古典经济学认为城市公用事业是具有垄断性的行业，一旦生产组织具有垄断性质，无论原因为何，都不会按照边际成本（MC）等于边际收益（MR）的原则来定价，而市场允许垄断者存在是出于垄断所带来生产成本节省方面的考虑。追溯历史，在经济学发展初期很少有关于“自然垄断”的论著，而有关“垄断”的概念却早早被学者提出。奥古斯丁·库尔诺（Augustin Cournot，1838）通过对天然矿泉发掘及出售的观察指出，当市场只有一个卖者时，意味着生产者可以不用接受市场价格而根据自我需要任意定价。阿尔弗雷德·马歇尔（Alfred Marshall）在《经济学原理》首次明确了垄断与生产成本之间的关系。

通过对厂商生产行为的观察，亨利·卡特·亚当斯（Henry Carter Adams，1887）首先提出了以规模经济特征来定义自然垄断产业的原则。企业的最优产量，是区别规模经济与不经济的临界点，而只要企业在规模经济的产量范围内进行生产，就会有产量越大成本越低的效果，这即是规模经济理论下的垄断成因。随着对自然垄断研究的不断深入，学者们逐渐认识到导致自然垄断的决定性因素不是规模经济，而是成本弱增性（Subadditivity），这一经济技术特征。对此，詹姆斯·邦布赖特（James Bonbright，1961）指出：“相对于边际成本呈下降的状态，即使单位成本处在弱增阶段，由单个企业独自提供服务对某些公共行业来说也是有经济效率的。”同样地，著名经济学家鲍莫尔（Baumol，1977）和夏基（Sharkey，1982）共同认为成本函数的弱增性是自然垄断的充分必要条件。

综上所述，传统对自然垄断的认识可以分为三个阶段。第一阶段是早期对生产行为的观察得到的直观印象，即一个生产者进行生产活动并制定市场价格比多个生产者更有效率。第二阶段，随着规模经济的技术经济特征被发现，人们对垄断的简单认知也逐渐过渡到了自然垄断的概念，并认为规模经济是自然垄断的决定性因素。第三阶段，通过对自然垄断理论研究的不断深入与拓展，学者们终于认识到成本弱增性才是自然垄断的充分必要条件。

2. 城市公用事业的垄断成因

经济学界以往的研究认为，城市公用事业具有天然的垄断属性。然而，根据边际产量递减定律，从生产成本的角度来看，垄断性是具有边界的，也就是说不存在任何一个生产者的边际成本在生产过程中不断下降或保持不变。城市公用事业的自然垄断性与它的生产规模成正比，即生产规模越大，边际成本递增定律越晚起作用，生产的成本变化越缓慢，反之亦然。比如一些尚未形成全国性的市场的地区性产业，由一家企业垄断经济效率会较高，然而，随着经济发展水平的提高，这些产业的多个业务领域会逐渐失去自然垄断性，改成多家企业竞争性经营会更有效率。实际上，城市公用事业的垄断性与其网络性密不可分。有学者甚至认为有无网络性业务的区别才是造成城市公用事业垄断性的真正成因（秦虹和钱璞，2015）。

通常而言，铺设城市公用行业的管网会占用大量的土地，土地上附着的建筑以及景区都归属有别，不同产权主体与公共服务供给之间的矛盾，从法学的角度来看，一般将其看成是“地役权”问题。所谓地役权，其为一种物权，在物权范畴之内，按照我国《物权法》中第 156 条规定：“地役权人有权按照合同约定，利用他人的不动产，以提高自己的不动产的效益。前款所称他人的不动产为供役地，自己的不动产为需役地。”（崔建远和苗延波，2009）而地役权带来的产权界定及相关的交易费用，是公共基础设施建设需要克服的最大成本。我国各个省份、千家万户都有铺设城市公用网络系统的管网流经，尤其大中型城市具有人口密度高、人均居住面积狭小的特点，而在地役权有偿使用的地方，协商谈判的成本将会有较大程度的增加，即便建设目标最终得以完成，所付出的成本也相对较高。因而，为了减少交易费用，政府可以特许授权给某个生产者，即通过具有强制特性的垄断权来保证项目施工效率，这便是由地役权而导致的城市公用事业垄断性的真正成因。

从全世界的范围来看，关于地役权的使用，很多发达国家都有丰富经验可供参照。在意大利的民法中有相关规定，将排水、供电、通行等提供人们基本生产生活所需的公共事业领域的事权归类为强制地役权，并且通过补偿金支付来为供役地所有权人的权益提供保护（费安玲等，2004）。我国改革开放后，包括城市公用事业在内的许多行业，走的都是先实践后立法的路线

（付金存，2016）。由于《物权法》出台时间比较晚，与之配套的法律存在漏洞或体系不够完善。因而，城市公用事业实施过程中的地役权问题，一般通过相关政府机构出台文件的形式，借助行政权调节交易费用从而对营建单位予以一定帮助，而这也是政府参与 PPP 特许经营项目的充分理由。我国于 2020 年 5 月 28 日颁布的《中华人民共和国民法典》中提道地役权不可单独转让或抵押，且与土地承包经营权或建设用地使用权等一并转让。

2.1.3　公用性与公用物品理论

1. 公共物品的概念界定

“Public Goods” 被中文的教科书译成 “公共物品” 或 “公用物品”，由于用语习惯以及翻译方式的问题，国内外学者对公用品或公共物品的概念及范围界定存在着争议，而厘清概念是任何理论研究的前提。实际上，以往学界所谓的公共物品其实应该翻译成公共资源（Common Resource），指的是产权非私有的资产（高鸿业等，2014）。例如，一块非私人所有的公共草场可以供多人放牧，一处非私人所有的天然渔场可以容许多人进行捕钓，不论最后的边际产值如何，就其本身的性质而言，上述例子中的草场与渔场都属公共资源（Common Resource），它等同于公共物品或公共品的概念。

相对而言，公用物品的概念是随着保罗·萨缪尔森的《经济学》教材在世界范围内的广泛使用而被人们熟知的。萨缪尔森（Samuelson，2009）认为，每个人在消费过程中并不减少其他任何人对该产品的消费，我们就把该物品称为公用品。例如，同一档电视节目，每个观众在各自的家中观看，互不干扰，那么该电视节目就是公用品。公用品的两个基本特征是非排他性（Non - excludability），即由于收费的成本高昂而难以将无贡献者排除在外；非竞争性（Non - rivalry），即在一定范围内消费某产品的边际成本增加值为零。然而，人们在生活实践中却很难发现完全符合公用品两条基本特征的产品（沈满洪和谢慧明，2009）。因而，有学者又对公用品做了纯公用品与准公用品的区分，而以上两者的主要区别就在于非排他性与非竞争性的程度（李特尔，2016）。

有学者指出，许多商品的属性其实是介于公用品与私用品之间，如经济学家布坎南（James M. Buchnan，2009）就提出了“俱乐部物品”，旨在根据竞争性与排他性的程度差异，对处在公用品与私用品范围之间的商品进行排列（张维迎，2015）。对此，周燕（2017）指出，差不多所有物品都具有共用品与私用品的性质。例如一颗价值连城的钻石被私人购买后，当私人佩戴时其他人就无法佩戴，这属于私用品。钻石被摆放在橱窗或者因私人佩戴而作为一种让人赏心悦目的珍品时，钻石就可以供给多人欣赏而互不干扰，这属于公用品性质。与垄断性相同，城市公用事业的公用性也与网络性密不可分，其生产过程所需的物理网络正是行业公用性的来源。一般来讲，在上头成本（固定成本）占总成本比重较大的行业中，消费数量越多，固定成本就越可分散在每一单位需求上，因而也越能收到网络系统的规模经济效益。换言之，公用事业领域真正具有“公用品”性质的业务其实是那些“物理管网”的部分。

2. 公用物品的收费难题

由于公用品每增加一单位消费所产生的边际成本为零或几乎为零，所以，有学者主张不应该对其进行额外的收费。况且，公用品的非排他属性决定了它很难处理不付费而消费该产品的消费者，这便会产生免费搭乘（Free - rider）的问题。长此以往，私人或市场不会愿意提供公用品。因而，萨缪尔森（Samuelson，1954）认为公用品应该由政府拟定税负，负责建设并运营维护。公用物品的“搭便车”问题无法解决是因为其收费方式难以实现。具体而言，如果公用品收费标准过高就会导致潜在的消费者被排除在外，最终造成消费人数不足而影响该产品的持续供应。相反，若是公用品收费标准过低，也会因供应者入不敷出而导致同样的结果出现。如果采用价格歧视（价格分歧）的方式，即利用消费者之间信息的非对称性，对其施行“隔离”收费，这要求供给者对每个消费者的边际用值了如指掌，相当于需要面对高昂的信息费用。因而，如何以最低的交易成本“隔离”不付费的人享用产品是解决公用品收费问题的关键。

面对传统理论的收费难题，城市公用事业的收费可以采用公用品绑定私用品收费的方式解决。例如，思想是一种典型的公用品，它的公用性在实践中一般是通过书本的形式广泛传播的，即不支付费用购买书本就无法得到作者的思想。此时，“思想”是一种共用品，而“书籍”却是谁都可以买到的私用品。学者们通过书籍这种形式来出版自己的思想使不支付费用的消费者无法享用，即“隔离”了免费搭乘（Free - rider）的读者。对于一种共用品而言，供给者可以选择隔离还是不隔离，以及隔离的程度。当满足下述条件时，所有者会选择隔离：边际上隔离带来的收入增加≥隔离费用。当满足下述条件时，所有者会选择某种程度隔离：边际上隔离的直接收入 + 不隔离的间接收入 = 执行费用（周燕，2017）。综上所述，对公用品进行“隔离”收费，可以有效解决免费搭乘（Free - rider）的问题。

3. 城市公用事业的收费定价难题

长久以来，城市公用事业被认为是具有至少准公用品性质的产品，而一般在市场上交换的商品都是可以准确定量并制定价格，意味着如果一切商品都属于私用品，对于“隔离”那些无论何种原因无法付费的人来说就相当简单。相对而言，城市公用事业的收费问题就要复杂一些，该行业包括具有垄断性的网络型业务（也可称为非直接竞争业务），还包括直接竞争或可竞争型业务。而“隔离”不付费的使用者的最好方法是控制可竞争性业务部分的环节，这样城市公用事业的“公用品”收费从理论上讲，就再也不是难题了。根据城市公用事业行业内各业务环节的公私属性，对其可竞争性加以区分。如表 2 - 2 所示，本书通过资料整理总结出了七种典型城市公用事业中的业务分类，对城市公用事业中可竞争性业务与非直接竞争（垄断性）业务进行了划分。

表 2 - 2　城市公用事业的类型划分

行业名称	可竞争性业务	垄断性业务
管道燃气	燃气生产、储存、销售业务等	燃气管道网络
城市供水	自来水生产、销售业务等	供水管道网络
城市供暖	热能生产、销售业务等	供热管道网络
污水处理	污水收集、处理业务等	污水管道网络
城市交通	公交车辆运行、票务业务等	城市公交道路网络
城市邮政	邮政快递、邮政汇兑等	邮政分拣网络
城市电力	电力生产、销售业务等	高压输电、区域低压配电

实践当中，网络型城市公用行业可通过计量表等测量工具对不付费的使用者加以“隔离”。一般来说，公用事业的网络系统由多个结点连接而成，网络功能的体现和发挥需要多个网络联系结点共同参与。城市公用事业的供给者可以通过控制网络节点来选择向哪些消费者输送产品。这种方式为公用产品在消费技术上提供了可分性，同时，也为本来以公用品“自居”的公用行业在收费方式上提供了一条途径，经营者可以通过控制网络结点使那些“免费搭乘者”无法消费这种公用产品。有鉴于此，众所周知的是中国几乎所有城市都对这类公用产品实行按使用量多少而收费的政策。这便是城市公用事业普遍采用纵向一体化模式的原因。

2.2 城市公用事业 PPP 模式的相关概念

2.2.1 PPP 模式的合约本质

PPP 内涵丰富且形式多样，以至于目前学界就其定义或概念尚未形成统一答案，不同的发展阶段在形式上也凸显出了一定的差异。从表现形式来看，PPP 模式可以定义为，公共部门（政府）与私人部门（社会资本）以提供特定的公用品或基础设施为对象，通过特许经营合约，彼此之间形成一种伙伴式的合作关系，其合约明确了公私双方的权利和义务，并确保合作各方达到比预期单独行动更为有利的结果。这里需特别关注三点：其一，PPP 合作需要建立在明确其提供公共产品的目标上。其二，要将 PPP 看作是一个有机整体，PPP 是以一个立体网络的形式出现，而非单纯的扁平式合作体。其三，PPP 的公平不仅应该体现在合作双方的公平上，更加应该关注公共产品最终使用者（居民）（刘高洁，2014）。

简言之，PPP 就是在合约框架下的伙伴关系，其本质是一种合约安排。美国 PPP 的代表人物萨瓦斯（Savas，2001）认为理解 PPP 模式首先要从合约的角度出发，并指出 PPP 是在某种合约安排下，政府和私人部门共同合作来提供公用品或服务的制度创新。同时，英国学者达霖·格里姆塞（Darrin Grimsey，2005）和澳大利亚学者莫文·刘易斯（Mervyn K. Lewis，2005）经过多年研究指出，从合约视角来理解 PPP 模式较为恰当，并认为 PPP 其实就是在明确的合约条款下，私营实体参与为公共基础设施提供服务支持的形式。德国专家 Gottschalk 也认为共同的经济目标、长期合作关系与合约安排是 PPP 模式的三大核心要素（Savas E. S，2010）。

PPP 模式在我国又被称为“政府与社会资本合作项目”，在实践中一方面为民间资本创造了广阔的市场投资空间，有利于促进私营部门在市场经济体系中的优势发挥，另一方面又可以缓解地方政府财政与债务压力，有效解决基础设施投资不足的问题，因而，在我国城市公用事业领域广泛流行（李延均，2010）。李秀辉和张世英（2002）只把 PPP 看成是简单的一种基础设施项目融资模式。学者王俊豪（2017）却主张，应对将 PPP 理解为特许经营模式的“变种”，并强调 PPP 模式是在明确双方权利义务的基础上，公私双方缔结特许经营合约，并组建一个以中标企业为核心的 PPP 项目公司，负责项目的融资、设计、建设和运营，提供公共产品或服务。

尽管在世界范围内，学者们对 PPP 模式的理论研究与发展方向众说纷纭，但可以肯定的是这种合作关系的确立必须以合约形式呈现。实际上，无论 PPP 项目的时间长短，投资大小以及经营效率如何都要受到公共部门与私人部门所签订的合约约束，因而，可以把公私合作项目看成是长短不同、内容相异彼此联系紧密的若干合约的集合体，这充分说明了 PPP 模式绝不仅是一种合作关系，而是在交易费用约束下灵活的合约安排。对此，李楠楠（2017）就公私合作合约中的权利和义务作出了更详细的解读，即对市场敏感的私营部门负责工程建设并利用其筹集资金和技术管理优势来提高基础设施运营的效率，同时，政府需要在市场准入和退出、价格和质量监督上，督促私营部门提供社会所需的公用事业领域的产品和服务。

综上所述，随着 PPP 模式在世界范围内的广泛应用，其内涵逐渐累加，不断丰富。明确清晰的定义是任何经济研究的前提，尽管各家各派的学者对 PPP 模式有不同的解读，但无疑都是以合约安排为线索。因而，本书认为 PPP 模式本质上是一种合约安排，本书研究的 PPP 模式可以概况为公共部门（政府）与私人部门（社会资本）建立在合约框架内的长期伙伴关系，其合约特征是风险分担与利益共享。

2.2.2 PPP模式的发展背景

上文对PPP的合约本质进行了论述，这里将以政府与社会资本间的合约安排为线索，重新解读了我国改革开放后城市公用事业公私合作模式的发展历程。通过描述每一阶段（见表2－3）的主要特征、相关政策法规、实践案例，总结出政府与民营部门在不同阶段的关系及特点，从历史发展的维度，观其大略，摘其要旨，梳理成章，铺垫下文。

表2－3　　公私合作的三阶段合约模式

	主要特征	相关文件	典型案例	合约安排
第一阶段 招商引资 （境外投资）	1. 打破垄断 2. 特许经营 3. 境外投资	《关于试办外贸投资特许权项目审批管理有关问题的通知》《关于妥善处理现有保证外方投资回报项目有关问题的通知》	1996年沈阳市政府中法水务项目	固定合约 投资回报率 风险转入公共部门
第二阶段 扩大招标 （民营资本）	1. 扩大招标 2. 鼓励民营 3. 政府监管	《关于加快市政公用市场化进程的意见》《市政公用事业特许经营管理办法》	上海竹园第一污水处理厂BOT项目	分成合约 产权模糊 风险分担不明
第三阶段 公私合作 （多元模式）	1. 公私合作 2. 产权明晰 3. 政府监管	《关于市政公用领域开展政府和社会资本合作项目推介工作的通知》	徐家湾地区综合改造PPP项目	分成合约 产权明晰 共担风险

1. 定额合约阶段

从20世纪80年代初到21世纪初大概20多年的时间，本书将它划分为政府与社会资本合作发展城市公用事业的第一时期。1993年《中共中央关于建立社会主义市场经济体制若干问题的决定》中提出建立现代企业制度，被认为是改革传统公用事业管理体制的重要的文件。这一阶段的主要内容为：对城市公用事业领域实行民营化改革，政府即公共部门从直接投资及管理的角色逐步向企业与市场的监管者转变。由于我国具有“劳动密集型”及“资本匮乏型”的要素禀赋特点，在改革开放初期一直采用招商引资的方式进行地方经济建设，其主要特点是市场化的导向、招商引资作方式、项目融资为载体（仇保兴等，2014）。

彼时，多地政府开始积极地尝试引入非公有制经济成分到城市公用事业领域，展开了对政府与社会资本合作模式零星式的探索。由于我国“资本匮乏型”的要素禀赋特征，各地政府发展城市公用事业尤其以引入境外资本为主要形式。其中，最具代表性的文件是 1995 年三部委联合出台的《关于试办外贸投资特许权项目审批管理有关问题的通知》，该文件的下发促成了一批直接由外商投资的城市基础设施及公用事业项目（付金存，2016）。政府在与境外资本合作中多以承诺固定投资回报率的形式达成合约，事实上，这种固定收益合约意味着签约后无论发生何种状况，哪怕是组织运营的无效率，甚至以低于生产成本的价格出售产品服务都能得到预期的收益。这样的合约安排无法激励企业改善管理水平和主动技术创新，而是将风险转嫁到了政府一方，与改革之前政企合一的管理体制并无本质区别。为了纠正境外投资项目不断暴露出的问题，重新界定政府与社会资本合作的关系，2002 年《国务院办公厅关于妥善处理现有保证外方投资回报项目有关问题的通知》出台，政府积极引入境外资本建设基础设施项目的特许经营第一阶段宣告结束。

2. 分成合约阶段

从 21 世纪初到 2008 年可以划分为政府与社会资本合作的第二时期。这一时期，建设部出台了一系列政策法规，其目的是以鼓励民营资本进入城市公用事业为导向。此外，在纠正政府承诺合作项目固定投资回报率的基础上，城市公用事业的发展更加注重市场功能，即明确强调市场在资源配置中的基础性作用。2001 年建设部颁布《关于加快市政公用事业市场化进程的意见》，该文件表明了我国基础设施建设及公共事业领域在向境外资本开放的同时更加欢迎国内民营资本参与投资，积极引导社会资本跨地区、跨行业参与城市公用事业招投标。不仅如此，2004 年建设部发布文件《市政公用事业特许经营管理办法》，明确规定将特许经营作为私人部门参与城市公用事业的主要形式。总的来说，这一时期政府比较注重自身的市场管理者形象，特许经营项目中政府与企业的合约关系凸显，在重新调整境外资本“固定回报率”的模式后，各地政府纷纷鼓励国内私人资本参与特许经营并加大准入力度，以健全相关法律法规为依托，合作项目的招投标过程不断标准化与程序化。

随着特许经营的双方权利界限得到明确，合约可供选择的范围不断扩大，此时期内合约实际上是一种分成合约，即在承认企业天生逐利的前提下，允许营建城市公用事业的企业追求超过生产成本的租金收入，并由政府对其进行监管。这样的合约安排使发展我国城市公用事业的形式得到丰富，有利于促进该产业的健康发展。这一时期比较典型的案例是 2002 年，民间资本占到 85% 的上海友联联合体，在中国最大规模污水处理企业——上海竹园第一污水处理厂招商中一举中标。具体而言，特许经营合约规定在 20 年专营期内，由中标企业投资建设、运营这家日处理能力达 170 万吨的大型污水处理厂（沈于田，2004）。总的来说，在我国城市公用事业市场化第二阶段，政府积极引导国内资本参与城市公用事业的招投标工作，利用建设—运营—移交（BOT）等特许经营的方式盘活存量项目优化增量项目并鼓励实现多元化投资。随着新项目的不断上马，城市公用事业特许经营的内容得到丰富，运行机制逐步健全。

3. PPP 合约阶段

2008 年由美国次贷危机引发的金融海啸重创全球经济，各国政府纷纷调整先前的经济预期及宏观政策。为摆脱全球经济危机的影响，我国政府积极推动新型城镇化战略，而建立健全与新型城镇化战略相适应的城市公用事业体系就显得尤为重要。由此，我国城市公用事业的政府与社会资本合作模式进入了第三阶段。随着我国法治化进程向前推进，市场化程度不断加深，对知识产权、私人产权的保护意识竿头日上，“契约精神”，“企业家精神”等以前不熟悉的名词逐渐深入人心。换言之，新的时代精神、新的法规律令都为降低政府与企业、企业与企业及企业与消费者之间的交易费用做好了文化及制度层面的准备。从 2008 年至今，我国城市公用事业中的社会资本参与比例逐步提高，所涉及的领域不断扩大，公私合作由最初单一的 BOT 特许经营模式发展到政府购买服务，移交—运营—移交（TOT），建设—拥有—经营—转让（BOOT）及建设—拥有—运营（BOO）等多种营建模式（李开孟和伍迪，2017）。随着我国新型城镇化战略持续推进，供给侧结构性改革稳步向前的背景助力下，PPP 模式在城市公用事业领域的大范围推广迎来了一波高潮。

2014 年国务院确认的首批 80 个基础设施建设公私合作项目为 PPP 的进一步应用打开了局面。2015 年财政部和住建部联合发布的《关于市政公用领域开展政府和社会资本合作项目推介工作的通知》是促进 PPP 项目广泛落地的标志性文件。这一阶段比较具有代表性的案例是西安市未央区徐家湾地区综合改造 PPP 项目。该项目主要是对旧城区的基础设施及公用事业进行翻新及改造，目标区域面积达 12 万平方千米，总投资注额为人民币 167 亿元，拟定采用 BOT 模式对外遴选社会资本进行项目合作，合作期限 15 年，这个项目为财政部第二批 PPP 示范项目（周兰萍，2016）。与前两个阶段相比，市场在资源配置中逐渐发挥出决定性的作用，政府与社会资本的契约关系凸显，各地主管部门以完善法律法规为依托，能够明确公私双方合作的边界，强调合约双方的平等地位是该阶段的突出的特点，这对于持续推动城市公用事业的健康发展具有重要意义。

综上所述，政府与社会资本在我国城市公用事业发展的每一阶段所呈现出不同的特征，其实是合约安排的不同。近 40 年的发展时间，不论政府管理部门的名称如何变化，企业的技术手段怎样进步，总有一条主线万变不离其宗，这便是城市公用事业领域内，政府与企业一直被几种合约紧密相连，相互协调。之所以会有不同的合约安排是因为局限条件变化不断，改革中多方状况难以预料，信息的不完全或不对称都可以被认为是交易费用的增加，它严格约束着当时城市公用事业改革的合约选择范围。从改革开放初期到如今，政府与社会资本合约的形式虽然有变化，但总是朝着改进资源配置效率的方向前进。

2.2.3　PPP 模式的类型划分

纵观我国城市公用事业项目的发展，现有 PPP 模式已经是林林总总，且一些创新的项目模式还在不断涌现，对形式多样的 PPP 模式进行大体的分类，才能够确保对其进行有效研究。《荀子·儒效》有言：“千举万变，其道一也”①，本书主张从 PPP 合约中的产权属关系出发，将其分类概述。

1. 产权结构与 PPP 模式

PPP 项目在实践中，一般需要在前期进行大量管网及设备等专用性资产的投资，委托方向资产所有者取得特许使用权而后展开运营管理，从而取得一定的投资回报率。在此过程中，投资营建、租赁转让与投资回报等无不涉及产权安排问题。张卫东（2010）指出，现实的经济生活中交易费用是必然存在的，要优化资源的配置、降低交易的费用，必须重视产权权利的初始界定、调整及重组，这将直接影响着资源配置效率和经济运行结果。PPP 模式其实是一种现代企业治理结构的合约化表达，其中，产权的清晰界定与合理配置不可或缺。一般情况下，在法律意义下完整的产权结构主要有四种权利构成：使用权、收入权、转让权与所有权（贾娜，2010）。

使用权是产权结构中最显著的一项权利，它赋予产权人决定资源使用的权利。使用权主要包括产权人是否使用或弃用，自己使用或作为公用，以及怎样使用。我国 PPP 模式中的使用权界定往往通过特许经营合约的形式得以实现，即相应领域的行政机关利用招投标的形式，赋予中标企业或组织在一定区域与期限内对特定事业或业务实行垄断经营。在 PPP 模式中，公共部门通过使用权的赋予来吸引社会资本参与城市公用事业，其目的在于充分发挥私人部门对于公共资源专业运作优势改进公用品的服务质量。

收入权在完备产权结构中的重要性不置可否。事实上，使用权、转让权及所有权的分类最终都是为了保障收入权，通常情况下说一项资产具有价值，它的前提条件是该资产可以给使用者带来收入，这便是收入权的本质。资产收入权的界定不清或蓄意侵犯都会降低资源使用效率。收入权的合理配置对 PPP 模式来说至关重要。城市公用事业 PPP 项目中的收益分配是投资者最关心的问题之一，公私双方在不完全合约的约束下，将围绕剩余控制权或索取权进行博弈与谈判，直至找到双方的纳什均衡解。除此之外，城市公用

① 世间万事万物皆应此理，尽管有这样那样外像的区别，但实则万变不离其宗，此处指不同类型的 PPP 模式其本质都是合约安排，反映的是参与各方的产权关系。

事业 PPP 模式的收入权还与收费方式密切相关。具体而言，PPP 项目的收费方式大致可分为使用者付费、政府付费与可行性缺口财政补贴三种。一般情况下，PPP 的收入权会根据项目的不同以及项目产出状况的差异而采用与之相配的收费方式，以期达到项目效率最大化的目标。

转让权是产权结构中的另一项重要权利。一般情况下，转让权在现实经济运行中，可以表现为在一定时期内的暂借、出租，或是整项资产的转让、出售或卖断。以价格作为获取资源的准则，谁有能力最大限度地利用资源进行生产，谁就能从资源使用上得到最大收入，从而资源最终能流转到最擅长使用它的人手上。如此一来，资源从整体上得到了有效配置，这有赖于转让权的设定。大多数 PPP 模式都包含有“转让”这项条款，PPP 项目中的使用权与收入权正是通过转让权的行使而发挥作用，例如，BOT（Build - Operate - Transfer）模式或 TOT 模式（Transfer - Operate - Transfer）。实际上，PPP 模式的本质可以理解为在明确资产所有权的前提下，所有者通过转让权以特许经营的方式将使用权租赁给私人部门以期创造更大租值，因而，PPP 项目合约中主要条款都是围绕着使用权的转移与收益权的分配而设计的。

所有权通常被人们认为是产权结构中最重要的一项权利，可事实上，所有权只是在法律上的一个名词，它属于名义归属权。所有权的归属丝毫不会影响产权结构的完整性。例如，我国土地的所有权属于国家，在交易市场上通常采用土地拍卖的方式流转到个人手中。尽管如此，国有土地的性质不会影响私人对其买卖，以及依靠土地来获得自身的收入。由此可知，PPP 项目中的所有权虽然不可或缺但并非决定性因素。我国的基本经济制度是以公用制为主体，多种所有制共同发展。灵活的特许经营合约设计可以从形式上使 PPP 项目公司（Special Purpose Vehicle，SPV）在一定区域与期限内取得公用资产的使用权与收入权。当 PPP 项目最终被政府赎回或期满转让时，这象征着资产所有权又回到国家手中。

综上所述，所有权、使用权、收入权、转让权，此四项权利同时具备的条件下，我们就认为是完备的产权结构。此外，一般情况下，除了所有权外，同时具备其他以上三项权利的组合，我们也认为这构成了相当于完备产权的结构。在现实经济活动中，只有产权结构完备才构成了市场交易的前提，科斯定律正是基于以上“四权”的前提下才得以成立。PPP 项目需要有完备清晰的产权界定才能发挥其降低交易费用，最优拟合公私两部门资源优势的职能。学者王灏（2004）在参考了多个国际机构的 PPP 分类方式后，结合我国国情设计了三级结构分类法，这也是我国最早且被各派学者引用较多的一种分类方式。本书抓住产权界定这一关键词，通过梳理归纳 PPP 模式在我国的实践形式，对具有相似条件的模式进行合并归纳，并参考学者王灏的分类方式，本书将我国 PPP 模式大体分为三种类型：有限产权类、混合产权类以及完全产权类（见图 2－4）。

表 2－4　　PPP 模式分类

一级分类	二级分类	三级分类
有限产权类	移交—运营—移交（TOT）	租赁—运营—移交（LOT）
		购买—运营—转让（POT）
	建设—移交—运营（BTO）	BT + TOT
	外包类	设计—建设（DB）
		运营和维护（O&M）
混合产权类	建设—运营—移交（BOT）	设计—建设—运营（DBO）
		设计—建设—维护（DBMM）
		建设—租赁—拥有—转让（BLOT）
	建设—拥有—运营—转让（BOOT）	
	改扩建—运营—移交（ROT）	租赁—更新—运营—移交（LUOT）
		购买—更新—运营—转让（PUOT）
完全产权类	建设—拥有—运营（BOO）	
	购买—更新—运营（PUO）	

2. 有限产权类 PPP

所谓有限产权类 PPP 合约就是政府（公共部门）通过行政授权的方式赋予中标机构或企业（私人部门）在一定期限内对特定的公用资产或业务行使垄断性的使用权与收益权。该类 PPP 类似于我国以前的服务外包性合约，政府与社会资本在合约中形成了委托—代理的关系。有限产权类 PPP 项目在我国的实践中一般都是政府掌握公用资产的所有权，私人部门利用专业的管理优势提供基础性的运营与维护等服务。政府可以通过对项目公司的服务绩效评价来判断私人部门最终的收益，通常采用政府付费或可行性缺口补贴的方式进行结算。由于私人部门只负责工程建设后的运营维护等部分工作，因此无须承担投资损失带来的风险，同时，私人部门也不具有对公用资产的完整意义上的产权。有限产权类 PPP 模式的最主要实践形式包括 TOT（Transfer - Operate - Transfer，移交—运营—移交）与 BTO（Build - Transfer - Operation，建设—移交—运营）。我国有限产权类 PPP 项目的典型案例是合肥市王小郢污水处理厂 TOT 项目。该项目通过国际公开招标转让污水厂资产权益，特许经营期为 23 年，项目公司提供达标的污水处理服务，从而向政府收取污水处理费。特许经营期结束后，项目公司将该污水厂内设施完好，无偿移交给合肥市政府指定单位。

3. 混合产权类 PPP

从产权结构来看，因为有前期上头成本（沉淀成本）的投资，混合产权类 PPP 要比有限产权类 PPP 更为复杂。具体而言，公共部门与私人部门都对合约内的公用基础设施或公用事业拥有部分产权，实践中通过以双方约定的持股比例为标准，且公私双方在特许经营期内对项目资产都不具有完整意义上的产权。混合产权类 PPP 项目通常采用使用者付费及可行性缺口补贴的收费方式。政府会根据物有所值评价，项目绩效考核以及每年度的收益状况来调整公用资产的租金及相应条款。在项目特许经营期满后，私人部门需要通过有偿或无偿的方式将项目资产移交给政府，但即使在特许经营期内，政府对项目资产也具有特许协议下的监管权力。混合产权类 PPP 项目的最显著特点是，首先，需要在公用事业项目运营前进行上头成本（沉淀成本）性质的专用性资产投资。接下来，负责项目特许经营期内的运营管理工作，并最终将项目资产有偿或无偿地转交给相关行政机构。

混合产权类 PPP 合约的实践形式主要有 BOT（Build - Operation - Transfer，建设—运营—移交），BOOT（Build - Own - Operation - Transfer，建设—拥有—运营—移交），ROT（Renovate - Operation - Transfer 改扩建—运营—移交）等，并由此衍生出 PUOT（购买—更新—运营—移交）和 LUOT（租赁—更新—运营—移交）等形式。在我国城市公用事业实践的最常见形式即是 BOT，以至于一些学者将混合产权类特许经营项目等同于 BOT。我国典型的混合产权类 PPP 合约的案例是酒泉市城区热电联产集中供热项目。项目先由政府方授予社会资本方的特许经营权，再由社会资本方承担城区集中供热工程的建设、运行、保障等职责，政府方履行监管职责，特许经营期结束后，资产由社会资本方移交至当地政府。该项目通过 BOT 的合作模式，一方面极大地提高了集中供热的效率和质量，为城区居民提供了优质高效服务，另一方面也成功缓解了供热系统改造改建给政府带来的财政压力，是比较成功的 BOT 案例。

4. 完全产权类 PPP

完全产权类是所有 PPP 模式中产权最为完备的合约类型。它通过行政机构特许授权的形式将公共基础设施及公共事业资产转让给私人部门，由特许经营一方负责项目的投资建设与管理运营并通过使用者付费的方式收回上头成本（沉淀成本）及直接成本。在整个项目营建过程中私人部门拥有公用资产或设施的所有权，在无触犯法律及重大违规事件发生的情况下，公共部门不得收回其特许经营权。考察现有的 PPP 模式，私人部门在完全产权类 PPP 合约中所承担的风险最大。该类 PPP 的主要形式有 PUO（Purchase - Upgrade - Operation，购买—更新—运营）和 BOO（Build - Own Operation，建设—拥有—运营）。

我国完全产权类 PPP 合约的典型案例是北京市阿苏卫循环经济园项目。该项目是为了解决北京市北部阿苏卫垃圾填埋场处理能力不足的问题，即在现有垃圾填埋场基础上新建一定处理规模之上的焚烧发电厂、陈腐垃圾筛分厂、残渣填埋场、垃圾渗沥液处理站等相应的辅助生产设施，形成垃圾处理全产业链。经过北京市政府批准，阿苏卫循环经济园项目采取 BOO 模式，由北京环卫集团有限公司与北京京能清洁能源电力股份有限公司共同出资组建北京华源惠众环保科技有限公司，与政府签订特许经营协议，由该公司负责建设运营该项目，特许经营期为 25 年。

2.3 从新古典经济学到新制度经济学的相关理论

PPP 模式在我国公用事业领域的应用已蔚然成风，与其相关的理论研究可以说是汗牛充栋，各家各派众说纷纭。新古典经济学的传统是抽象现实经济活动，以函数的方式表达并在假设前提的基础上进行推理演绎，其分析过程逻辑严谨，其分析结果往往一叶障目，脱离现实。拣取适当的审美方式，美会自然显现。选择合理的观看角度，往往有一览众山小的风光。恰当的理论工具是任何有效研究的必备条件。下文将对本书所涉及的经济理论与分析工具进行深入探讨。

2.3.1 合约理论

1. 从新古典经济学到合约理论

在新古典经济学框架下厂商或企业是由参数、变量构成的函数关系抽象成的一般化生产单位，资源使用效率即是在这样的生产单位下利用数学工具按照边际成本与边际收益相等同的原则计算出的数字。如此一来，生产者变成了非人格化的生产函数，企业的组织形式变得无关紧要，这种对经济问题进行抽象演绎的分析方式遭受了许多学者的质疑。由此，有关企业内部组织运作的原理需要更加有解释力的经济学理论来担当。罗纳德·科斯（Ronald H. Coase）1937 年发表的《公司的性质》一文被公认为是经济学界里程碑式的文章，从此，企业的“黑箱”逐步被打开，有关交易费用的研究突破了传统的新古典理论的藩篱，创造了一个以合约安排与交易费用为基础的新的经济学分支（卢现祥和朱巧玲，2012）。此后，在阿尔钦（Alchian）、德姆塞茨（Demsetz）威廉姆森（Williamson）、张五常（Steven N. S. Cheung）、哈特（Oliver Hart）和霍姆斯特姆（Holmstrom）等学者的努力下，合约理论得到进一步发展（埃里克·弗鲁博顿，Erik W. Furubotn 和鲁道夫·芮切特，Rudolf Richetelli，2006），变成新制度经济学的重要组成部分，如今合约理论已经成为经济分析的主流解释框架（袁庆明，2012）。

2. 风险、不确定性与合约安排

罗纳德·科斯（RonaldCoase）①、奥利弗·E. 威廉姆森（Oliver E. William-

① 1991 年诺贝尔经济学奖获得者。

son)[①]、让·梯若尔（Jean Tirole）[②]、奥利弗·哈特（Oliver Hart）[③]，以上四位来自不同国家，有着不同教育背景的经济学家都以不完全合约或产权理论的研究闻名于世并最终获颁诺贝尔经济学奖。可以说，不完全合约理论是合约理论乃至整个新制度经济学中最具代表性，对现实的解释力最充足的理论之一。然而，在本书对相关文献和专著进行梳理后发现，对于不完全合约理论与完全合约或者说一般合约有何区别鲜有满意的答案。本书以为，这主要是由于众多学者、研究人员未能就风险与不确定性的内涵、定义作出清晰的界定。此外，缺乏对数学中的先验概率与后验概率的深入认识也是导致上述问题的根本原因之一。

美国经济学家弗兰克·奈特（Frank Knight）早在 1921 年出版的著作《风险、不确定性及利润》（*Risk*，*Uncertainty and Profit*）中就区分了“风险”和“不确定性”两个概念，并对它们在经济决策中的作用进行了深入的探讨。只不过因为年代久远，传播与翻译受限等问题，未能成为中国广大学者熟知的经典文献。奈特（2006）定义了“风险”为可度量的不确定性，即在已知概率分布的情况下，未来结果的不确定性。例如，掷骰子的结果可以用概率来描述，因此属于风险。另一方面，“不确定性”是指不能够度量的风险，即在未来结果的概率分布未知或无法合理确定的情况下的不确定性。对此，约翰·梅纳德·凯恩斯（John Maynard Keynes），20 世纪最有影响力的经济学家，也有关于经济活动中“不确定性”的专题文章。凯恩斯（Keynes）在其博士论文《论概率》中，强调经济活动是基于过去的确定性和未来的不确定性之间的决策，这种不确定性是经济行为的核心。凯恩斯（Keynes）认为经济活动是由过去已经发生的事件和未来可能发生的不确定事件共同决定的。这种看法强调了经济决策的复杂性，因为决策者不仅要考虑已知的历史信息，还要面对未来的不确定性。

本书将包括城市公用事业 PPP 项目在内的任何一种经济活动中存在的风险与不确定性与数学中的数学概率和统计概率的概念对应起来，从而进行区

---

① 2009 年诺贝尔经济学奖获得者。

② 2014 年诺贝尔经济学奖获得者。

③ 2016 年诺贝尔经济学奖获得者。

分。数学概率是指基于明确的、可重复的随机试验，例如掷骰子或抽彩球。这些情况下的概率可以通过数学公式精确计算，因为它们假设了一种理想的、对称的环境，其中每次试验的条件都是相同的。然而，在现实世界中，很多情况下我们无法进行足够多次的实验来确定一个事件的长期频率，或者实验的成本和道德约束使重复实验不可行。与之相对，在现实世界中，我们经常遇到统计概率，它是依赖于历史数据和统计推断。例如，预测天气变化、经济趋势或市场行为时，我们使用的是基于统计概率的方法。总的来说，数学概率适用于理想化的、对称的随机试验，而统计概率适用于现实世界中的预测和决策，需要基于可用数据进行推断。

综上所述，PPP 项目的本质是一套设计精细的合约集合。对合约性质或属性的划分，作为定性研究而言，是对城市公用事业 PPP 项目进行科学有效研究的第一步，同时也是必不可少的工作。通过以上分析可知，合约理论中对合约是否完全的划分应该基于风险与不确定性的视角，即将未来风险通过数学概率的方式在“事前”体现在合同条款中的风险为完全合约。相反，无法通过概率或频率的方式在“事前”将风险体现在合同条款中，而需要靠“事中”谈判或再谈判的方式来处理的合约为不完全合约。

3. 城市公用事业 PPP 项目合约

（1）PPP 项目的一般性合约。在深入研究所谓的“不确定性”的过程中，弗兰克·奈特（Frank Knight）逐渐认识到，决策者能够完全掌握所有相关信息，从而能够精确预见事件的进展，这种假设与实际情况相去甚远，并不反映实际的经济活动。实际上，由于人的有限理性、信息不对称等因素的作用，现实社会中根本找不到一份将未来所有可能性都考虑在合同之中的完全合约。因此，本书更倾向于将所谓“完全”合约称为一般性合约，它是指在 PPP 项目合约签订前利用数学概率提供了一种框架，允许评估不同事件发生的可能性并基于此，将“风险”合理地体现在参与双方的权利义务中的合约。

通常情况下，PPP 项目一般性合约通过标志变异指标来衡量数据分布离散程度，从而表现出各种风险发生的概率，这些指标的值越大，表明数据点之间的差异越大，反之则表明数据点更加集中。当样本量足够大时，样本均值将趋近于总体均值。这为使用样本数据来估计总体参数提供了理论基础。PPP 项目一般性合约的优点是通过计算样本均值与总体均值之间的误差范围，并估计推断的可靠程度，将各种项目可能发生的风险在合约签订之前在政府与社会资本之间做好合理分配，保障项目的长期合作与良性发展。相反，PPP 项目一般性合约的不足之处是，在现实世界中，由于社会和环境的快速变化，基于不变试验条件计算出的概率可能难以应用。此外，为了准确计算概率，需要大量的试验样本，这在实践中可能难以获得，增加了复杂性。因此，即使概率被计算出来，也可能因为未观察到的情况或观察者的主观偏差而失去准确性。

（2）PPP 项目的不完全性合约。当代学者纳西姆·尼古拉斯·塔勒布（Nassim Nicholas Taleb）以其关于不确定性、概率和风险管理的理论而闻名，在其畅销书《黑天鹅》中提出了“黑天鹅”事件的概念，指的是那些发生概率极低但影响巨大的事件。塔勒布（Taleb）强调这类事件常被忽视，但一旦发生，其带来的影响是深远和变革性的。塔塔勒布（Taleb）认为“与我们已知的事物相比，那些未知的才是更为重要的。“黑天鹅”事件就是因为无法预测，才会成为现实，也正因为如此，它的破坏性也就更大”。由此可知，塔勒布与奈特对“不确定性”存在的看法不谋而合，他们的一个共同观点是“分析历史数据是无法预测未来的”。这就从根本上否定了一般性或完全合约存在的意义。“黑天鹅”事件无法被量化，任何统计的量化都是经验里的产物，经验之外的东西是无法被量化的。因而，对城市公用事业 PPP 项目合约的研究还需要从更加全面深刻的思考出发。

城市公用事业 PPP 项目营建周期长，总体投资量巨大，具有公用及垄断的属性。项目自身特点就决定其合约即使在订立之初有着明晰的关于双方权利与义务的界定，“黑天鹅”或“不确定性”事件的存在也会造成某些决策和经济后果需要在合同执行过程中确定。有鉴于此，在 PPP 项目一般性合约基础上的在谈判或重新谈判在所难免，而这需要通过贝叶斯决策理论来实现。具体而言，个人的决策往往是一个动态的过程，需要不断反馈信息加以补充，并进行调整和修改，从而达到决策的目标。换言之，为了提高决策的质量，可以通过科学实验、抽样调查的方式获得更多的信息，并利用概率论中条件概率的方法对先验概率做一个修正，这被称作后验概率，往往更接近真实的情况。这种自然动态地调整认知的过程，就是贝叶斯的决策过程。这即是本书从不完全合约理论研究城市公用事业 PPP 合约的方法。

2.3.2 产权理论

产权理论可以说是现代经济学的重要支柱，也是国内外经济研究中的重要分析工具。自新古典经济学建立以来，直至罗纳德·科斯（Ronald H. Coase，2007）在《社会成本问题》中提出污染物界定的设想，产权，才被当作经济学中一个重要的问题受到学者们的关注。现实的经济生活中必须重视资产权利的界定与调整，因为这将直接影响着资源配置效率和经济运行结果（白暴力等，2016）。产权的英文表述为 Property Rights，从其复数形式来看，产权应当是一组权利束。本书将完备的产权结构划分为所有权、使用权、收入权与转让权，为更好的理解 PPP 模式与产权安排的关系提供了清晰的概念基础。

当代产权理论的一个重要发展方向就是委托—代理理论。这种激励相容机制的形成，正是由于所有权与经营权的分离而产生，因而，企业所有者在保有足够租值剩余的同时，需要向管理者让渡部分租值作为其经营报酬（Clacher I 等，2011）。委托—代理理论被普遍认为是现代公司治理的起点，它依赖如何利用“产权”来设计适当的激励机制，从而实现企业或组织资源使用的最优化（常瑜和刘彤瑶，2016）。20 世纪 70 年代，霍姆斯特姆（Holmstrom）、詹姆斯·米尔里（James Mirreless）等借助博弈论为分析工具，建立了单个代理人和多个代理人道德风险模型的基本框架（聂辉华，2017）。在此基础上，霍姆斯特姆（Holmstrom）和米尔格罗姆（Milgrom）在简单的委托—代理模型基础上新添一维变量，该模型正好可以解释资产配置的重要性及其与风险（交易费用）的关系（张维迎，2008）。

城市公用事业 PPP 合约的机制设计可分为完全信息与不完全信息两种情况。相对而言，完全信息下的委托—代理合约比较容易设计。假设在一个城市公用事业 TOT 项目中，委托人与代理人分别为政府（相关行政机构）与中标企业。委托人将公用事业的资产通过特许经营的形式租赁给代理人，这里假设项目产品及服务的租值收入为 $R=R(a)$，其中，a 值的大小取决于代理人采取的具体行动。根据经济学原理，组织中的各个生产要素需要有对应的报酬，从而委托人需要从租值收入中拿出一定数额作为代理人报酬 W，$W=[R(a)]$。所以，该城市公用事业 TOT 项目的所有者净收入为：净收入 $=R'=R(a)-[R(a)]$。根据经济学中的边际相等原则，当 $\frac{\partial R}{\partial a}=0$ 时，城市公用事业项目的所有者净收入达到最大化。因而，委托人只要根据上述原则制订一种薪酬方案，作为代理人的一种激励，就可以使其努力程度或行动达到以上的 a 值。

在此基础上，代理人的最大化薪酬方案可用函数 $S=W[R(a^*)]-C(a)-C_0X-C_0$，其中，$C(a)$ 表示代理人实施努力或行动 a 所耗费的成本，这里有 $C'(a)>0$，$C''(a)>0$，C_0 表示代理人的机会成本即选择另外的工作所得收入。考虑代理人的参与约束与委托人的激励相容约束，这里有 $S\geqslant 0$，否则代理人会理性地选择其他报酬。在完全信息状况的假设下，委托人与代理人之间的效用函数与行动步骤都彼此都一清二楚，a^* 即为代理人在均衡时选择的行动，委托人设计的最优代理人薪酬方案为：$S=W(a^*)-C(a^*)-C_0=0$。由此可知，在完全信息条件下，只要将 PPP 项目的租值收入与代理人的工资挂钩，让代理人拥有剩余索取权，代理人采取的行为或努力自然能够使项目收益最大化。

在不完全信息下，城市公用事业项目的 PPP 合约设计就要复杂得多，而且现实的经济活动中基本上所有人都处在不完全或不对称的信息环境。PPP 项目合约的政府一方，总是希望运营企业能够站在自己的利益角度进行决策。然而，由于公用事业资产的所有权与控制权发生了分离，在不完全信息条件下，政府只能通过观测一些变量，间接考察代理企业的行为。这些变量受到代理人行为的影响，同时也存在一些外生的随机变量，影响代理人的行为。如何利用已有信息，对代理人进行更好的激励，是该类问题研究的重点内容。由于代理人采取隐蔽行为或隐蔽信息。通常情况下，研究者会通过设置随机变量函数进而赋予某种均值与方差的关系，以便将其转化为数学问题进行处理，在实际的研究中甚至还要加入代理的风险态度等因素，使该问题的研究结论与现实经济活动有了些许的分离，成为科斯所说的“黑板经济学”（张五常，2019）。

2.3.3　交易费用理论

当今西方主流经济学以新古典经济学为框架，其中，完全竞争市场、一般均衡等核心理论都在静态的、无摩擦的假设社会条件下才得以成立。换言之，忽略交易费用使新古典经济学缺乏对现实世界的解释力。这也是长久以来，经济学被许多学者诟病脱离现实的根本原因。自罗纳德·科斯（Ronald H. Coase）对交易费用概念的明确阐述后，交易费用被正式引入经济分析当中。诺斯（North）、巴泽尔（Barzel）、威廉姆森（Williamson）和张五常（Steven N. S. Cheung）等经济学家将“交易费用”广泛运用在政府价格管制、委托—代理关系、企业及国家的制度安排和新经济史等研究领域，并将交易费用的表现形式扩展为产权界定和维护费用、谈判费用、信息搜寻费用、执行和监督费用等多个方面，实现了理论分析的转移（沈满洪和张兵兵，2013）。

在新制度经济学中，另一个理解交易费用的角度是租值消散，这也是本书研究采用的重要思维与分析方法。“在物品天然稀缺性与人自私属性的双重条件约束下，一切能给使用者带来收入的物品或信息都有价值，即租值”（许梦博和张一楠，2017）。人与人的竞争无处不在，没有限制的竞争会导致租值消散。张五常（2019）在《经济解释》中把租值消散概括为“在没有约束的竞争情况下，竞争的人够多，有价值的资源或物品会因为竞争的费用或成本的提升而下降，原则上可以下降至零”。理论角度而言，包括市场在内的任何制度或组织都是为了减低租值消散才存在，而约束竞争、避免租值消散的费用是交易费用或制度费用。正如张五常（2019）所说“所有交易费用皆可作为租值消散看”。

美国经济学家约拉姆·巴泽尔（Yoram Barzel，2002）在 20 世纪 70 年考察了美国汽油价格被管制的案例，认为实施价格管制实际上是将管制对象的部分租值置于公共领域，而排队等候是现实中比较常见的减少租值消散的方式。消费者选择是否排队或继续排队，所根据的是个人时间价值与产品的使用价值间的边际比较。而供给者得到的不单是货币收入，而是货币和时间的总和。因而，在排队配给（Rationing by Waiting）的方式下，从机会成本的角度来看，需求者在排队上所用的时间不能为任何人提供价值，因而会产生租值消散。对此，阿尔钦（1996）评价道，价格决定什么比价格由什么来决定更重要。换言之，如果竞争的准则是先到先得，为争夺优先而排队轮购所花费的时间不但是个人成本，同时也是社会的资源浪费，这种非生产性的活动不会导致有价值的产品出现。排队时间所值代替了物价，这部分是租值耗散。

综上所述，租值消散不仅是一种现象，还是现代经济学中一个很重要的理念。一方面，它揭示了权利界定在经济活动中的重要作用；另一方面，租值消散还是对经济现象的一个有力分析工具。

1. PPP 合约的不确定性与交易费用

2023 年出台的《关于规范实施政府和社会资本合作新机制的指导意见》（以下简称“新机制”）是中国 PPP 模式发展的重要转折点，新机制强调 PPP 项目应采用使用者付费机制，激励政府转变角色，优化财政资源配置，提高服务效率。由此可见，作为天然具有公用性与垄断性特征的城市公用事业在面对新机制时，很难逃避使用者付费方式的市场化改革。这就对城市公用事业 PPP 合约条款的设计提出更高难的挑战。根据交易费用理论，无论出于何种目的市场中的价格被管制，管制价格与市场价格之部门的收入权变成无主，进而交易双方会对无主收益竞相争夺导致非生产性成本增加，致使租值被竞争行为消散。换言之，当价格机制不再决定收益分配时，如果没有其他替代的手段，被置于公共领域的租值会不断消散直至为零。城市公用事业 PPP 项目的理想租值在现实中很可能由于政府监管或公众施压等情况被扭曲，从而导致私人部分（社会资本）租值收益权被置于公共领域，而非价格机制或隐性价格机制就会被采用，其目的在于减少收益权界定不清而导致的租值消散。有鉴于此，隐性价格机制或非价格机制的采用在现实中遵循的是交易费用最小化，从而最大限度地保留没有被界定清楚收入权的租值。

从城市公用事业 PPP 合约的条款来看，其中，付费方式、租金分成、绩效评价、风险分担框架等内容基本都会有明文规定，违反这些合约条款会有相应的惩治手段。张五常（2019）在《经济解释》中提出履行定律，即在合约中被选中作价的量或指标，它的监管费用会相对下降，相反，没有被度量作价的其他量的监管费用会上升。由此可知，在城市公用事业 PPP 合约中明文规定且附有相关惩罚措施的条款，公私双方违约的意图由于交易费用的高昂（违约成本）会减少或被压制。对于那些缔约前没有明确的责任义务或对其界定不清的相关条款，公私双方违约的意图将会增加。前文述及，隐性价格机制或非价格机制的采用在现实中遵循的是交易费用最小化原则。具体而言，当实际租值分成大于理想租值分成时，公共部门（政府或民众）有意图采取行动，利用隐性风险分担的方式，让私人部门（社会资本）承担更多的成本。相反，当实际租值分成小于理想租值分成时，私人部门有意图采取行动，利用隐性风险分担的方式，让公共部门承担更多的成本。

总而言之，城市公用事业 PPP 一般性合约在订立之前就会有明确的风险分担与利益分配的条款。然而，由于政府与社会资本在建设营运过程中对项目租金理解上的分歧极有可能造成的收费价格扭曲，从而导致交易费用增加，即隐性价格机制或非价格机制的采用，使项目充满不确定性。在资源稀缺的情况下，理性人需要通过竞争决定享有，竞争是一种分出胜负的准则，它有多种多样的形式，最终选择哪种形式取决于交易费用与所获租值的大小而定，而在城市公用事业 PPP 项目整个运营周期中，我们很难预知哪种降低交易费用的方式会被采用。

2. PPP 合约中的交易费用度量

通过上文的分析可知，PPP 合约中出现不确定性可以理解为项目租值被某些因素扭曲后，公私双方采用隐性价格机制或非价格机制的行动重新界定产权而带来的负面影响。转换角度，这种负面影响就是交易费用的增加或租值的消散。进一步而言，如果公私双方能够以再谈判等具有比较低廉特性的交易费用来处理，就能实现 PPP 项目租值在局限条件下的最大化。有鉴于此，问题的关键是交易费用的度量。

度量本质上是一种基于分类目的的数值估计活动，它的准确性取决于不同观察者之间能否就某一标准达成共识。费用的可度量性并不局限于用特定单位来表示。实际上，张五常（Steven N. S. Cheung）与弗里德曼（Milton Friedman）早就提出，从根本上说，测量是用于分类目的的数字估计，准确测量只能通过不同观察者达到某个协议的程度来判断。对于交易费用而言，准确地衡量并不一定意味着它需要以基数表示。由此可知，交易费用的正确看法是在序数排列下，不同观察者对同一现象的判断结果。也就是说，如果现有甲与乙两种同类的交易费用且假定甲比乙的交易费用更高，其他相关条件不变的情况下，不同的观察者可以一致得出甲比乙高的结论时就意味着交易费用在边际上被度量，可证实的命题也就得以成立（张五常，2017）。

这种通过人们主观意念来比较从而判断的方法完全可以在数学理论中找到依据。在信息不足的环境中，人们常依赖“主观概率理论”来分配做决策。尽管“主观概率”听起来可能不够可靠，但它是基于人们经过深思熟虑的逻辑分析得出的，因此在逻辑上是有其合理性的。经济学家沙万奇（Savage）已经证明，如果个体的行为选择遵循一定规则，那么他们基于主观概率作出的选择与数学概率指导下的行为是一致的。若要利用主观概率预测数据不足的事件，可以根据自己的经验和逻辑对不同基本事件的可能性进行比较，然后赋予它们相对的数值，以满足它们的大小关系和对等性。即使无法给出精确的概率值，只要能够明确事件间的相对可能性，也能够进行有效的概率分配。

贝叶斯方法为我们提供了一种在不确定性中进行决策和信念更新的强大工具。通过这种方法，我们不仅可以比较两个不同的想法，而且如果我们知道我们对这些想法的先验信念，我们还可以确定需要多少新证据才能使我们改变这些信念。这个过程不仅帮助我们作出更好的决策，而且还允许我们通过观察个体对新证据的反应来推断他们最初的信念。事实上，这在数学中被称为统计决策。“决策理论”是一个涵盖数学、统计学、经济学和心理学等学科的综合性研究领域，它专注于分析和总结人们作出决策的方式和策略。尽管这一领域并非传统学科，但它背后有着约 300 年的学术积累。在实际决策过程中，人们往往依赖逻辑推理而非仅仅依赖于概率计算，这种情况在法律裁决和社交互动中尤为常见，大多数的决策都是基于逻辑判断。经济学家约翰·梅纳德·凯恩斯（John Maynard Keynes）曾对这种基于逻辑的决策方法进行了深入的研究。随着人工智能技术的发展，决策理论也迎来了新的发展机遇包括经济学在内的任何科学研究，简单来说都是提出一种可经过事实重复检验的逻辑命题系统。经济研究中的局限条件转变会造成经济主体的行为跟着改变，这是可以被观察到的事实，符合科学研究的标准，而交易费用是可以通过经济运行中被观察对象的转变来判断的。换言之，城市公用事业PPP合约中的不确定性问题可以通过公私双方的磋商交易费用的方式来处理。通过考虑先验信念和新证据，公私双方可以量化不同假设的相对可信度，并精确评估信念更新所需的证据量。

2.3.4 博弈理论

简单来说，博弈论就是研究多个个体或组织，在特定约束条件下，利用各方能够掌握到的信息，如何选择对应策略的学科。博弈理论最初是应用数学的一个分支，由于较多使用数理模型分析，因此博弈论的很多结论都不失一般性，极具应用价值。对博弈理论进行类别划分能够帮助我们更准确地应用。具体而言，占英春（2010）根据博弈参与者掌握信息的程度，分为完全信息博弈和不完全信息博弈。其次，根据博弈的顺序，分为静态博弈和动态博弈（见表2－5）。在静态博弈中，博弈参与者们会同时博弈。或者，即便不同时博弈，参与者们也不知道其他人的策略。与此相反，则是动态博弈（章昆昌，2011）。按照以上两种角度的分析，可以得出以下四种博弈的类型："完全信息静态博弈、完全信息动态博弈、不完全信息静态博弈和不完全信息动态博弈（宓翠，2018）。它们的均衡解分别是：纳什均衡（纳什，Nash J. F，1950）、子博弈精炼纳什均衡（泽尔腾，Selten R.，1965）、贝叶斯纳什均衡（海萨尼，Harsanyi J. C，1967）和精炼贝叶斯纳什均衡（泽尔腾，Selten R，1975）"（王力哲，2018）。

表2－5 博弈论的类型划分及其相关均衡

策略 信息类型	静态	动态
完全信息	完全信息静态博弈 纳什均衡	完全信息动态博弈 子博弈精炼纳什均衡
不完全信息	不完全信息静态博弈 贝叶斯纳什均衡	不完全信息动态博弈 精炼贝叶斯纳什均衡

城市公用事业PPP项目主要的两个经济主体——行政部门与社会资本，

由于各自目标函数的不同，实践中往往导致对最终控制权或索取权的争夺。从风险分担的角度来看，公私各方也会在订立合约时，尽量让对方多承担风险，以保证己方的租值最大化。正如王俊豪（2014）所言，PPP 项目营建的过程即是公私双方围绕着租值剩余博弈的过程。经济学家青木昌彦最早利用演化博弈作为分析工具，并将其引入企业治理结构进行分析。在比较了 20 世纪 90 年代主要的发达国家，如英国、美国、德国、日本等的企业制度后，青木昌彦（1999）提出了股东主权、共同治理和法人管理主义模式三种企业制度形式，通过演化博弈的分析，得出与以往理论不同的企业合作博弈理论。尽管如此，郑江淮（2005）认为青木昌彦的研究过度依赖日本的经验背景，使其理论在不完全合约理论和控制权理论中无法继承。

在城市公用事业 PPP 领域，中外很多学者的研究开创性地引入了博弈理论，得出了富有启发性的成果。比如，白晓燕等（2018）利用讨价还价博弈模型分析了 PPP 合作中，政府与企业的风险分担机制，得出合理分配各参与主体的风险，可以提高银行参与的积极性，提高 PPP 项目的资金安全性和稳健性。李文新（2013）利用混合策略博弈矩阵，研究了 PPP 合作方如何绑定合作伙伴的行为，提出通过激励机制以及合理的产权比例来解决 PPP 项目的风险。实际上是双方展开多阶段博弈的过程，这就需要借助博弈理论帮助我们进行分析。由于 PPP 运营过程的复杂性，本书应用动态博弈模型对合作租值的分配问题进行分析，其中包括重复博弈模型。城市公用事业 PPP 合约中，对公私各方风险分担的安排是其设计的核心内容。王丙亮和游锐（2009）将大型基础设施建设 PPP 项目的风险分配过程视作参与双方议价过程，并引入修正最终要约仲裁 AFOA 博弈模型，在博弈的框架下分析目的相反博弈双方的行为。研究结果表明，最终要约仲裁不仅能使双方要约趋于同一，还能有效地避免商业舞弊行为，适用于解决风险分配上的纠纷。

莫纳·史密斯（Mona Smith）和普瑞斯（Price）在 1973 年创造性地提出“演化稳定战略”（Evolutionary Stable Strategy，ESS）。20 世纪 90 年代以来，整个经济学科又引入生物演化博弈理论来研究社会问题，特别是用来解释社会制度的变迁、社会习惯和社会规范的形成等，逐渐形成了博弈论的新的视角。演化博弈论从演化的角度重新审视了博弈均衡的概念，放松了完全理性的假设，为纳什均衡以及均衡的选择提供了不同的基础（Richard Nelson

和 Sidney Winte，2002）。因而，本书还利用了博弈论的基本矩阵模型，分析了如何建立起“赏善罚恶”的激励机制，诱导人们相互合作；这源于个人理性与集体理性冲突的囚徒困境模型。具体而言，法律法规和社会规范可以通过改变博弈矩阵内的支付结构，为人们提供一种激励，使个体效率和社会效率保持一致，从而实现经济运行中的帕累托最优。

本章小结

研究城市公用事业的 PPP 模式需要有相关理论作为基础，因而，本章对研究所运用的经济学理论及与研究对象相关的概念进行了概述。首先，通过对网络性、垄断性与公用性的相关介绍，分别考察了城市公用事业的特征并对其行业及业务类别进行划分，为分析城市公用事业的发展模式锁定清晰准确的范围。其次，追溯了 PPP 新机制在我国城市公用事业的发展历程，并就其本质特征详加论述。在此基础上，利用产权理论对现有 PPP 模式进行了分类，为下文的研究做好铺垫。最后，对合约理论、产权理论、交易费用理论与博弈理论的发展过程进行了回顾，并特别介绍了这些理论在本书中的应用，试图以此作为分析工具对主题进行论述。

第3章

我国城市公用事业PPP新机制问题及合约治理

我国城市公用事业 PPP 新机制能否实现高质量发展需要通过其合约的治理水平来考察。从微观的视角出发，分析政府和社会资本在 PPP 项目中的行为逻辑与约束条件，发现社会总收益、风险偏好、正外部性以及信息不对称是影响新机制广泛应用的重要因素。参照 PPP 项目激励相容机制的各个局限条件，提出城市公用事业 PPP 合约的基本框架及相应的各类条款，在合约设计中强调项目模式匹配、风险合理分担和租值配置有效激励等原则。最后，本章分析了城市公用事业 PPP 新机制面临的挑战，如营建用途异化、社会资本参与率低、风险管理能力不足和监管效能有待提高。

3.1　城市公用事业 PPP 新机制的激励相容机制

城市公用事业 PPP 新机制旨在规范 PPP 项目的实施，鼓励民间投资，同时严防新增地方政府隐性债务。与原 PPP 模式相比，它更加注重项目的市场化运作和财政可持续性，聚焦回报机制的优化与项目品质的提高。这需要通过合理的激励相容机制设计，使城市公用事业 PPP 合约的参与各方的行为动机与项目目标或社会整体利益相一致。分析政府与社会资本在 PPP 新机制中的利益诉求与局限条件，能够更加精准地进行合约优化设计，实现 PPP 新机制的高质量发展。

3.1.1　城市公用事业 PPP 新机制的政府行为与参与约束

城市公用事业 PPP 新机制强调采用基于使用者付费方式的特许经营模式，同时，面对项目运营期间的不确定性，政府可以通过可行性缺口补贴的方式激励社会资本一方采取有利于项目持续高质量发展的行为。通过博弈树模型从微观层面考察政府在 PPP 项目各阶段的行为方式与约束条件将加深我们对 PPP 新机制的理解。按照对 PPP 新机制相关政策文件的解读，我们假设市场中存在着相当数量的城市公用事业 PPP 项目，并且政府对每个项目的支付费用只能补贴运营、不能补贴建设成本。在此基础上，再假设这些 PPP 项目有优质与劣质两种类型，占项目总数量的比率分别是 α 与 $1-\alpha$。每个项目的初始投资额为一单位，由项目公司提供且项目公司的风险偏好是中性的，并且项目执行经理的风险偏好也是中性的，这里对参与各方风险偏好的假设只是为了分析的简便，不会影响最后的研究结论。

城市公用事业 PPP 项目建设运营周期长，一般都在 10—20 年，有项目甚至长达 30 年。在整个生命周期中风险频发，公私双方经常处在信息不对称的状态。合作双方都没有把握将 PPP 项目进行到底。因而，本书假定市场中的城市公用事业 PPP 项目会有两种不同的走向，即成功或失败。通过观察博弈模型，我们可以对城市公用事业成功的项目有比较直观的理解。假设成功的城市公用事业 PPP 项目总收益为 G，从要素市场的回报角度分析，其中 F 属于项目投资者的总回报，$G-F$ 为项目经理所有。最后，由于城市公用事业具有公用属性，成功的 PPP 项目还会产生总量为 E 的公共收益（正外部性），也就是我们经常说的社会回报。由此，成功的 PPP 项目总回报可以被表示为 $\{F, G-F, E\}$。其中，F 代表了项目给社会资本带来的私人收益，$G-F$ 代表了项目经理的私人收益。E 代表了由正外部性产生的项目公共收益。换言之，$G+E$ 是 PPP 项目带给社会的总收益之和（私人收益 + 公共收益）（见图 3－1）。

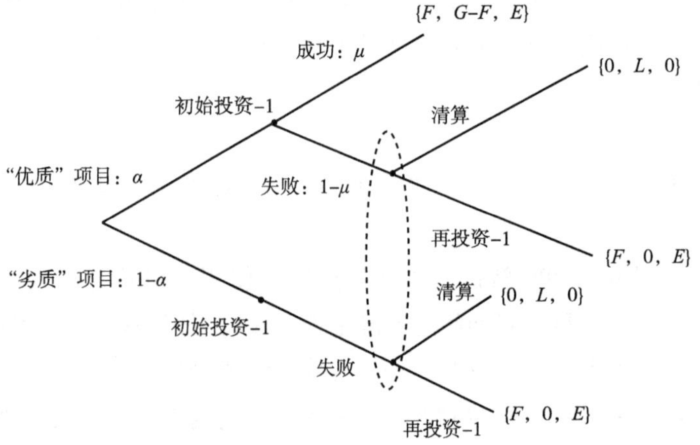

图 3－1　城市公用事业 PPP 项目博弈树

综合上文分析与经济学中理性人的假设，我们可以得出结论，社会资本（投资人）以及项目经理（企业家）都只会关注 PPP 项目的私人收益部分 G，而政府不仅关注私人收益 G，还更加关心公共收益，即项目带来的正外部性 E。假定当 PPP 项目濒临失败时，政府可以决定是否为该项目提供一单位的再投资。那么，通过政府使用财政补贴的方式完成“输血”后的项目的回报应该是 $\{F, 0, E\}$。具体而言，获得再投资之后的项目能够为社会资本和政府带来同样的回报 F，能够创造出同样的公共收益 E。但给项目经理带来的回报则从之前的 $G-F$ 下降为 0。现实中经济活动的交易费用高昂，政府无法在订立合约前就知道该项目是否属于优质或劣质。除此之外，现实中的项目经理（企业家）除了考虑个人物质性收益外，还会考虑如荣誉、满足感等非物质性收益。如果政府不对失败的政府项目提供财政补贴，项目就会被清算，则回报状况变为 $\{0, L, 0\}$。由此可知，被破产清算的城市公用事业 PPP 项目给投资人带来的收益为 0，正外部性也为 0，并且给项目经理带来严格为负的回报 L——假设 $L<0$。

通过前文分析，我们可以得出公共部分（政府）参与城市公用事业 PPP 新机制的行为逻辑与约束条件。首先，新机制下政府向濒临失败的 PPP 项目提供财政补贴的约束条件如下：$F+E-1>L$。不等式左端意味着政府向有运营失败风险的项目提供 1 单位财政补贴时，PPP 项目总收益的净增量（项目的社会总收益 $F+E$，减去 1 单位再投资的成本），不等式右端的 L 代表在政府不提供融资的情况下，PPP 项目因失败而破产清算时的收益水平。如上所述，$L<0$。也就是说当政府面对城市公用事业 PPP 项目发生高风险而致使项目有可能失败时，政府的最佳做法是向项目提供财政补贴，帮助项目运行下去。

其次，从成本与收益的角度来分析，政府不会启动那些不确定性大或风险极高的非常有可能走向失败的城市公用事业 PPP 项目。其背后的约束条件如下：$F+E<2$。政府在考虑是否对濒临失败的 PPP 项目提供财政补贴时，并不会考虑该项目在订立合约之初时投入的一单位投资，因为初始融资是沉淀成本，不再影响之后的决策。正如汤吉军和郭砚莉（2012）所言，沉淀成本（Sunk Costs）是投资承诺之后不能得到完全补偿的部分成本损失。尽管政府的财政补贴可以暂时使濒临失败的 PPP 项目得以正常运营，但这也不意味着从整个成本与收益的角度来看，政府的补贴行为是有效率的。因为，政府此时的“再投资”所带来的总收益 $F+E$ 总是小于整个项目的融资成本的（1 单位初始投资加上 1 单位财政补贴）。换言之，从边际分析法的角度来看，如果政府在订立 PPP 合约之前就能够识别出哪些项目会最终走向失败，即使该项目具有一定的正外部性，也不应该通过该项目的审批资格。然而，城市公用事业 PPP 项目的公私双方通常处在信息不完全或者信息不对称的状态中，在一个 PPP 项目运营之前任何一方都无法知道项目的最终走向。

最后，如若政府不对任何濒临失败的 PPP 项目提供财政补贴，PPP 新机制将无法实现广泛的应用。其结论依据的条件如下：$\mu(G-F)+(1-\mu)L<0$。不等式左端部分表示当明确政府不会提供补贴时，PPP 项目经理（企业家）

的预期回报。其中 $\mu(G-F)$ 是 PPP 项目成功的回报乘以成功的概率，$(1-\mu)L$ 是失败的回报乘以失败的概率。通过不等式可知，如果明确向社会资本一方表示不会在项目的运行过程中，向项目公司提供任何形式的补贴，所带来的结果就是没有任何城市公用事业 PPP 项目会被启动。如此一来，公用事业 PPP 项目的外部性也就不会产生，同时，PPP 新机制也就难以推广。有鉴于此，通过上述几个不等式，为我们揭示了 PPP 新机制中政府的行为逻辑与参与条件。

3.1.2 城市公用事业 PPP 新机制的企业行为与参与约束

通过前文的假设可知，城市公用事业 PPP 项目分为“优质”项目与“劣质”项目。所谓“劣质”项目就是指本身风险极高几乎必然会最终走向失败的 PPP 项目，也就是失败的概率接近于 1。尽管如此，由于经济运行充满信息不对称或不完全的原因，政府无法在与社会资本一方订立合约之前知晓项目本身的类型所属，而只有项目发起人即项目经理（企业家）知道项目的类型。换言之，一个城市公用事业 PPP 项目无论出自何种原因，最终走向了失败，只有项目发起人或项目经理，能够知晓项目失败的真正原因。在政府或公共部门一方看来，该项目有可能是因为运营成本过高或建设工程质量等风险问题，导致的最终失败。诚然，该项目失败的另一个原因更可能是，项目经理（企业家）从项目准备阶段就开始对政府隐瞒项目的实际情况，通过“包装”或“掩盖”等方式让劣质的项目上马。有鉴于此，我们可以得出结论，政府无法根据项目的类型来决定是否向项目提供后续的补贴。

城市公用事业 PPP 项目具有较强的公用属性，水、电、燃气、垃圾处理等行业都与城市的生产与生活密不可分。因而，政府考虑到公用事业项目的正外部性，在广泛引入政府与社会资本合作的新机制背景下，政府不得不向所有的项目类型提供财政补贴的承诺，否则就一个项目都不提供。根据上文各个不等式分析的结果，我们还假设即使一个项目经理只能从 PPP 项目中获得为 0 单位的收益，只要政府一方承诺会向已启动的项目提供再融资，那么经理也有动力来启动该项目。这意味着即使一个城市公用事业 PPP 项目无法为项目经理带来实际的物质回报，但还可以回馈给项目经理其他的非物质报酬，如满足感、成就感、行业的名气或名誉等，所以项目经理有意愿去启动该类项目。如此一来，项目经理就有动力将劣质的项目包装成优等项目，并极力促成政府参与其中。

预算软约束现象源于政府对未成功项目的财政支持，即提供财政补贴。这种行为可能导致项目经理在项目启动时缺乏财务审慎性，因为他们知道政府最终依照预算条件不得不介入并承担损失。根据之前的分析，这种对劣等 PPP 项目的启动实际上是对社会资源的无效配置（$F+E<2$）。如果没有明确的政府财政补贴的承诺，那些明显不具备经济可行性的项目就不会被执行，因为它们将给项目经理带来负面的财务后果。然而，在当前的约束条件下，预算软约束的现象是不可避免的，这表明需要改进政策、监管措施、PPP 项目本身的风险评估及绩效评价体系，以确保公共资金的有效使用。

3.1.3　城市公用事业 PPP 新机制的激励相容机制合约选择

通过上文可知，政府即便在与社会资本合作的 PPP 条款中明确表示不会向项目提供可行性补贴或再投资，往往被视为不可信的威胁（Non - credible Threat）。这是因为，一旦项目启动，初始融资成为沉没成本，政府出于对城市公用事业 PPP 项目性质及其所带来的正外部性的角度来考虑，很可能会选择提供财政补贴，从而偏离了事前的承诺。这种预期导致项目经理可能会启动一些原本不应该启动的“劣质”项目，因为他们预计政府最终会介入并提供资金支持。另外，如果没有政府财政补贴的可能性，即使是“优质”项目，项目经理也可能因为预期回报为负而不愿启动。这种情况是政府所不能接受的，因为它会阻碍 PPP 新机制的推广应用，导致城市公用事业的需求缺口。因此，尽管政府明白再融资可能导致预算软约束问题，并知道可以通过立法等手段限制自身提供再融资，以硬化预算约束，但政府最终还是可能会选择为失败的项目提供再融资。

从微观层面出发，透过激励相容机制的视角，我们发现政府一方面需要维持财政纪律和预算约束，另一方面又要支持社会资本积极参与城市公用事业 PPP 项目。政府必须在这两个目标之间找到平衡，同时确保公共资金的有效使用。与此同时，项目经理利用信息不对称的客观存在，采用不诚信行为也需要被最大限度同时最小成本的限制。对此张楠（2024）指出，PPP 新机制具有聚焦使用者付费项目，要求项目经营收入能够覆盖建设投资和运营成本；明确了民营企业参与特许经营项目的分类管理和股权比例要求；强调了政策保障，包括土地要素保障、融资方式创新和激励机制创新等特点。

城市公用事业 PPP 新机制是公共部门（政府）与私人部门（社会资本）以利益共享与风险分担为原则建立的长期伙伴关系。究其本质而言，PPP 新机制就是在特定局限条件下，关于政府与社会资本的权利与义务的一种合约安排。有鉴于此，结合上文结论显示的政府与企业在 PPP 项目中的行动逻辑与约束条件，利用合约理论、产权理论、博弈理论及交易费用理论等作为分析工具，本书将重点研究如何通过合约机制的优化设计，应对城市公用事业 PPP 项目各类风险、激励公私双方全力合作，推动 PPP 新机制的高质量发展。

3.2 城市公用事业 PPP 项目合约的基本框架

城市公用事业 PPP 新机制的本质是公共部门（政府）与私人部门（社会资本）本着“共担风险，共享收益”的原则，以实现项目高质量发展为目标，所精心设计的一系列复杂的合约安排。换言之，我国城市公用事业在实践中表现出不同的 PPP 模式，如 BOT（Build - Operation - Transfer，建设—运营—移交），BOO（ Build - Own - Operation，建设—拥有—运营），TOT（Transfer - Operate - Transfer，移交—运营—移交）等，都可以说是政府与社会资本之间依据所面临的不同局限条件，形成的具有鲜明的设计应对特征的特许经营合约。《荀子·儒效》有言：“千举万变，其道一也”。对 PPP 新机制的研究应当从其合约的本质出发。

3.2.1 PPP 项目类型与收费机制

罗纳德·哈里·科斯（Ronald H. Coase）认为，市场交易的前提条件是清晰的产权界定。因此，必须重视资产权利的初始界定、调整及重组，这将直接影响着资源配置效率和经济运行结果。在此基础上，经济学家张五常（2019）强调，当一项资产的使用权与收入权发生分离时，必定会造成一定程度的租值消散。对于城市公用事业PPP项目而言，其收费机制与使用权之间存在交易费用，从而影响项目租值最大化的实现。

一般而言，经济活动中的所有生产要素都可以是租赁的，即使租一天或一个小时也可以被认为是租赁，而租赁的时间越长，意味着签订了“长期合约”，它就越接近上头成本（Overhead Costs）的性质。城市公用事业PPP项目所使用的资产，即上头成本（Overhead Costs）投资可以被视为是在相关行政管理部门与被特许经营的企业之间发生的长期租赁或永久性租赁（Permanent Lease）活动。凡是牵涉生产要素的租用或雇佣，有关的合约必定是结构性的。城市公用事业的PPP合约普遍具有结构性，这对资源使用效率有重要影响。城市公用事业PPP项目的类型体现了合约内各个经济主体的利益关系，因而，是PPP缔约时首要考虑的条件，国家发改委将PPP项目分为经营性项目、准经营性项目和非经营性项目。

（1）经营性项目是指具有明确的收费基础，能够提供稳定的现金流，并且经营收费能够完全覆盖投资成本的项目；在我国实践中，经常以BOT（Build－Operation－Transfer，建设—经营—转让），BOOT（Build－Own－Operation－Transfer，建设—拥有—运营—移交），ROT（Renovate－Operation－Transfer，改扩建—运营—移交）等模式实施。

（2）准经营性项目是指经营收费不足以覆盖投资成本，需要政府补贴部分资金或资源的项目；在我国实践中通常需要政府直接参股或提供部门补助才能保障项目有效实施，经常采用的模式主要包括BOT（Build－Operation－Transfer，建设—运营—移交），BOO（Build－Own－Operation，建设—拥有—运营）。

（3）非经营性项目是指缺乏“使用者付费”基础，主要依靠“政府付费”回收投资成本的项目。在我国实践中主要形式包括TOT（Transfer－Operate－Transfer，移交—运营—移交）与委托运营（Operations & Maintenance）等模式。

明确城市公用事业的项目类型是缔结PPP合约的首要条件，在此基础上，不同PPP项目类型的收费方式也不尽相同。目前我国PPP项目的收费方式大致可以归纳为使用者付费，政府付费与可行性缺口补贴三类。

（1）使用者付费（User Charges）。使用者付费（User Charges）是指直接由项目产品或服务的终端消费者来支付使用费用的一种形式。通过这样的收费方式，PPP 项目获得资本租值与直接成本方面的报酬，用以弥补项目建设与运营成本，甚至得到部分利润收入。城市公有事业如供水、供气、供热等均具有稳定性的收入预期，因而，比较适合采用使用者付费方式。尽管有需求风险因素的存在，可事实上，使用者付费方式还是可以提供稳定的未来收益预期，相较于其他方式而言，更容易吸纳社会资本参与项目营建。因而，使用者付费在我国实践中多与 BOT（Build - Operation - Transfer，建设—运营—移交），BOOT（Build - Own - Operation - Transfer，建设—拥有—运营—移交），ROT（Renovate - Operation - Transfer，改扩建—运营—移交）等模式相匹配。

（2）政府付费（Government Payment）。不同于使用者付费，政府付费（Government Payment）是指政府相关部门代替项目产品或服务的终端用户，利用财政支付的方式偿付供给者。由于项目产品的定价来自相关政府部门的绩效评价而非市场价格，因而，应当在收益条款中明确产品或服务的使用量与质量的考察标准，有关绩效评价体系等事项。政府付费主要产生于城市公用事业领域一些准经营性项目或非经营性项目。王岭（2019）的研究表明，政府付费是我国公用设施类和公共服务类项目应用最为广泛的付费机制，公共交通项目通常采用该种付费机制。实践中与之相匹配的主要形式包括 TOT（Transfer - Operate - Transfer，移交—运营—移交）与委托运营（Operations & Maintenance）。

（3）可行性缺口补贴（Viability Gap Funding）。可行性缺口补贴（Viability Gap Funding）可以理解为在使用者付费与政府付费之间的一种补偿性条款，它是指当使用者付费无弥补项目建设与运营成本，致使私人部门难以获得合理的投资回报，可由政府给予项目公司一定的经济补助，以弥补使用者付费之外的缺口部分。我国 PPP 项目的可行性缺口补贴具有多种多样的形式，除定期的财政补贴外，还包括价格补贴、土地划拨、投资入股、投资补助、优惠贷款、贷款贴息、放弃分红权、授予项目相关开发收益权、倾向性的政策支持等。由此可知，可行性缺口补贴是一种极具弹性的合约条款。

3.2.2　PPP 项目合约的主要条款

城市公用事业 PPP 项目中复杂的利益诉求需要通过事前精确的合约安排来实现，而合约安排又需要通过具体的合约条款进行表达。因而可以说，PPP 合约条款构成了其基本框架的主要内容。通常情况下，城市公用事业 PPP 项目合约包含建设、购买、租赁、运营和移交五个基本的实施步骤，根据不同模式类别会略有调整。有鉴于此，PPP 项目合约的收费定价机制、项目投资收益水平、风险分配框架、改扩建需求和期满处置等问题都会围绕以上五个核心步骤展开设计。

1. 主体条款

主体条款可以说是 PPP 项目合约的总纲。因而，该条款需要介绍项目实施背景，相关术语的使用及解释，辅助性的声明与担保及合约的生效条件。在此基础上，阐明项目合约体系构成，其中包括明确合约正文与附件及补充协议与变更协议等效力优先次序，并附以对应的履约原则和违约处理原则。这些其实就是对 PPP 项目合约主旨与核心内容的阐述，可以作为整个项目施工及存续期间基础条款。其次，主体条款就是分别对公共部门（政府）与私人部门（社会资本）的主体资格进行说明并就双方履行合约的相关事项加以声明和保证。具体而言，该条款应当明确特许经营项目的整个生命周期内的法人治理结构及经营管理机制等事项，如政府与社会资本各自参股比例，出资人代表投资金额与出资方式等；相关行政机构与社会资本主体在合作期间获得回报的具体途径以及合作各阶段项目有形及无形资产的所有权、使用权、收入权、转让权的归属问题都需要在主体条款中有所说明。

2. 收益条款

收益条款可以说是整个 PPP 项目合约的核心内容。它作为吸引社会资本进入公用事业的根本条件，同时也是相关行政机构进行绩效考核，行使监管职能的依据。收益条款应对项目的投资规模，各方出资比例，项目资本的建设施工标准，特许经营期结束后资产及知识产权的处理，费用确认和支付方式，回报模式，价格确定和调整方式及违约责任等事项在合约中明确说明。

不仅如此，由于 PPP 合约中多有涉及资产租赁事项，因而，收益条款应明确公私两部间资产的交接，回购，转让的准备工作、移交范围、履约标准、移交程序及违约责任等。尤其双方应事先通过洽谈决定前期工作成果和知识产权归属。另外，运营环节对合作双方的成效具有重要影响，因而，收益条款应当明确合作项目运营的外部条件、运营服务标准和要求、更新改造及追加投资、服务计量、运营期保险、政府监管、营支出及违约责任等事项，适用于包含项目运营环节的合作项目。

3. 风险条款

PPP 项目的风险条款又被称为归责条款，顾名思义，它是指 PPP 项目合约缔结前，对于合作双方预料到的可能发生的风险的处理原则以及相关的违约行为认定和违约责任归属。诸如 PPP 项目合约在生效后发布新的法律、法规或对法律、法规进行修订都会直接或间接地影响项目运行或各方收益，变更或解除项目合约的触发条件、影响评估、处理程序等原则都应在风险条款中说明。另外，因特殊原因，任何一方要退出项目，需要有明确的解约流程，即明确公私双方解除合约后的结算、项目移交等事项。结合项目特点和解除事由，可分别约定在合同解除时项目接管、项目持续运行、公共利益保护以及其他处置措施等。

4. 监管条款

有效的政府监管是确保 PPP 项目良好发展的关键。PPP 合约的本质是政府让渡公用资产的使用权与收入权，允许私人部门在特许期限与范围内负责公用产品与服务的提供。因而，在 PPP 项目合约中必须强化监管措施，防止垄断损害公共利益。政府或相关行政机构是 PPP 项目监管的主体，因而，监管条款首先应当规定公共部门恪守廉洁从政与从业，防范腐败的责任。在此基础上，PPP 项目合约明确政府在项目招投标、项目审批、项目融资、工程建设、运营实施，资产移交等各个阶段的监管权的行使界限，做到切实保障 PPP 项目按照流程实施，参与各方的权利与义务执行到位，资源使用效率保持最优水平。

5. 补充条款

补充条款应该就 PPP 项目的违约解决与纠纷处理在条款中加以明确，是一种比较具有弹性的旨在减少项目受风险波动影响的条款。PPP项目合约通常具有不完全性，即无法在项目开始前就缔结一份包含所有可能出现的情形及相关处理办法的完美合约。这就需要将一些双方未预料到的状况的处置原则体现在条款内容中，实际上，这也是补充条款存在的根本原因。补充条款对其他各类条款还未涉及的违约行为认定，并对相应的违约责任进行明确细化，如可根据相关标准列为为重大违约和一般违约，并分别约定违约责任。公私双方在整个项目周期中的目标函数未必每阶段都一致，补充条款应当明确争议解决方式，如协商、调解、仲裁或诉讼。同时规定公私双方在合约履行期限内，除法律规定或另有约定外，任何一方不得以发生争议为由，停止项目运营服务或采取其他影响公共利益的措施。

3.2.3　PPP项目合约的设计准则

面对我国城市公用事业PPP新机制存在的营建用途产生异化、社会资本参与困难、政府监管效能较低，项目治理能力不足等挑战，应当回到PPP合约的本质，从合约设计的角度出发，通过完善合约条款来实现项目的有效治理，从而解决上述问题及发展中可能遇到的其他问题。PPP项目合约的优化设计需要有具体准则作为参考，表现为以下三个方面。

1. 项目模式匹配原则

一般情况下，城市公用事业PPP项目都涉及固定资产的购买或移交，这背后所反映的是各参与主体的权界关系。事实上，可说不同的PPP模式正是这种不同权界关系的反映。科斯定律指出，产权界定是经济交易实施的前提条件。因而，我们可以说明确PPP项目类型与收费方式是缔结项目合约的首要准则。对此，学者李俊慧（2015）认为，科斯定理强调的产权界定在资源配置中的重要性比较笼统。实际上，在经济活动中，收入权的界定不清与使用权界定不清都会给生产效率带来负面影响。PPP项目的收费机制在产权界定的意义上就代表了收入权的分配。

例如，在政府付费项目中，其产品如果按照产量或流量的方式支付，产品价格可以比较真实的反映生产成本。若是按照绩效评价来支付费用，评价标准既需要具备普适性的基本质量衡量标准，又要针对特定公用事业的特殊性。制定标准的行政机构与实际运营的 PPP 项目公司存在信息不对称，要做到精准施政就要花费大量的信息搜寻成本，而这相当于在一定程度上稀释了项目公司的收入权，造成其项目租值消散。由此可知，PPP 项目收费方式的选择不仅是对各个合约主体权力的清晰界定，还涉及最终租值（准租金）的占有。

综上所述，我国将 PPP 项目分为经营类、准经营类以及非经营类，项目的收费机制被分为使用者付费（User Charges）、政府付费（Goverment Payment）、可行性缺口补贴（Viability Gap Funding）。实际上，城市公用事业 PPP 项目类型与收费方式所体现的是各个参与主体的权利关系，产权界定是经济交易活动的前提，上述分析表明，项目收费方式选择不当会造成资源使用上的低效率。有鉴于此，保证项目类型与收费机制方面的匹配是缔约 PPP 合约的首要准则。

2. 风险合理分担原则

PPP 模式相较于传统的公用品供给模式，最为显著的优势就是在保证资源使用效率的同时，具备有效的风险应对能力。城市公用事业本身具有的技术经济特征与 PPP 项目复杂的合约结构，有效的风险分担机制可以减少项目双方的谈判时间，节约交易成本，相当一部分学者甚至认为贯穿整个 PPP 项目合同期的风险分担机制是其风险管理工作的核心。简言之，风险分担主要为了实现两个目的，第一，风险分担的结果使公私双方在风险管理成本，风险发生概率以及风险造成损失程度方面都要比未分担风险前要低，且任何一方都不需要承担另一方由于未尽责任所带来的后果。第二，明确风险分担之后，公私各方需要确保对己方风险的有效控制，尽可能地使项目的效率达到最大值。

建立合理的 PPP 项目风险分担框架需要遵从三条主要原则：第一，公私双方谁的抗风险能力较强，谁就分担相应的风险，即对风险应对能力较强的一方优先控制原则。第二，参与方承担的风险程度与所得收益匹配原则；对此，外国学者卡塔姆（Kartam，2001）指出，赚取足够的回报是私人部门参与城市公用事业 PPP 项目的主要原因，而各方通过项目获得的收益应该与所承担的风险成正比，即公私部门间的风险分担应该按照双方的收益进行配置，即风险越高，收益越大。第三，有限责任原则，即无论公私任何一方所承担的风险需要被设置上限。总而言之，PPP 项目风险的合理分担是其合约设计时需要遵循的重要原则，不仅如此，一个有效的 PPP 风险分担框架也是衡量 PPP 合约是否得到优化设计的重要标准。

3. 租值配置有效激励原则

利益共享与风险分担是各方参与 PPP 项目的基本原则，其中，利益共享在合约中表现为参与双方对项目租值剩余的占有或分配。事实上，合作剩余的创造与分配是城市公用事业 PPP 项目的核心所在。社会资本在利益的驱使下，放弃市场中其他的资本回报参与到 PPP 项目当中，如果合作创造的收益小于非合作状态下双方各自保留资本可获得的收益，理性的经济主体会退出项目，重新回归到市场进行选择。尽管如此，PPP 项目合约所具有的不完全性，为了防止己方“过度”进行专用性资产的投资而被“敲竹杠”，双方都会预先减少自己的投资数量，从而很可能造成整个 PPP 项目的投资量不足。因而，公私双方都满意的租值分配方案是 PPP 合约设计时需要考虑的重要原则。实际上，良好的 PPP 项目合约设计能够将剩余控制权（索取权）与生产者的投入水平联系起来，并将其作为一种激励机制，促进公私双方发挥各自优势，提高项目的资源使用效率。

3.3　城市公用事业 PPP 新机制面临的挑战

党的十八届三中全会明确提出了“允许社会资本通过特许经营等方式参与城市基础设施投资和运营”，此后各部委陆续出台了一系列文件鼓励推广政府和社会资本合作，各地均推出大量 PPP 示范项目，城市公用事业 PPP 模式的发展迎来了一波热潮。尤其是 2014 年以来，全社会对 PPP 模式进行了一轮有益的探索，但在这一过程中，一些突出的问题也逐渐暴露出来，值得重视并亟待解决。有鉴于此，国家发展改革委和财政部在 2023 年 11 月联合发布了《关于规范实施政府和社会资本合作新机制的指导意见》（国办函

〔2023〕115 号）。政策导向转变为鼓励和引导 PPP 模式向规范化、市场化和法治化方向发展，重点支持那些有经营性收益、能够自我平衡的项目，以防止新增地方政府隐性债务。回顾并总结 PPP 模式在我国城市公用事业发展过程中出现的问题将使本书对 PPP 新机制的研究更加具有针对性。

3.3.1 营建用途产生异化

截至 2021 年年底，中国常住人口城镇化率达到 64.72%，城镇人口由 1978 年的 1.7 亿人上升至 9.1 亿人（关成华，2023）。这一增长不仅体现了城市化水平的提升，也意味着城市公用事业需求的巨量增加。与此同时，在西方国家公共事业民营化改革经验的基础上，我国逐步探索出一条适合自身需要的城市公用事业的发展模式，即“特许经营，政府监管”。特许经营模式，加快了城市公用事业的政企分离，减轻了政府的财政负担，引进并强化了市场竞争机制，提高了城市公共事业的运营效率。与此同时，PPP 作为新兴的制度安排被引入我国，可以视为是特许经营发展到一定阶段的产物，或者更贴切地将其理解为特许经营模式的一个“延续”。然而，近年来 PPP 模式却逐渐成为地方政府减轻财政收支压力、进行表外负债和过度投资的政策工具，出现“异化”的现象。本书将这种现象归因为其用途或功能的被单一化造成的。

回顾 PPP 模式在我国十几年的发展历程发现，它逐渐被政府赋予了增强经济增长内生动力、稳定宏观经济发展的职能，而基础设施以及公共事业领域的投资建设一直被视为是拉动经济增长、增加就业率、消化过剩产能的一般手段（关晓琳和王艳，2012）。我国的财政体制是“财权上移、事权下移”，地方政府始终存在财权事权不匹配的问题[①]（马海涛和姚东旻，2023）。在经济运行处于复苏或者繁荣阶段时，地方政府的注意力和施政重点往往在招商引资，利用土地、税收、金融等优惠条件培育市场主体，在长期内培育税源，并稳步科学推进基础设施与公用事业的建设及完善。相反，

① 马海涛，姚东旻．现代财税体制的理论渊源、基本共性与中国特质［J］．改革，2023（11）：83－95.

当宏观经济短期波动剧烈以及经济周期处于萧条或者衰退时，在凯恩斯主义（Keynesianism）的导向下，地方政府需要充当最后贷款人的角色，并通过宏观政策恢复经济增长、就业扩张和物价稳定。由此，背负着巨大事权的我国地方政府，就需要探索出应对经济波动的固定手段，并配合适当的政策实施工具。

在各级地方政府内部，不规范使用专项债和 PPP 项目两种投融资工具，致使我国城市公用事业 PPP 项目提供公共物品和公共服务的属性被弱化，其对冲经济下行风险、熨平经济波动的作用被放大。数据和研究也表明，为了应对 2008 年美国次贷危机对全球经济带来的冲击，以及消化 4 万亿投入带来的过剩产能，PPP 模式与专项债务成为当时我国地方政府用于公用事业及基地设施建设的常规“工具”。对此，吴锋（2019）的研究表明，近年来中美贸易摩擦与金融市场的高杠杆率，导致了我国出口贸易萎缩、内需不足等一系列宏观经济的困难，而 PPP 模式与专项债则是我国地方政府拉动宏观经济增长，确保宏观经济稳定的两项重要经济政策工具。由此可见，作为举债工具的 PPP 模式乘着历史惯性，被强加了提振经济发展、稳定经济增长的使命，并逐渐形成了政府变相举债融资、缓解地方财政压力、扩大地方政府投资能力的异化路径。目前，我国显性债务规模接近 27 万亿元，2019 年、2020 年、2021 年全国 31 个省份需偿还债券（含地方政府债和城投债）的金额分别为 3.18 万亿元、3.45 万亿元和 4.57 万亿元。从省份来看，2019 年需偿还债券金额占公共财政收入的比例在 40% 以上的省份分别为湖南（62.58%）、江苏（59.12%）、陕西（58.45%）、云南（54.97%）、青海（52.13%）、重庆（51.55%）、贵州（46.27%）、广西（44.39%）、天津（43.28%）、四川（40.21%）①。

综上所述，本应在我国公用事业领域发挥积极作用并改善供给效率的 PPP 模式，在实践中有过度利用甚至是异化的表现，即由单纯的公用事业营建的工具转变为变相举债的方式。卢护锋和邹子东（2018）针对 PPP 项目异化的研究表明，政府治理结构失衡是项目异化的内在诱因，而畸形的地方政府举债现状是政府寻求法外融资手段的主要外部诱因。PPP 模式在我国实

① 资料来源：《博瞻智库》整理（数据截至 2019 年 3 月）。

践中的“异化”主要是由于被政府赋予了增强经济增长内生动力、稳定宏观经济发展的职能，其用途单一化造成的。PPP 新机制相关文件的出台，表明中央对地方政府债务问题的高度警惕，地方政府在严格预算约束的情况下，通过发行债务来提振经济的传统手段受到压制或管制。另外，地方经济发展的需求与“GDP 锦标赛”① （周黎安，2007）的游戏并没有停止，张五常（2019）指出，当价格管制时，其他替代性手段会被考虑，而交易费用最低的手段会被采用。城市公用事业 PPP 新机制的高质量发展仍然面临诸多挑战。

3.3.2 社会资本参与困难

作为我国公用事业领域当前一种较为流行的制度安排，PPP 的主要特点是社会资本与行政资源的紧密协作，突出市场在配置资源中的决定性作用。然而，截至 2017 年，国有企业在 PPP 项目中的参与份额较比民营企业来说占绝大多数，在财政部 PPP 项目管理库中缔约的社会资本共有 944 家，其中，国有控股和国有独资企业占到了 549 家，占比超过 58%，不仅如此，在缔约金额上，社会资本也远低于国有资本（赵亚飞和张超，2019）。同样地，2013—2018 年的统计数据中，国有企业参与 PPP 项目要远超民营企业的比例（谢新敏，2019），这与我国引入 PPP 模式以及城市公用事业市场化改革的初衷背道而驰。

社会资本的有限参与问题也反映在 PPP 项目的融资结构中。一般而言，PPP 项目的资金来源主要是股权资本和债权资本，前者主要是地方政府和社会资本方出资入股，后者则以 PPP 项目公司的名义，通过金融机构渠道进行信贷融资。但通过对财政部 PPP 项目中心的案例进行深入分析后发现，我国 PPP 项目的资金来源主要是债权融资。2012—2017 年落地的 PPP 项目，债权融资部分与股权融资部分之比平均高达 6.49②。实际上，早在 2005 年，国务院就发布《关于鼓励支持和引导个体私营等非公有制经济发展的若干意见》

---

① 周黎安．中国地方官员的晋升锦标赛模式研究［J］．经济研究，2007（7）：36－50.

② 资料来源：根据财政部 PPP 项目中心数据估算。

（国发〔2005〕3 号），明确提出放宽非公有制经济的市场准入，允许非公有资本进入城市公用事业和基础设施领域。2010 年，国务院发布《关于鼓励和引导民间投资健康发展的若干意见》（国发〔2010〕13 号），要求鼓励和引导民间资本进入基础设施与市政公共服务领域，再次明确了实施公私合作制的政策导向。尽管影响非公有制经济发展的体制性障碍逐渐破除，民营资本在市场中的平等地位被一再强调，但国有资本作为 PPP 项目中统治性的存在，导致排斥民营企业的现象仍旧突出，社会资本参与 PPP 项目困难重重。

除了国有企业对社会资本的“挤出”效应外，城市公用事业 PPP 项目的合约设计和治理水平不足也是制约 PPP 模式市场化的重要因素。基于城市公用事业周期长、技术复杂等特点，其 PPP 合约的本质可以理解为社会资本方和政府方进行重复的动态博弈的过程。如果公私双方之间的租值或剩余索取权的分配达不到纳什均衡的状态，会削弱彼此的信任程度，不利于公私合作项目的稳定性。合理的租值分配方案对包括公私两部在内的各合约主体都具有正向的激励作用。然而，现实中公私双方往往将注意力过度集中在对租金剩余的争夺上，而影响了项目的正常运作，甚至出现已签约项目由于个别条款谈判无果而难以落地的现象。以财政部划分的 PPP 项目生命周期五个阶段，即项目识别、项目管理、项目采购、项目执行和项目移交为标准，将执行和移交两个阶段项目数之和与准备、采购、执行、移交四个阶段项目数总和的比值称为项目落地率，它是 PPP 项目能否有效运营的一个重要指标。据统计，2017 年 3 月我国 PPP 项目落地率为 34.50%，2017 年 6 月为 34.20%，2017 年 9 月为 35.20%，2018 年 3 月为 36.50%（赵亚飞和张超，2019），虽然落地率呈现提升态势，但整体水平仍然较低。

PPP 付费模式在城市公用事业实践中的单一化也是社会资本参与率低的另一个重要原因。前文所述，我国 PPP 项目的收费方式大致可以归纳为使用者付费、政府付费与可行性缺口补贴三类。有鉴于此，政府应当按照公共预算，划拨一定的经济补助给 PPP 项目公司，用以弥补使用者付费之外的缺口。由此可见，PPP 的付费方式在一定程度上决定着项目未来的收入，也就是与合约的租金分配具有直接关系。吴锋（2019）的研究指出，在财政部的 PPP 项目管理库中，政府付费项目与可行性缺口补贴（财政差额拨款）项目公有 5394 个，占所有模式的比例为 79.6%。这可以反映出相关行政机构并未很好地理解 PPP 模式的本质，私人部门在降低融资成本与提高管理项目上的优势并没有被激发出来，没有发挥出社会资本在项目融资与管理运营方面的优势，而未来大部分租金收入来自政府就需要有严格且明确的项目绩效考核，这无疑增加了交易费用，降低了项目公司为客户服务的意愿。归根结底，我国公用事业 PPP 项目收费方式的单一化是合约设计能力不足的表现，即项目治理水平的欠缺，这严重削弱了社会资本参与 PPP 项目的热情。

3.3.3 风险管理能力不足

王守清（2020）指出，合理的风险分担对于吸引社会资本、保障项目成功和维护公共利益至关重要。当前城市公用事业 PPP 项目存在风险管理知识与实践的脱节、风险统计数据的缺乏、风险管理的动态调整困难等不足。从合约的视角出发，PPP 模式能够在我国城市公用事业领域迅速“落户”，究其本质是其灵活且具有弹性的合约安排。根据不完全契约理论，合约风险管理的需求与合约的不完全性成正比，对于不确定性较低的合作模式，合约风险管理的要求相对较低；而在不确定性较高的情况下，对风险管理的能力要求也相应提高。换言之，PPP 项目风险分配与收益共享应当遵循对等原则，即如果社会资本在初始合约中承担更多风险，那么就应当占有最终收益的多数，否则就无法确保私人部门的投资回报，形成社会资本方参与率不高或签约率低的现象。相反，如果公共部门在初始合约中承担更多风险，也应占有最终收益的多数，否则就无法降低融资成本从而缓解财政问题。通过梳理与回顾相关研究文献，本书将我国城市公用事业 PPP 项目的风险管理能力不足主要归纳为以下两个方面。

第一，设置固定回报，造成隐性债务。在我国 PPP 模式的实践中，某些地方政府的探索进入误区，为了增强社会资本投资信心，作出过度承诺，而后由于宏观环境的改变、各级政府自身政策和财政能力的变化造成了政府履行承诺的困难，最终表现为拒付或延期支付相关费用，否认或拖延承担相关义务，从而导致 PPP 项目走向失败。对此，有学者指出，地方政府盲目推动 PPP 项目落地，利用“固定回报”降低项目营运风险，这是一种扭曲市场正常运行的行为（张冰馨等，2018）。实际上，正是由于可以发挥公共部门与社会资本各自的优势，PPP 模式才备受公用事业领域的青睐，如果对 PPP 项目的收益进行承诺，或者是用政府购买服务来变相的保障收益，那就违背了合作的初衷，走向缓解财政负担的对立面。对此有学者总结到，地方政府采用 PPP 模式其本质就是“财政兜底、政府承诺、固定回报和拉长版 BT”（黎毅和邢伟健，2017）。

另外，采用不正规的做法由政府进行背书和担保，还会产生大量隐性债务。王岭（2019）的研究指出，地方政府财政负担显著降低基础设施 PPP 项目的落地率。具体而言，社会资本通过对项目公司名义上进行股权投资，在合同中约定收取固定收益并在项目建设后期进行投资回购，以这种“明股实债”的方式来规避风险，实际上是打乱了 PPP 模式在公私两部门之间合理分担风险的作用，严重干预了公用资源的配置效率。尽管财政部已经识别此问题并出台相关文件①，但该文件仅针对新增项目，很多出现“明股实债”问题的存量项目，无法用此文件加以约束。不仅如此，明股实债的包装下，“退出机制”如何有效运转，新投资人身份如何认定？这在相关法律法规方面还是空白，造成了一定的潜在财政风险。实践证明，PPP 项目的“固定回报，隐性债务”问题抑制了 PPP 模式在我国公用事业领域的进一步推广。

第二，在 PPP 项目评估过程中缺乏风险预警机制。PPP 模式在欧美发达国家应用的成功经验表明，项目签约前的风险预警机制，例如，对项目涉及政策法规、生态环境的充分研究，考察其物有所值评价，并对可能出现的风险逐一排查，提出行之有效的应对措施等行动，可以将潜在风险纳入可控范围之内，有效保障公私双方利益不受损害。由此可见，建立风险评价模型可以帮助管理者评估 PPP 项目融资过程中可能面临的风险因素。然而，当前我国风险评价或风险预警机制的缺乏导致政府财政风险系数增高，管控难度增大，不利于安全健康发展。例如，某些政府官员急功近利注重眼前利益，以短期业绩的优良替代了长期发展规划，一旦发生政府人员的内部调整，项目就很有可能搁浅从而造成政府违约；与此相似，地方政府在项目正常的运营期内违背项目特许经营原则，急于提前兴建与原 PPP 项目具有明显市场竞争关系的项目，致使市场环境发生重大变化增加了运营难度（王博等，2016）。

① 《政府和社会资本合作项目财政管理暂行办法》（财金〔2016〕92 号）。

刘善军（2019）认为，PPP 风险评价或预警机制的不足将会为项目后续发展埋下诸多风险隐患，财政风险管控底线防守困难。

3.3.4 监管效能有待提高

PPP 模式被认为是我国公用事业领域特许经营模式的一种延续，因而也继承了其政府监管的特点。对此，学者王俊豪和周小梅（2013）等指出，PPP 项目中的行政资源与社会资本既要厘清界限又要功能互补，其中，政府对整个项目流程的监督责无旁贷。日本学者植草益（1992）将政府对公用事业的管制分为经济性与社会性两种，他认为经济性管制的范畴主要是针对私营部门服务的数量和质量、在市场的进入和退出、制定的价格、投资、财务等行为，而社会性管制应重点是保护劳动者的生产安全卫生、消费者的安全、环境保护和防止灾害。政府监管 PPP 项目应该注重双管齐下，主动调整平衡不同管制手段的权重。在目前的城市公用事业 PPP 项目的政府监管中，有些地方主管部门虽然意识到监管的重要性，但在监管过程中却有相当的盲目性。

在对 PPP 项目的经济性管制方面，主要表现在监管职责不清与绩效评价体系不完善两个方面。首先，公用事业 PPP 项目并非监管主体越多、监管层级越丰富，就意味着监管的效果越充分。我国城市公用事业 PPP 由政府多部门共同监管，比如，在立项阶段和招投标阶段，由发改部门进行监管；PPP 项目的财政承受能力和物有所值评价等由财政部门进行监管；而按照《国务院关于“先照后证”改革后加强事中事后监管的意见》（国发〔2015〕62 号）中“谁审批、谁监管，谁主管、谁监管”的原则，对于特定 PPP 项目有关技术标准的事项由行业主管部门负责监管。同时，各地国土部门、环保部门、市场监管部门、税务部门、公安部门等都从不同职能部门参与 PPP 项目监管，因而容易形成多头监管、职责不清的局面，项目监管很难形成合力（张偲，2015）。因此在部门协同监管的情况下，形成监管合力、避免监管空档是 PPP 项目政府监管中的一大难点。

其次，绩效评价体系不完善也是影响政府实施监管的重要因素。当前 PPP 项目政府监管绩效评价主要集中在对私营部门运营项目效率和效果的评价，而尚未建立起对政府监管方的监管效能的评价体系。不仅如此，在政府监管实践中，习惯于简单地把公用事业 PPP 项目的绩效当作政府监管的绩效，这是长久以来实践中一个误区，政府在不同行业的监管绩效无法一起进行比较，政府监管的绩效也并不等同于行业绩效（陈龙，2017）。实际上，城市公用事业本身具有的网络性、垄断性以及公用性使它无法像其他行业一样通过销售数量去衡量公众的满意度（陈小安，2009），这就对其绩效评价体系的设计提出了更高的要求。监管部门需明确角色定位，克服自身的主观性，加强对自身的监督，建立健全科学的监管评价指标体系，建立奖惩制度，确保绩效评价的透明度、公开化和客观性，保证监管过程的高效性（王俊豪等，2017）。

与政府经济性管制所具有的刚性不同的是，社会性管制涉及的如环境、卫生和安全等方面，其监管的效果往往都是以负外部性的方式显现。也就是说，如果未发生损害公众利益的社会性事件，那么政府的社会性监管水平得不到明显的检验。然而一旦发生突发事件，只能反映出政府在社会性监管方面的角色缺失。实际上，就其产品及服务的属性而言，公用事业与提供一般消费品的行业具有明显区别，尤其是诸如污水处理、垃圾处理、城市供热等领域，它们不仅在一定程度上具有公用品的属性，而且往往涉及运输、储存、生产以及废物排放等问题，不科学的处理方式很容易造成自然环境和居民的生活环境的劣质化，且部分污染源具有隐蔽性，不及时做好防范工作后患无穷。尽管如此，对城市公用事业 PPP 项目的社会性管制工作还需得到各方的足够重视，相关监管框架及体系还处在有待建立阶段。

本章小结

本章分为三个部分，深入探讨了中国城市公用事业领域 PPP 新机制的合约治理及其存在的问题。在第一部分中，首先介绍了 PPP 新机制的激励相容机制，强调了市场化运作和财政可持续性的重要性，并分析了政府和社会资本在 PPP 项目中的行为逻辑与约束条件，发现政府在 PPP 项目中提供财政补贴的决策受到多种因素影响，包括项目的社会总收益、风险偏好和信息不对称等。在第二部分中，详细讨论了 PPP 项目合约的基本框架，包括项目类型与收费机制、合约的主要条款和设计准则。在合约设计中，强调了项目模式匹配、风险合理分担和租值配置有效激励等原则，以确保 PPP 项目的顺利实施和高效运营。在第三部分中，分析了城市公用事业 PPP 新机制面临的挑战，营建用途产生异化、社会资本参与困难、风险管理能力不足和监管效能有待提高。

第4章

我国城市公用事业PPP一般性合约的风险管理

我国实践中成功的PPP项目都具有较为规范的合约治理体系及完善的合约条款设计。与此同时，风险存在于一切经济活动当中，是制约城市公用事业PPP新机制良性发展的主要因素。因而，完善PPP项目的合约治理，实现合约的优化设计，最重要的是进行PPP项目全周期的风险动态管理，而这需要依靠全面准确的风险识别清单、科学系统的风险预警机制、权责明晰的风险分担框架。

4.1　城市公用事业 PPP 一般性合约的风险管理

城市公用事业 PPP 项目涉及多方利益主体、资金规模庞大、建设运营周期长，如何降低或限制合作中风险的发生是政府与社会资本缔结合约时首要考虑的问题。有鉴于此，前文从风险视角出发，指出能够将未来风险通过数学概率的方式在“事前”体现在合同条款中的风险为一般性或完全性合约。明确 PPP 一般性项目合约风险的内涵、特征与管理的概念将突出本章研究的主题。

4.1.1　城市公用事业 PPP 一般性合约风险的内涵

从西方经济学理论来看，风险描述了事物变化过程中存在多种可能结果的情况。这些结果虽然事先可以被知晓，但最终的结果却是不确定的，它们遵循一定的概率分布。通常情况下，风险与收益是成正比的，风险偏好型的组织为了追求更高的收益，可能会选择承担更高的风险；而风险规避型的组织则更注重安全性，倾向于选择风险较低的策略。美国经济学家弗兰克·奈特（Frank Knight）早在 1921 年出版的著作《风险、不确定性及利润》（*Risk*，*Uncertainty and Profit*）中就区分了“风险”和“不确定性”两个概念，并对它们在经济决策中的作用进行了深入的探讨，他将“风险”定义为可以度量的不确定性，也就是说，在已知事件的概率分布的情况下，我们能够对可能发生的各种结果进行预测和评估。

PPP 合约风险的基本概念是指公私合作伙伴关系（Public - Private Partnership，PPP）中潜在的不确定性和可能影响项目成功的各种因素。进一步而言，通过数学概率提供一种评估框架，评估城市公用事业项目各方基于不同事件发生的可能性称为 PPP 合约风险。王守清教授作为 PPP 领域的资深专家，将 PPP 风险分为政府层面、市场层面与项目层面三大类。具体而言，政府层面的风险包括政府信用风险、政策和法律变更风险、政府干预风险、征用（公有化）风险、政府官员腐败风险、政府（公众）反对风险、税收政策调整风险、项目审批延误风险、土地获取风险、环保风险、气候（地质）条件风险、不可抗力风险以及政府决策失误（冗长）风险。市场层面的风险包括利率风险、外汇风险、通货膨胀风险、融资风险、市场需求变化风险以及第三方延误/违约风险。项目层面的风险包括建设风险、运营风险、技术风险、合约风险以及变更风险。王守清教授的这种分类方法有助于系统地识别和评估 PPP 项目中可能遇到的风险，从而采取相应的风险管理和缓解措施。

4.1.2 城市公用事业 PPP 一般性合约的风险特征

城市公用事业 PPP 项目具有区别于其他一般项目风险的特殊性，把一般项目营建与管理上的风险特征生搬硬套到城市公用事业项目中，使许多研究的参考价值大打折扣。因而，准确地把握我国城市公用事业 PPP 项目的风险特征至关重要。通过相关资料的梳理与失败案例的整理，本书将城市公用事业 PPP 项目风险概括为以下四个特征：

第一，可测性。可测性是城市公事业 PPP 项目的首要特征。尽管单独的风险事件可能是随机且难以预测的，但当众多独立的风险事件聚合在一起时，它们倾向于展现出可识别的规律性。这种规律性为风险的量化分析提供了基础。通过应用统计方法，可以收集和分析大量历史数据，从而估计风险事件发生的可能性以及相关损失的严重性。进一步地，可以构建数学模型来模拟这些风险事件的损失分布。这些模型不仅帮助我们观测风险事件的模式，还能预测未来可能发生的风险，为 PPP 项目风险评估和决策提供依据。总之，PPP 项目的可测性赋予了我们理解和管理不确定性的能力。通过精确地度量和预测风险，我们可以更好地规划城市公用事业项目，优化资源配置，并制订有效的风险缓解方案。

第二，多样性。一般情况下，研究者可以通过统计分析的方式发现项目运行的部分规律，因而，可以在一定程度上控制风险与不确定性在项目中发生的概率。然而，城市公用事业 PPP 项目具有参与方众多、合约设计复杂、法律诉讼频仍的特点，这极大地增加了事前识别统计与研究分析的难度，这便是其风险因素的多样性。除此之外，通过复杂合约安排被串联在一起的各利益群体由于对经营项目的期望收益和衡量方式有天然的差异，从而造成同一风险对不同利益相关者的影响方式有别，这也是其风险多样性的表现。

第三，阶段性。城市公用事业 PPP 项目通常营建的周期都在 10 年以上，一般包括项目决策、项目融资、项目建设、项目管理和项目维护等阶段。这就意味着在项目的不同阶段其具有的风险集也不尽相同。换言之，城市公用事业 PPP 项目风险的发展伴随项目的建设时序呈现明显的阶段性，项目执行步骤与项目风险变化呈现比较明显的正相关性。例如，PPP 项目的政策风险与法律风险在一般情况下，会贯穿整个生命周期，而融资风险与建设风险主要发生在项目建设阶段。

第四，伴生性。在现实中有很多 PPP 风险在项目开始阶段并未显现，而是随着外界环境，尤其是其他风险因素的出现而发展形成，这即是 PPP 项目的风险伴生性特征。例如一些具有环保风险的公用事业项目，在缔约前一般会有较大的隐蔽性，而当项目落成并运营时产生的负外部性很可能产生与当地法律冲突的结果，进而引起法律风险与政府履约风险。因而，在城市公用事业 PPP 项目规划和建设的初始阶段，需要通过科学周密的考察与评估，防范根源性风险的发生。

综上所述，城市公用事业 PPP 项目的行业特质决定了它的风险特征，只有从可测性、多样性、阶段性与伴生性的视角出发，才能充分识别城市公用事业 PPP 项目风险，从而实现 PPP 项目的全周期风险动态管理，确保 PPP 项目实现社会效益和经济效益的最大化。

4.1.3　城市公用事业 PPP 一般性合约的风险管理

城市公用事业 PPP 项目的风险管理是指项目主体面对不确定性和潜在威胁时采取的一系列策略和措施。它不仅涉及识别和评估风险，还涉及制定和实施相应的应对策略，以减轻或消除风险带来的负面影响，同时最大限度地利用可能出现的机会。有效的风险管理是 PPP 项目稳健运营和持续发展的关键，柯永建等（2011）主张将 PPP 项目风险细化为风险识别、风险分析与风险归属三个步骤依次处理。具体而言，首先充分识别 PPP 项目中的风险敞口，并将其充分暴露出来，这样才能确定导致风险产生的因素，建立风险清单。其次，采用模糊综合评判的数学方法对 PPP 项目风险因素进行定量，以明确一个完整且普遍的评估框架，并结合具体案例进行分析。最后，采用适当的风险分担机制对 PPP 项目风险做出合理安排。有鉴于此，本章将风险管理流程划分为风险识别、风险评估及风险应对三个步骤。

1. 风险识别

风险识别是风险管理的第一步，它涉及对可能影响组织目标实现的各种风险因素进行系统地识别和分析。这包括内部风险（如运营效率、财务状况、人力资源等）和外部风险（如市场变化、政策法规、自然灾害等）。风险识别的目的是建立一个全面的风险清单，为后续的风险评估和应对提供基础。

2. 风险评估

风险评估是对已识别风险的可能性和影响进行量化和定性分析的过程。这一环节需要评估风险发生的概率、潜在损失的大小、风险的紧迫性以及风险之间的相互影响。风险评估的方法多种多样，包括统计分析、专家判断、模拟仿真等。通过风险评估，组织可以确定风险的优先级，合理分配风险管理资源。

3. 风险应对

风险应对是根据风险评估的结果，制定和实施相应的风险控制策略和措施。风险应对措施通常包括风险避免、风险转移（如通过保险或外包）、风险减轻、风险接受等。选择合适的风险应对策略需要考虑组织的风险承受能力、风险管理成本、风险与收益的平衡等因素。

综上所述，风险管理是城市公用事业 PPP 项目在复杂环境中保持竞争力和实现可持续发展的关键。通过建立科学的风险管理体系，组织可以有效应对各种风险挑战，把握发展机遇，实现长期稳定发展。有效的风险管理不仅有助于保护政府和社会资本的双方利益，还能够为所有利益相关者创造价值。因而，本章以下内容将围绕 PPP 一般性合约的风险管理来展开论述。

4.2　城市公用事业 PPP 一般性合约的风险识别

4.2.1　城市公用事业 PPP 项目风险的识别方法

钟寰和周娴（2019）认为，风险识别是实现 PPP 项目全周期动态管理的基础，对于 PPP 项目各种潜在风险因素的有效识别是其风险管理的前提保障。本书所指的 PPP 项目风险识别是采用一种或多种组合方式，在大量的历史资料或经验判断的基础上，系统且连续地分析项目风险来源、规律特征的动态过程。在此基础上，实现风险识别的方法是多种多样的，黄骞等（2018）研究发现，风险识别的方法从发展的先后关系来看，可以分为人工识别和自动识别两种。前者在 PPP 风险管理领域应用广泛并且按照风险能否被跟踪，又可以细分为静态识别和动态识别。

古语有云："工欲善其事，必先利其器"①。为了达到有效 PPP 项目风险的研究效果，就应该投入时间和精力来确保我们拥有最有力的研究工具或方法。李解等（2017）认为，静态识别是动态识别的基础，其方法也比较多样，包括流程图法、故障树法、情景分析法、头脑风暴法、文件审查、专家访谈、SWOT 分析等。本书通过文献梳理的方式总结出了项目风险识别的主要方法并归纳出了每种方式的优劣。以文章明快、流畅的原则考虑，本书已将各种方法集中在文献综述部分论述（第 1 章）。

通过回顾文献综述可知，风险识别的方法都存在各自的优势，但是考虑其自身的不足以及我国 PPP 领域发展的现状和特点，本书倾向于使用跨案例分析法对 PPP 风险进行识别，案例研究能够对现实中的风险进行详尽描述和系统阐释，与其他方法相比，更适用于风险识别研究（宋金波，2014；戴大双，2005）。所谓案例分析法就是在对研究对象的总体样本无法把握的前提下，深入细致地考察具有代表性的个体样本从而获得总体认识的一种科学分

① 出自《论语·卫灵公》。意思是说，如果一个工匠想要做好他的工作，他必须首先确保他的工具是锋利的。

析方法。这一方法往往通过选取典型的决策事件或方案，对某一问题进行全面而深入的研究，使研究具有全面性、准确性、代表性等特点。

采用跨案例的方法对 PPP 项目风险识别，可以尽可能选取足够多的项目进行分析，更好地识别 PPP 项目中的风险共性与特性，兼顾了一般与个别（Bing L，Akintoye A 和 Edwards P J，2005）。不仅如此，相对于欧美国家，我国城市公用事业政府与社会资本合作的实践时间较短，PPP 项目数据库直到 2015 年才开始建立，且至 2022 年就已经废止，其中，相当数量的项目都存在“慌忙上马”“质量不高”的问题。因此，我们必须从案例出发，才能得出可靠且令人信服的结论。

4.2.2 城市公用事业 PPP 项目风险的案例分析

中国城市公用事业 PPP 项目风险的跨案例分析法，其具体步骤为：首先依据分析目的，选择有代表性的事件作为分析研究对象。其次全面收集有关被选对象的资料，包括直接资料和间接资料（实验记录、学术报告、著作、论文及笔记等），最后系统地整理收集到的资料，依据分析研究的项目和内容进行分类。有鉴于此，本书收集整理了 40 个我国城市公用事业实践中的问题案例（见表 4－1），以期识别 PPP 项目中的关键风险并建立起全面准确的风险清单。

本章对案例的选取主要遵循以下三个原则：首先是地域的全面性。PPP 模式主要应用在城市公用事业及基础设施建设上，而我国社会目前的主要矛盾是发展的不平衡与不充分。因此我们共选取了 26 个东部地区案例，6 个中部地区案例，8 个西部地区案例，以求识别所有地区 PPP 项目的风险。其次是时间的全面性。PPP 在中国的演进是一个动态化的过程，现有案例中，20 世纪 90 年代之后的信息较为完整，2003 年达到第一个高潮，2013 年以来全面铺开。这其中的 PPP 项目，既有促进我国城市公用事业发展的需要，也有作为我国宏观调控的手段，刺激经济增长的考量，因此，分析不同时期的 PPP 项目是必要的。最后是行业的多样性。本书研究的 PPP 范围包括城市管网、供气供热、公共交通、城市绿化和环境卫生等。在案例分析中，必须考虑到这些行业差异，这样才能够识别绝大多数的风险。

表4-1　　　　PPP项目风险跨案例分析统计

编号	行业	地区	名称	风险描述	风险因素
1	城市供水	西部	遵义南、北郊水厂	1. “最低限价”和“最低限量”的担保难以执行 2. 存在违反《市政公共事业特许经营管理办法》的行为	1. 决策失误风险 2. 营运成本过高风险 3. 法律冲突风险
2	城市供水	西部	成都自来水公司第六水厂B厂	1. 城市用水需求下降，导致成都自来水厂压缩分厂规模，高价从B厂购水，亏损巨大 2. 政府被迫进行财政补贴	1. 需求不足风险 2. 法律冲突风险 3. 决策失误风险 4. 政府干预风险
3	垃圾处理	西部	昆明五华垃圾焚烧发电项目	1. 五年投入了五个电厂，运营能力与供应能力差距巨大 2. 技术不符合当地具体情况 3. 合作双方未就电价达成一致，投资方撤资	1. 决策失误风险 2. 生产技术风险
4	垃圾处理	中部	郑州荥锦垃圾焚烧发电项目	1. 电厂位置布局不合理 2. 垃圾处理难度大 3. 收费站增加了成本	1. 环保风险 2. 决策失误风险 3. 生产技术风险 4. 地质灾害风险
5	管道燃气	中部	山西永济管道燃气项目	1. 项目建成后，国企不予对接 2. 政府在全流程中协调不力	1. 第三方供应风险 2. 决策失误风险 3. 配套不足风险
6	管道燃气	中部	江西上饶大通燃气项目	上饶经开区在项目未到期情况下，与第三方重复签订协议	1. 政府履约风险 2. 法律冲突风险 3. 同类竞争风险
7	污水处理	中部	武汉汤逊湖污水处理项目	1. 配套设施未能对接 2. 收费资格代价高	1. 配套不足风险 2. 法律冲突风险 3. 政府履约风险 4. 营运成本过高风险
8	城市交通	中部	武汉白沙洲大桥项目	1. 新规划导致竞争激烈 2. 政府单方面不承认原有合同条款	1. 法律冲突风险 2. 政府履约风险 3. 同类竞争风险 4. 政府招标风险

续表

编号	行业	地区	名称	风险描述	风险因素
9	管道燃气	东部	海南中油昆仑港华燃气项目	1. 政府参与方式违背《市政公共事业特许经营管理办法》 2. 规划随意变更 3. 政府改变选址，合约双方诉诸法律途径解决问题	1. 法律冲突风险 2. 决策失误风险 3. 政府履约风险 4. 土地征拆风险
10	垃圾处理	东部	北京六里屯垃圾焚烧发电项目	1. 项目选址不合理 2. 生产过程中极大影响居民生活	1. 决策失误风险 2. 环保风险 3. 生产技术风险 4. 地质灾害风险
11	城市供水	东部	广东廉江供水项目	1. 购水价与售水价差距大 2. 反复谈判 3. 自来水公司巨额亏损	1. 决策失误风险 2. 税收调整风险 3. 运营效率低下风险 4. 需求不足风险 5. 残值风险
12	城市供水	东部	上海大场水厂	投资回报率不及预期	1. 法律冲突风险 2. 政府履约风险 3. 决策失误风险 4. 残值风险
13	城市交通	东部	深圳梧桐山隧道项目	1. 新的城市规划降低了项目使用率 2. 收费机制不合理 3. 政府强行收回产权	1. 政府履约风险 2. 决策失误风险 3. 环保风险 4. 同类竞争风险 5. 项目收费风险
14	城市交通	东部	福州闽江四桥项目	1. 新的项目造成需求减少 2. 投资回报率不及预期 3. 合作方履约意愿下降	1. 法律冲突风险 2. 政府履约风险 3. 同类竞争风险
15	污水处理	东部	长春汇津污水处理项目	1. 拖欠污水处理费 2. 政府单方面毁约 3. 污水乱排 4. 提前被政府收回	1. 决策失误风险 2. 法律冲突风险 3. 环保风险

续表

编号	行业	地区	名称	风险描述	风险因素
16	污水处理	东部	青岛威立雅污水处理项目	1. 政府单方面要求更改条款 2. 项目可行性分析与实际不符	1. 决策失误风险 2. 环保风险 3. 政府履约风险 4. 项目合同文件风险
17	污水处理	东部	晋州城市污水处理项目	1. 污水排放不达标 2. 政府不兑现污水处理费 3. 政府被迫追加投资	1. 生产技术风险 2. 环保风险 3. 政府履约风险
18	垃圾处理	东部	广州番禺垃圾焚烧处理项目	1. 选址不合理 2. 环境污染严重	1. 决策失误风险 2. 环保风险 3. 气候风险
19	城市交通	东部	泉州刺桐大桥项目	1. 政企形成竞争关系 2. 收益率不及预期 3. 合作协议不规范	1. 法律冲突风险 2. 政府履约风险 3. 决策失误风险 4. 同类竞争风险
20	城市供水	东部	沈阳第九水厂项目	1. 自来水厂亏损巨大 2. 地方官员腐败 3. 投资回报率不及预期	1. 决策失误风险 2. 项目执行风险 3. 法律冲突风险 4. 政府官员腐败风险 5. 监管体系法律法规漏洞风险
21	城市供水	西部	兰州威立雅水务项目	1. 出厂水苯含量、自流沟苯含量远超出国家限值 2. 兰州主城区四区居民生活用水停供4天	1. 生产技术风险 2. 环保风险 3. 决策失误风险 4. 公共卫生事件风险
22	垃圾处理	东部	天津双港垃圾焚烧发电项目	1. 产生二噁英气体 2. 周边居民恐慌 3. 项目收益不足	1. 决策失误风险 2. 环保风险 3. 公共卫生事件风险
23	城市交通	东部	杭州湾跨海大桥	1. 企业转让股份，退出大桥项目 2. 5年后，项目资金仍然紧张 3. 大桥通行费收入不及预期	1. 决策失误风险 2. 第三方供应风险 3. 需求不足风险 4. 项目融资风险 5. 利率变动风险

续表

编号	行业	地区	名称	风险描述	风险因素
24	城市电力	东部	山东中华发电项目	1. 政府改变电价，项目的正常运营受到制约 2. 政府擅自更改合同条款	1. 政府履约风险 2. 决策失误风险
25	管道燃气	东部	北京亦庄燃气 BOT 项目	1. 单纯重视建设，没有合理论证 2. 项目运作方法不够科学	1. 决策失误风险 2. 运营效率低下风险 3. 技术不适用风险
26	城市交通	东部	南京长江隧道	1. PPP 谈判延误 2. 融资失败	1. 决策失误风险 2. 项目融资风险 3. 审批延误风险 4. 政府履约风险
27	城市供水	东部	北京第十水厂	合作方撤出，项目无以为继	1. 决策失误风险 2. 项目融资风险
28	城市交通	西部	沪清平高速（沪渝高速）	1. 政府回购 2. 私营部门不愿意投入 3. 养护不到位	1. 决策失误风险 2. 运营效率低下风险 3. 营运成本过高风险
29	城市交通	东部	延安东路隧道	合同期内被政府收回 国务院出台《国务院办公厅妥善处理现有保证外放投资固定回报项目有关问题的通知》	1. 决策失误风险 2. 政府履约风险 3. 法律不完善风险 4. 法律冲突风险 5. 法律变更风险 6. 土地征拆风险
30	城市交通	东部	北京京通高速公路	收益不及预期	1. 决策失误风险 2. 运营效率低下风险 3. 营运成本过高风险 4. 需求不足风险
31	城市交通	西部	渭河三号大桥	1. 可行性评估阶段，预测的交通量不足，建设规模不足 2. 运营阶段，服务质量并没有达到预先的标准，大桥导致交通堵塞，引起了民众的反对	1. 决策失误风险 2. 生产技术风险 3. 需求不足风险 4. 运营效率低下风险 5. 测算主观风险 6 设计施工风险
32	垃圾处理	中部	汉口北垃圾焚烧发电项目	1. 公众反对 2. 项目被迫搬迁	1. 环保风险 2. 决策失误风险 3. 需求不足风险 4. 土地产权风险

续表

编号	行业	地区	名称	风险描述	风险因素
33	城市交通	西部	华山服务区	1. 政府回购 2. 私营部门被吊销营业执照 3. 质量不达标 4. 公众反对	1. 决策失误风险 2. 法律不完善风险 3. 生产技术风险 4. 运营效率低下风险 5. 需求不足风险 6. 法律变更风险
34	城市交通	东部	香港西区海底隧道	1. VFM 未实现 2. 多次提高通行费	1. 决策失误风险 2. 运营效率低下风险
35	城市交通	东部	香港大老山隧道	1. VFM 未实现 2. 多次提高通行费 3. 车流量低于预期 4. 金融危机冲击	1. 决策失误风险 2. 需求不足风险 3. 运营成本过高风险 4. 利率变动风险 5. 汇率变动风险 6. 货币政策调控风险 7. 国际冲突蔓延风险
36	管道燃气	东部	南京江北区燃气项目	1. 特许经营期内出现第三方同类企业 2. 政府默许第三方企业经营	1. 决策失误风险 2. 同类竞争风险 3. 政府履约风险 4. 项目合同文件风险
37	管道燃气	东部	丽水市区管道燃气项目	1. 项目所需中压管网建设缓慢 2. 政府对于项目进度缺乏监管	1. 配套不足风险 2. 决策失误风险 3. 法律不完善风险
38	垃圾处理	西部	重庆同兴垃圾焚烧发电项目	1. 政府错误估算运营成本 2. 民众不信任垃圾焚烧 3. 政府拖欠费用	1. 环保风险 2. 政府履约风险 3. 决策失误风险
39	垃圾处理	东部	上海老港垃圾卫生填埋场	1. 政府部门利益不一致，消极对待 2. 税收优惠资格审批缓慢 3. 资金不及时拨付	1. 政府履约风险 2. 运营成本过高风险 3. 审批延误风险
40	垃圾处理	东部	北京阿苏卫循环经济园	1. 民众反对修建垃圾处理中心 2. 政府没有兑现对企业和民众的支持和搬迁承诺	1. 环保风险 2. 政府履约风险 3. 完工风险

资料来源：笔者整理所得。

4.2.3 城市公用事业 PPP 项目的风险清单及释义

1. 建立风险清单

杜甫有诗："射人先射马，擒贼先擒王"①。通过上文对具体案例的梳理分析与以往文献回顾，本书将城市公用事业 PPP 项目风险总结归纳为七大类，包括政府引致风险、法律风险、金融风险、项目建设风险、市场运营风险、不可抗力风险和工程技术风险，并且以一级指标呈现。其中，包含 36 种具体风险，以二级指标呈现（见表 4－2）。

表 4－2　　城市公用事业 PPP 项目风险清单

序号	一级指标	二级指标
1	政府引致风险	决策失误风险
2		审批延误风险
3		政府履约风险
4		政府干预风险
5		政府官员腐败风险
6		土地产权风险
7		政府招标风险
8	法律风险	法律不完善风险
9		监察体系法律法规漏洞风险
10		法律冲突风险
11		法律变更风险
12		项目合同文件风险
13	金融风险	利率变动风险
14		项目融资风险
15		汇率变动风险
16		税收调整风险
17		货币政策调控风险

① "射人先射马，擒贼先擒王"：出自《杜甫诗选》。这里借喻要抓住主要风险进行研究。

续表

序号	一级指标	二级指标
18	项目建设风险	配套不足风险
19		土地征拆风险
20		环保风险
21		第三方供应风险
22		设计施工风险
23	市场运营风险	运营效率低下风险
24		营运成本过高风险
25		同类竞争风险
26		需求不足风险
27		残值风险
28		项目收费风险
29	不可抗力风险	气候风险
30		地质灾害风险
31		公共卫生事件风险
32		国际冲突蔓延风险
33	工程技术风险	测算主观风险
34		生产技术风险
35		完工风险
36		技术不适用风险

资料来源：笔者整理所得。

2. PPP 项目风险释义

（1）政府引致风险。政府引致风险是指由于政府行为或政策变动导致的项目风险，包括政策变化、法律变更、政府支付能力下降等，影响 PPP 项目的稳定性和可持续性。

①决策失误风险是政府由于经验不足，使在前期可行性分析阶段出现失误，最终造成 PPP 项目失败的风险。

②审批延误风险来源于 PPP 项目可能需要接受政府多个职能部门的监管，即便通过了前期的可行性论证，也会由于审批过程复杂，造成项目准备阶段的延长以及“开办费”直接或间接的增加。

③政府履约风险发生在公共部门（政府）与私人部门（社会资本）缔结 PPP 项目合约后，政府拒绝执行或不完全执行原有合约，从而给 PPP 项目运行带来的直接或间接的影响。实践中，政府一般会通过拒付或延期支付相关费用的手段，最终使 PPP 项目的资金链遭受冲击。最终，项目的失败会带来企业预期收益的难以兑现，以及财政资金的巨大浪费。

④政府干预风险强调在 PPP 项目的建设或运营阶段，政府直接进行干涉合作方行为。或者干预合作方的自主决策权，一般的表现形式包括强行取消、扣押、没收项目。

⑤政府官员腐败风险是指政府官员的腐败行为将直接增加项目公司在关系维持方面的成本，同时也加大了政府在将来的违约风险。

⑥土地产权风险是指在项目实施过程中可能遇到的与土地使用权相关的不确定性和潜在问题，包括土地征拆、获取、使用、转让及退出等环节的风险。

⑦政府招标风险是指包括招标程序部公正、不公平、不透明，招标项目信息不充分或不够真实，缺少足够的竞标者，市场主体恶性竞争、故意压低价格竞标风险。

（2）法律风险。法律风险中的“法律”是一个广义概念，包括法律以及相应的法规、条例和部门规章等。法律风险则主要是由于法律的不确定性、法律变更、法律执行不力或法律适用错误等因素，可能导致企业或项目遭受损失的风险。

①法律不完善风险主要是指目前专门针对 PPP 问题的法律，具有立法层次较低、效力较差、相互之间可能存在冲突、可操作性差等特点，由此对 PPP 合同的订立以及 PPP 项目正常存续产生影响的风险。

②监管体系法律法规漏洞风险是指项目出现问题时，投资者遭受的损失无法通过法律途径得到妥善的解决，项目可能被迫中止或终止的风险。

③法律冲突风险主要是由于不同法律体系、法律条款或司法解释之间的不一致或冲突，导致项目或企业在运营过程中面临法律不确定性、责任不清或法律纠纷的风险。

④法律变更风险往往发生于项目的中后期。由于不同法律体系、法律条款或司法解释之间的不一致或冲突，导致项目或企业在运营过程中面临法律不确定性、责任不清或法律纠纷的风险。

⑤项目合同文件风险是指由于合同文件不完善、条款不明确或执行不力，可能导致项目参与方面临法律责任、经济损失或合作关系破裂的风险。

（3）金融风险。金融风险是指由于金融市场的波动、利率变化、汇率波动、信贷政策调整等因素，可能导致投资收益不稳定、资产价值下降或资金流动性问题的风险。

①利率变动风险是指市场利率变动存在不确定性，从而可能会造成 PPP 项目的损失。在利率市场化程度较高的经济体中，这一风险出现的可能性更大。

②项目融资风险是指在项目融资过程中由于资金来源不稳定、融资成本上升、信贷政策变化、金融市场波动等因素，导致项目资金筹集困难、资金成本增加或资金链断裂的风险。一般来源于内、外部两个方面。从内部来看，PPP 的私营部门可能存在自身资本结构不合理问题，由此导致其面对市场波动时，应对能力不足。这一隐患可能感染到 PPP 项目本身，致使 PPP 项目自身的资金流动性和充足度得不到保障。从外部来看，PPP 项目所需的资金一般较大，那么在金融市场机制不健全以及融资渠道有限的条件下，也会造成一定的融资风险。

③汇率变动风险是指由于外汇市场的波动导致货币价值变化，从而对跨国交易、国际投资或涉及外币的财务活动产生不利影响的风险。在 PPP 项目中，如果项目涉及外币融资或国际采购，汇率变动可能导致成本增加、收益减少或债务负担加重。一般包括外汇汇率变化风险和外汇可兑换风险。这一风险对于开放经济体而言更加值得关注。一方面，PPP 项目合作各方可以从国际金融市场获得资金，有利于 PPP 项目的实施。另一方面，也使 PPP 项目需要做好应对国际金融市场波动的准备。对于生命周期较长的 PPP 项目，在获取成本低且充裕的资金和控制财务风险方面取得平衡，可能需要 PPP 合作各方投入更多的资源。

④税收调整风险主要是税收实体法部分条款的变更，如改变税率、税基或税收优惠政策。同时，税收程序法的变动，如征管模式、征管单位或征管力度的改变，也会产生一定风险。

⑤货币政策调控风险是指由于中央银行调整利率、货币供应量等政策工具，可能对经济活动、金融市场和投资回报产生影响，从而给企业和个人带来不确定性和潜在损失的风险。

（4）项目建设风险。项目建设风险是指在项目实施过程中由于各种因素导致项目无法按计划进行、延期、超支或质量不达标的风险。

①配套不足风险往往也会暴露于 PPP 项目的不同阶段。在项目建设早期，可能表现为土地供应延误等状况。项目建设中后期以及运营期，可能因原材料不符合生产标准，或资源、机具设备、能源的供应不及时，造成项目工程建设周期过长或运营成本增加，从而使租值收益的实际情况偏离最初预测值。

②土地征拆风险是指原本 PPP 合作双方就建设所需的土地达成协议，但是在实际操作过程中，可能出现的土地权益混乱不清或者难以获取，取得土地的资金或时间成本超过预期，最终大幅增加项目成本或延缓项目进度的风险。

③环保风险可能出现在 PPP 项目的全流程中。当 PPP 合作双方仅考虑项目的法律法规、技术和物有所值等条件能否得到满足，而不考虑居民对于生存环境和生存质量的需要，就会在前期项目选址，中期项目建设和后期项目运营阶段，因环境质量下降或环境安全等问题，招致社会公众的质疑或反对，导致项目暂停或达不到预期经济社会效益。

④第三方供应风险指的是 PPP 项目的相关供应方，其原材料、资源、机械设备等无法供应或供应不及时，造成 PPP 项目额外成本增加或建设迟缓的风险。

⑤设计施工风险是指在项目建设过程中，由于设计缺陷、施工质量问题、工程进度延误、成本超支或技术难题等导致的项目无法按计划进行、质量不达标或超出预算的风险。

（5）市场运营风险。市场运营风险是指由于市场需求变化、竞争加剧、价格波动、消费者偏好改变等因素，导致项目运营收入不稳定或运营成本增加的风险。

①运营效率低下风险是指 PPP 项目进入市场运营阶段，政府部门和私营部门对于 PPP 项目的日常管理，存在的一定程度上的分歧。经营的多重目标这一特点，可能会导致运营效率受到影响，从而使项目本身的效益降低。

②营运成本过高风险往往是由非私营部门合作方引起的一种风险。从政府层面，出于发展经济或者改善民生的需要，政府可能会强制提高产品或服务的标准，由此带来的额外成本，需要 PPP 项目中的私营部门承担较多比例，影响 PPP 项目本身和私营部门资金的充足性和安全性。从金融市场来看，利率提高会造成 PPP 运营成本的提高，压缩 PPP 项目的利润空间，这往往会对私营部门的利益带来较大冲击，影响私营部门参与 PPP 合作的积极性。

③同类竞争风险一般是指政府在 PPP 项目建设期或者运营期内，同时允许其他盈利性竞争项目的实施，那么，原本的 PPP 项目的经营环境就会发生变化。这就造成了原本的成本收益分析出现较大的干扰因素，既不利于 PPP 项目的正常运转，也不利于私营部门收回投资成本。

④需求不足风险是指由于宏观经济、社会环境、人口变化等因素变动，导致 PPP 项目的市场需求达不到前期的预测目标，或者是较以往出现下滑的风险。

⑤残值风险是指在项目生命周期结束时，资产的剩余价值（残值）可能低于预期的风险。

⑥项目收费风险是指在 PPP 项目中，由于收费标准调整、收费政策变化、市场需求波动或收费机制不完善等原因，导致项目收费收入不稳定或不达标，进而影响项目收益和投资回报的风险。

（6）不可抗力风险。不可抗力风险是指由于自然灾害、战争、社会动乱、政府行为等不可预见、不可避免且不可克服的事件，对项目造成损害或影响的风险。

①气候风险是指由于自然气候变化或极端天气事件（如洪水、干旱、风暴等）对项目施工、运营或资产价值产生的负面影响，可能导致项目延误、成本增加、收益下降或资产损失的风险。

②地质灾害风险是指由于地震、滑坡、泥石流、地面沉降等自然地质灾害对项目施工、运营或资产安全造成的潜在威胁，可能导致项目中断、损失增加或资产损坏的风险。

③公共卫生事业风险是指由于突发的公共卫生事件，如传染病疫情、群体性不明原因疾病、重大食物和职业中毒等，可能对社会公众健康造成的严重损害和威胁。

④国际冲突蔓延风险是指由于国际冲突的持续和升级，可能导致的地区不稳定、政治紧张、经济波动以及人道主义危机等问题。这种风险可能会影响到邻国甚至全球的和平与安全，引发一系列的连锁反应，包括但不限于难民流动、跨国犯罪增加、贸易和投资受阻等。

（7）工程技术风险。工程技术风险是指在项目实施过程中，由于技术选择不当、设计缺陷、施工技术问题或技术更新换代导致的项目失败或效率低下的风险。

①测算主观风险是指在评估、预测或决策过程中由于个人判断、主观偏好或信息不完全导致的不确定性和潜在误差。

②生产技术风险是指在企业生产过程中，由于技术因素导致的不确定性和潜在损失。这种风险可能涉及生产工艺、设备、操作人员的技能、技术更新换代等多个方面。

③完工风险是指在项目建设过程中，项目可能无法按时完成、无法按预算完成，或者在完工后无法达到预期的运行标准和性能指标的风险。

④技术不适用风险是指企业采用的技术与实际生产需求、市场需求或企业能力不匹配，导致技术投资无法产生预期效益的风险。

4.3 城市公用事业 PPP 一般性合约的风险评估

4.3.1 PPP 项目风险的预警机制

实现城市公用事业 PPP 项目合约的有效治理需要优化其合约设计，建立高效的风险预警机制，对潜在风险予以识别防范。彭桃花与赖国锦早在 2004 年就主张，成功运用 PPP 模式的关键是如何识别项目风险与合理分配项目风险，并通过合约条款的设计使公私双方在风险分担与利益共享的原则下，做到权责对应，合理分担。实际上，风险评估作为一种预警机制在 PPP 项目管理中发挥着举足轻重的作用。具体而言，城市公用事业具有前期投资量大、回报期限较长、资本容易沉淀等特点，这就决定了其 PPP 项目缔约时需要预先多方考察，审慎评估各类风险。当公私任意一方在现实中面临 PPP 项目决策时，需要知道具体哪种风险容易发生，或者可以将所有风险序数排列，以便提高风险管理的效率，保证在最大限度上做好提前防范。

目前学界对 PPP 项目风险评估的研究可以说是各有侧重，并行不悖。依照前文，PPP 项目风险评估方法虽然各有所长，但都囿于定性与定量研究方法的严格分野，无法将量化的风险因素进行相互比较或不能把各个风险类型转换为量化的分析，致使研究结论的解释力被限制在较小范围之内。有鉴于此，本书将模糊综合评判这一数学方法被引入 PPP 项目风险评估，在充分考虑专家对风险的主观判断的基础之上，通过数学变换，定量评价各风险因素对项目的影响程度。上文利用跨案例分析的方式，收集整理了 40 个城市公用事业方面的问题案例（见表 4-3），并以此建立了风险清单。本节将利用风险清单中的一级指标与二级指标建立科学系统的风险预警机制与权责明晰的风险分担框架，从而完善 PPP 项目合约的治理。

模糊综合评价法是以模糊数学理论为基础，可以进行因素评价、问题预测等分析研究。早在 1965 年，美国自动控制专家查德（L. A. Zadeh）教授最早提出了模糊集合理论①，基于该理论的模糊综合评判法则是应用模糊变化原理和最大隶属度原则，针对难以用准确数字进行量化的评价问题，考虑与评价对象相关的各种因素，通过数学处理，对其作出综合评价（聂明和陈顺良，2015）。对此，林勉（2015）指出："该方法最主要的特征是该评价方式与人考虑分析问题的常规思维模式非常接近，它用'程度'来描述研究对象。这一方法非常适用于解决模糊的、主要特征非量化的并且不好明确的问题。"实际上，模糊综合评价法能够弥补在获得模糊信息进行评价研究上的不足，这种通过对不同风险权重进行比较的方法，通过建立的一套科学系统的 PPP 项目风险指标评价体系，能够判断影响项目成败的主要因素，可以使管理者做到有的放矢。

综上所述，模糊综合评判类似于一种预警机制，它能够保证 PPP 项目在最大限度上做好提前防范风险的工作。有学者已经将此方法用于 PPP 项目研究并取得了一些有效成果。如 Cheng 将模糊数学方法和 AHP 方法结合，建立了一个多准则选择模型，应用于台湾 BOT 交通项目的项目融资（Cheng J H，2001）。下文将通过案例演绎的方式论述模糊综合评判法在城市公用事业 PPP 项目中的应用。

4.3.2　模糊综合评判法及案例演绎

本节以中国安徽某城市区域污水处理工程 PPP 项目为例，基于 PPP 项目

① 自 1965 年由美国加州大学控制论专家查德（L. A. Zadeh）教授提出"模糊集合"（Fuzzy Set）以来，人们通过"隶属函数"概念，来描述对事物认识的精确性和模糊性间的一种逼近。二十多年的实践、发展与完善，使这门学科具有强大的生命力和渗透力。

风险因素清单，建立二级风险因素指标体系，利用前文所述的模糊综合评判法，从重要程度和影响的严重程度两个维度，量化分析全部风险因素，从而对项目中可能面临的风险因素充分识别，并量化判断出在项目的不同阶段、不同风险因素重要程度和可能产生的危害程度，通过这种风险重要性的权衡，保证 PPP 项目在最大限度上做好提前防范，为 PPP 项目合约风险的评估提供一条有效的路径。在此基础上，模式综合评判方法中的全部数据皆来自行业内部的 153 份抽样调查问卷。具体案例分析如下：

项目新建污水处理厂 1 座及配套设施、污水及再生水管网，拟采用 PPP 模式。污水管网遍布该区域内 3 个生活区，主要处理对象为生活污水。项目所在区域气候温和、地形条件良好，土质条件相对简单，施工条件优越，且不受季节影响，因此有效施工时间较长。项目附近有水源，环保压力较大。该地区产业结构不均衡，地域经济发展不平衡，整体经济发达程度不高。当地 PPP 项目发展较好，地方政府重视与民营资本的合作，相关政策比较健全，且具有比较成熟的施工队伍并引进了大量的技术人才。

1. 构建项目影响因素二级指标体系

通过前文对风险因素的分析，根据项目的实际情况，按照前文所述方法，识别出项目整个过程中可能出现风险因素，并按层级分为一级指标和二级指标，构成 PPP 项目风险因素指标体系如表 4 – 3 所示。

表 4 – 3　　××城市基础设施 PPP 项目风险因素二级指标体系

序号	一级指标 A	二级指标 B
1	政府引致风险 A1	决策失误风险 B1
2		审批延误风险 B2
3		政府履约风险 B3
4		政府干预风险 B4
5		政府官员腐败风险 B5
6		土地产权风险 B6
7		政府招标风险 B7

续表

序号	一级指标 A	二级指标 B
8	法律风险 A2	法律不完善风险 B8
9		监管体系法律法规漏洞风险 B9
10		法律冲突风险 B10
11		法律变更风险 B11
12		项目合同文件风险 B12
13	金融风险 A3	利率变动风险 B13
14		项目融资风险 B14
15		汇率变动风险 B15
16		税收调整风险 B16
17		货币政策调控风险 B17
18	项目建设风险 A4	配套不足风险 B18
19		土地征拆风险 B19
20		环保风险 B20
21		设计施工风险 B21
22		第三方供应风险 B22
23	市场运营风险 A5	运营效率低下风险 B23
24		营运成本过高风险 B24
25		同类竞争风险 B25
26		需求不足风险 B26
27		残值风险 B27
28		项目收费风险 B28
29	不可抗力风险 A6	气候风险 B29
30		地质灾害风险 B30
31		公共卫生事件风险 B31
32		国际冲突蔓延风险 B32
33	工程技术风险 A7	测算主观风险 B33
34		生产技术风险 B34
35		完工风险 B35
36		技术不适用风险 B36

2. 确定各层级目标权重

为了减少主观因素的影响，通过专家问卷（见附录）的形式，将同一级别下的风险因素指标通过两两比较的方式，应用 1—9 标度方法来判断各因素之间的相对重要度，并以相对重要度值建立起风险判断矩阵，从而计算出各个风险因素的权重，即确定了风险因素评价指标体系中计算各层级指标的权重。

通过二级指标权重计算，判断政府引致风险、法律风险、金融风险、项目建设风险、市场运营风险、不可抗力风险及工程技术风险这七大类风险在影响该项目成败中的权重。以下是根据影响项目的风险因素进行两两比较的专家问卷调查的打分结果，总结分析得出一级指标判断矩阵如表 4－4 所示。

表 4－4　风险因素判断矩阵

	A1	A2	A3	A4	A5	A6	A7	w
A1	1	1/3	5	1/9	1/7	9	7	0.077
A2	3	1	7	1/7	1/5	11	9	0.128
A3	1/5	1/7	1	9/73	7/43	5	3	0.036
A4	9	7	73/9	1	3	17	15	0.450
A5	7	5	43/7	1/3	1	15	13	0.280
A6	1/9	1/11	1/5	1/17	1/15	1	1	0.013
A7	1/7	1/9	1/3	1/15	1/13	1	1	0.016

通过“根法”求取权重值 w。

$$\overline{w_1} = \sqrt[7]{1 \times \frac{1}{3} \times 5 \times \frac{1}{9} \times \frac{1}{7} \times 9 \times 7} = 1.076$$

$$\overline{w_2} = \sqrt[7]{3 \times 1 \times 7 \times \frac{1}{7} \times \frac{1}{5} \times 11 \times 9} = 1.792$$

$$\overline{w_3} = \sqrt[7]{\frac{1}{5} \times \frac{1}{7} \times 1 \times \frac{9}{73} \times \frac{7}{43} \times 5 \times 3} = 0.507$$

$$\overline{w_4} = \sqrt[7]{9 \times 7 \times \frac{73}{9} \times 1 \times 3 \times 17 \times 15} = 6.293$$

$$\overline{w_5} = \sqrt[7]{7 \times 5 \times \frac{43}{7} \times \frac{1}{3} \times 1 \times 15 \times 13} = 3.910$$

$$\overline{w_6} = \sqrt[7]{\frac{1}{9} \times \frac{1}{11} \times \frac{1}{5} \times \frac{1}{17} \times \frac{1}{15} \times 1 \times 1} = 0.187$$

$$\overline{w_7} = \sqrt[7]{\frac{1}{7} \times \frac{1}{9} \times \frac{1}{3} \times \frac{1}{15} \times \frac{1}{13} \times 1 \times 1} = 0.223$$

$$w_i = \frac{\overline{w_i}}{\sum_{i=1}^{5} \overline{w_i}}$$

求取最大特征值λ_{max}（见表4－5）和一致性指标$C.I$，从而确定以上我们针对一级风险因素指标建立的判断矩阵是否能够通过一致性检验，是否具有可靠性。

表4－5　　　　λ的计算值

	A1 (0.077)	A2 (0.128)	A3 (0.036)	A4 (0.450)	A5 (0.280)	A6 (0.013)	A7 (0.016)	w	b/w
A1	0.077	0.043	0.180	0.050	0.040	0.117	0.112	0.077	8.045
A2	0.231	0.128	0.252	0.064	0.056	0.143	0.144	0.128	7.947
A3	0.015	0.018	0.036	0.055	0.046	0.065	0.048	0.036	7.830
A4	0.693	0.896	0.292	0.450	0.840	0.221	0.240	0.450	8.073
A5	0.539	0.640	0.221	0.150	0.280	0.195	0.208	0.280	7.989
A6	0.009	0.012	0.007	0.026	0.019	0.013	0.016	0.013	7.604
A7	0.011	0.014	0.012	0.030	0.022	0.013	0.016	0.016	7.398

$$\lambda_{max} = \sum_{i=1}^{n} \frac{(A_w)_i}{nw_i} = (8.045 + 7.947 + 7.830 + 8.073 + 7.989 + 7.604 + 7.398)/7 = 7.841$$

$$C.I = \frac{(\lambda_{max} - n)}{n} = \frac{7.841 - 7}{7} = 0.12$$

通过查表得到七阶矩阵的平均随机一致指标$R.I$为1.36。

$$C.R = \frac{C.I}{R.I} = \frac{0.12}{1.36} = 0.088 < 0.1$$

该矩阵的一致性指标小于0.1，因此一级风险因素的判断矩阵符合一致性检验标准，层次设计合理，矩阵无须作出修改。同理可求出一级指标每一类对应的二级指标各自的权重w、特征值λ_{max}以及一致性指标$C.I$，如表4－6

至表 4－12 所示。

表 4－6　　政府风险因素判断矩阵

	B1	B2	B3	B4	B5	B6	B7	w
B1	1	1/3	5	3	6	9	1/7	0.176
B2	3	1	1/3	1/5	8	11	1/5	0.125
B3	1/5	1/7	1	1/3	2	5	7/43	0.058
B4	1/3	1/5	1	1	4	7	7/43	0.088
B5	1/6	1/8	1/2	1/4	1	4	7/43	0.042
B6	1/9	1/11	1/5	1/7	1/4	1	7/43	0.021
B7	7	5	43/7	43/7	43/7	43/7	1	0.490

$\lambda_{max} = 7.847 \quad C.I = 0.121 \quad C.R = 0.089 < 0.1$

表 4－7　　法律风险因素判断矩阵

	B1	B2	B3	B4	B5	w
B1	1	2	1/3	1/4	1/7	0.066
B2	1/2	1	3/7	4/13	7/43	0.057
B3	3	7/3	1	1/2	1/5	0.131
B4	4	13/4	2	1	1/4	0.204
B5	7	43/7	5	4	1	0.542

$\lambda_{max} = 5.209 \quad C.I = 0.042 \quad C.R = 0.037 < 0.1$

表 4－8　　金融风险因素判断矩阵

	B1	B2	B3	B4	B5	w
B1	1	1/7	3	1/2	4	0.118
B2	7	1	9	6	10	0.632
B3	1/3	1/9	1	2/3	2	0.067
B4	2	1/6	3/2	1	5	0.146
B5	1/4	1/10	1/2	1/5	1	0.037

$\lambda_{max} = 5.262 \quad C.I = 0.0524 \quad C.R = 0.0468 < 0.1$

表 4-9　项目建设风险因素判断矩阵

	B1	B2	B3	B4	B5	w
B1	1	1/4	1/6	1/7	1	0.049
B2	4	1	1/3	1/4	4	0.145
B3	6	3	1	1/2	6	0.304
B4	7	4	2	1	7	0.452
B5	1	1/4	1/6	1/7	1	0.049

$\lambda_{max} = 5.114 \quad C.I = 0.0228 \quad C.R = 0.02 < 0.1$

表 4-10　市场运营风险因素判断矩阵

	B1	B2	B3	B4	B5	B6	w
B1	1	1/4	1/6	1/5	5	3	0.075
B2	4	1	1/3	1/2	8	6	0.188
B3	6	3	1	2	10	8	0.398
B4	5	2	1/2	1	9	7	0.275
B5	1/5	1/8	1/10	1/9	1	1	0.033
B6	1/3	1/6	1/8	1/7	1	1	0.031

$\lambda_{max} = 6.311 \quad C.I = 0.0518 \quad C.R = 0.041 < 0.1$

表 4-11　不可抗力风险因素判断矩阵

	B1	B2	B3	B4	w
B1	1	1/2	1/7	2	0.098
B2	2	1	1/6	3	0.159
B3	7	6	1	8	0.682
B4	1/2	1/3	1/8	1	0.061

$\lambda_{max} = 4.091 \quad C.I = 0.0226 \quad C.R = 0.025 < 0.1$

表 4-12　不可抗力风险因素判断矩阵

	B1	B2	B3	B4	w
B1	1	1/5	1/3	4	0.123
B2	5	1	3	8	0.565
B3	3	1/3	1	6	0.267
B4	1/4	1/8	1/6	1	0.046

$\lambda_{max} = 4.155 \quad C.I = 0.0388 \quad C.R = 0.0436 < 0.1$

由上可知，该项目 36 个二级风险因素分别构成的七个判断矩阵 一致性指标 C. R 均小于 0. 1，符合一致性检验标准，矩阵层次设计合理。

3. 确定各影响因素对项目成败的影响程度

上文已经建立起风险因素的判断矩阵，确定了各项因素的权重，而各项因素对于项目成败的影响程度，则需要通过建立评价等级的描述矩阵来获得。同样地，通过问卷调查，得到专家对每项风险因素影响程度的评价意见，分别为很小、较小、一般、较大、很大。共征求 20 位专家意见，通过每一评价等级上专家给出意见的人数占比建立模糊函数矩阵，即判断出影响项目成败的某种风险元素对项目的影响程度。各因素的评价等级及专家意见情况如下（见表 4－13）。

表 4－13　　专家评价风险因素汇总

序号	一级指标 A	二级指标 B	评价等级				
			很小	较小	一般	较大	很大
1	政府引致风险	决策失误风险	29(18.95%)	43(28.1%)	40(26.14%)	35(22.88%)	6(3.92%)
2		审批延误风险	29(18.95%)	45(29.41%)	50(32.68%)	23(15.03%)	6(3.92%)
3		政府履约风险	24(15.69%)	52(33.99%)	45(29.41%)	23(15.03%)	9(5.88%)
4		政府干预风险	26(16.99%)	41(26.8%)	52(33.99%)	26(16.99%)	8(5.23%)
5		政府官员腐败风险	21(13.73%)	33(21.57%)	43(28.1%)	42(27.45%)	14(9.15%)
6		土地产权风险	28(18.3%)	46(30.07%)	47(30.72%)	23(15.03%)	9(5.88%)
7		政府招标风险	27(17.65%)	39(25.49%)	52(33.99%)	27(17.65%)	8(5.23%)
8	政策法律风险	法律不完善风险	24(15.69%)	42(27.45%)	47(30.72%)	34(22.22%)	6(3.92%)
9		监管体系法律法规漏洞风险	22(14.38%)	43(28.1%)	40(26.14%)	38(24.84%)	10(6.54%)
10		法律冲突风险	27(17.65%)	38(24.84%)	51(33.33%)	29(18.95%)	8(5.23%)
11		法律变更风险	30(19.61%)	42(27.45%)	50(32.68%)	24(15.69%)	7(4.58%)
12		项目合同文件风险	27(17.65%)	45(29.41%)	45(29.41%)	27(17.65%)	9(5.88%)

续表

序号	一级指标 A	二级指标 B	评价等级				
			很小	较小	一般	较大	很大
13	金融风险	利率变动风险	22(14.38%)	36(23.53%)	54(35.29%)	38(24.84%)	3(1.96%)
14		项目融资风险	24(15.69%)	36(23.53%)	57(37.25%)	29(18.95%)	7(4.58%)
15		汇率变动风险	23(15.03%)	35(22.88%)	58(37.91%)	31(20.26%)	6(3.92%)
16		税收调整风险	23(15.03%)	37(24.18%)	55(35.95%)	32(20.92%)	6(3.92%)
17		货币政策调控风险	26(16.99%)	41(26.8%)	50(32.68%)	33(21.57%)	3(1.96%)
18	项目建设风险	配套不足风险	17(11.11%)	41(26.8%)	55(35.95%)	34(22.22%)	6(3.92%)
19		土地征拆风险	16(10.46%)	38(24.84%)	57(37.25%)	32(20.92%)	10(6.54%)
20		环保风险	16(10.46%)	42(27.45%)	54(35.29%)	34(22.22%)	7(4.58%)
21		第三方供应风险	19(12.42%)	42(27.45%)	50(32.68%)	36(23.53%)	6(3.92%)
22		设计施工风险	24(15.69%)	46(30.07%)	55(35.95%)	25(16.34%)	3(1.96%)
23	市场运营风险	运营效率低下风险	17(11.11%)	41(26.8%)	55(35.95%)	34(22.22%)	6(3.92%)
24		营运成本过高风险	16(10.46%)	38(24.84%)	57(37.25%)	32(20.92%)	10(6.54%)
25		同类竞争风险	16(10.46%)	42(27.45%)	54(35.29%)	34(22.22%)	7(4.58%)
26		需求不足风险	19(12.42%)	42(27.45%)	50(32.68%)	36(23.53%)	6(3.92%)
27		残值风险	24(15.69%)	46(30.07%)	55(35.95%)	25(16.34%)	3(1.96%)
28		项目收费风险	21(13.73%)	44(28.76%)	53(34.64%)	30(19.61%)	5(3.27%)
29	不可抗力风险	气候风险	33(21.57%)	48(31.37%)	44(28.76%)	25(16.34%)	3(1.96%)
30		地质灾害风险	29(18.95%)	51(33.33%)	47(30.72%)	20(13.07%)	6(3.92%)
31		公共卫生事件风险	33(21.57%)	46(30.07%)	48(31.37%)	19(12.42%)	7(4.58%)
32		国际冲突蔓延风险	40(26.14%)	41(26.8%)	42(27.45%)	22(14.38%)	8(5.23%)
33	工程技术风险	测算主观风险	24(15.69%)	39(25.49%)	55(35.95%)	28(18.3%)	7(4.58%)
34		生产技术风险	27(17.65%)	42(27.45%)	51(33.33%)	26(16.99%)	7(4.58%)
35		完工风险	29(18.95%)	38(24.84%)	53(34.64%)	27(17.65%)	6(3.92%)
36		技术不适用风险	23(15.03%)	46(30.07%)	53(34.64%)	25(16.34%)	6(3.92%)

根据专家意见分别建立描述影响程度大小（评价等级）的五组模糊函数

矩阵，分别为 R_1（政府引致风险）、R_2（政策法律风险）、R_3（金融风险）、R_4（项目建设风险）、R_5（市场运营风险）、R_6（不可抗力风险）、R_7（工程技术风险）。

$$R_1=\begin{bmatrix}0.19 & 0.28 & 0.26 & 0.23 & 0.04\\ 0.19 & 0.29 & 0.33 & 0.15 & 0.04\\ 0.16 & 0.34 & 0.29 & 0.15 & 0.06\\ 0.17 & 0.27 & 0.34 & 0.17 & 0.05\\ 0.14 & 0.22 & 0.28 & 0.27 & 0.09\\ 0.18 & 0.30 & 0.31 & 0.15 & 0.06\\ 0.18 & 0.25 & 0.34 & 0.18 & 0.05\end{bmatrix}$$

$$R_2=\begin{bmatrix}0.16 & 0.27 & 0.31 & 0.22 & 0.04\\ 0.14 & 0.28 & 0.26 & 0.25 & 0.07\\ 0.18 & 0.25 & 0.33 & 0.19 & 0.05\\ 0.20 & 0.27 & 0.33 & 0.16 & 0.05\\ 0.18 & 0.29 & 0.29 & 0.18 & 0.06\end{bmatrix}$$

$$R_3=\begin{bmatrix}0.14 & 0.24 & 0.35 & 0.25 & 0.02\\ 0.16 & 0.24 & 0.37 & 0.19 & 0.05\\ 0.15 & 0.23 & 0.38 & 0.20 & 0.04\\ 0.15 & 0.24 & 0.36 & 0.21 & 0.04\\ 0.17 & 0.27 & 0.33 & 0.22 & 0.02\end{bmatrix}$$

$$R_4=\begin{bmatrix}0.11 & 0.27 & 0.36 & 0.22 & 0.04\\ 0.10 & 0.25 & 0.37 & 0.21 & 0.07\\ 0.10 & 0.27 & 0.35 & 0.22 & 0.05\\ 0.12 & 0.27 & 0.33 & 0.24 & 0.04\\ 0.16 & 0.30 & 0.36 & 0.16 & 0.02\end{bmatrix}$$

$$R_5 = \begin{bmatrix} 0.11 & 0.27 & 0.36 & 0.22 & 0.04 \\ 0.10 & 0.25 & 0.37 & 0.21 & 0.07 \\ 0.10 & 0.27 & 0.35 & 0.22 & 0.05 \\ 0.12 & 0.27 & 0.33 & 0.24 & 0.04 \\ 0.16 & 0.30 & 0.36 & 0.16 & 0.02 \\ 0.14 & 0.29 & 0.35 & 0.20 & 0.03 \end{bmatrix}$$

$$R_6 = \begin{bmatrix} 0.22 & 0.31 & 0.29 & 0.16 & 0.02 \\ 0.19 & 0.33 & 0.31 & 0.13 & 0.04 \\ 0.22 & 0.30 & 0.31 & 0.12 & 0.05 \\ 0.26 & 0.27 & 0.27 & 0.14 & 0.05 \end{bmatrix}$$

$$R_7 = \begin{bmatrix} 0.16 & 0.25 & 0.36 & 0.18 & 0.05 \\ 0.18 & 0.27 & 0.33 & 0.17 & 0.05 \\ 0.19 & 0.25 & 0.35 & 0.18 & 0.04 \\ 0.15 & 0.30 & 0.35 & 0.16 & 0.04 \end{bmatrix}$$

将各因素权重与评价等级函数作模糊变换，得到各因素的评价等级集合：

（1）政府引致风险因素的评价等级。

$$B_1 = (0.176 \quad 0.125 \quad 0.058 \quad 0.088 \quad 0.042 \quad 0.021 \quad 0.490) \begin{bmatrix} 0.19 & 0.28 & 0.26 & 0.23 & 0.04 \\ 0.19 & 0.29 & 0.33 & 0.15 & 0.04 \\ 0.16 & 0.34 & 0.29 & 0.15 & 0.06 \\ 0.17 & 0.27 & 0.34 & 0.17 & 0.05 \\ 0.14 & 0.22 & 0.28 & 0.27 & 0.09 \\ 0.18 & 0.30 & 0.31 & 0.15 & 0.06 \\ 0.18 & 0.25 & 0.34 & 0.18 & 0.05 \end{bmatrix}$$

$$= (0.179 \quad 0.267 \quad 0.319 \quad 0.186 \quad 0.049)$$

（2）法律风险因素的评价等级。

$$B_2 = (0.066 \quad 0.057 \quad 0.131 \quad 0.204 \quad 0.542)$$

$$\begin{bmatrix} 0.16 & 0.27 & 0.31 & 0.22 & 0.04 \\ 0.14 & 0.28 & 0.26 & 0.25 & 0.07 \\ 0.18 & 0.25 & 0.33 & 0.19 & 0.05 \\ 0.20 & 0.27 & 0.33 & 0.16 & 0.05 \\ 0.18 & 0.29 & 0.29 & 0.18 & 0.06 \end{bmatrix}$$

$$= (0.180 \quad 0.279 \quad 0.303 \quad 0.184 \quad 0.056)$$

(3) 金融风险因素的评价等级。

$$B_3 = (0.118 \quad 0.632 \quad 0.067 \quad 0.146 \quad 0.037)$$

$$\begin{bmatrix} 0.14 & 0.24 & 0.35 & 0.25 & 0.02 \\ 0.16 & 0.24 & 0.37 & 0.19 & 0.05 \\ 0.15 & 0.23 & 0.38 & 0.20 & 0.04 \\ 0.15 & 0.24 & 0.36 & 0.21 & 0.04 \\ 0.17 & 0.27 & 0.33 & 0.22 & 0.02 \end{bmatrix}$$

$$= (0.156 \quad 0.240 \quad 0.365 \quad 0.202 \quad 0.043)$$

(4) 项目建设风险因素的评价等级。

$$B_4 = (0.049 \quad 0.145 \quad 0.304 \quad 0.452 \quad 0.049)$$

$$\begin{bmatrix} 0.11 & 0.27 & 0.36 & 0.22 & 0.04 \\ 0.10 & 0.25 & 0.37 & 0.21 & 0.07 \\ 0.10 & 0.27 & 0.35 & 0.22 & 0.05 \\ 0.12 & 0.27 & 0.33 & 0.24 & 0.04 \\ 0.16 & 0.30 & 0.36 & 0.16 & 0.02 \end{bmatrix}$$

$$= (0.112 \quad 0.268 \quad 0.344 \quad 0.224 \quad 0.046)$$

(5) 市场运营风险因素的评价等级。

$$B_5 = (0.075 \quad 0.188 \quad 0.398 \quad 0.275 \quad 0.033 \quad 0.031)$$

$$\begin{bmatrix} 0.11 & 0.27 & 0.36 & 0.22 & 0.04 \\ 0.10 & 0.25 & 0.37 & 0.21 & 0.07 \\ 0.10 & 0.27 & 0.35 & 0.22 & 0.05 \\ 0.12 & 0.27 & 0.33 & 0.24 & 0.04 \\ 0.16 & 0.30 & 0.36 & 0.16 & 0.02 \\ 0.14 & 0.29 & 0.35 & 0.20 & 0.03 \end{bmatrix}$$

$= (0.109 \quad 0.268 \quad 0.349 \quad 0.221 \quad 0.049)$

(6) 不可抗力风险因素的评价等级。

$$B_6 = (0.098 \quad 0.159 \quad 0.682 \quad 0.061) \begin{bmatrix} 0.22 & 0.31 & 0.29 & 0.16 & 0.02 \\ 0.19 & 0.33 & 0.31 & 0.13 & 0.04 \\ 0.22 & 0.30 & 0.31 & 0.12 & 0.05 \\ 0.26 & 0.27 & 0.27 & 0.14 & 0.05 \end{bmatrix}$$

$= (0.218 \quad 0.304 \quad 0.303 \quad 0.127 \quad 0.045)$

(7) 工程技术风险因素的评价等级。

$$B_7 = (0.123 \quad 0.565 \quad 0.267 \quad 0.046) \begin{bmatrix} 0.16 & 0.25 & 0.36 & 0.18 & 0.05 \\ 0.18 & 0.27 & 0.33 & 0.17 & 0.05 \\ 0.19 & 0.25 & 0.35 & 0.18 & 0.04 \\ 0.15 & 0.30 & 0.35 & 0.16 & 0.04 \end{bmatrix}$$

$= (0.179 \quad 0.264 \quad 0.340 \quad 0.174 \quad 0.047)$

综合评判项目整体风险评价等级：

$$B = (0.077 \quad 0.128 \quad 0.036 \quad 0.450 \quad 0.280 \quad 0.013 \quad 0.016) \begin{bmatrix} 0.179 & 0.267 & 0.319 & 0.186 & 0.049 \\ 0.180 & 0.279 & 0.303 & 0.184 & 0.056 \\ 0.156 & 0.240 & 0.365 & 0.202 & 0.043 \\ 0.112 & 0.268 & 0.344 & 0.224 & 0.046 \\ 0.109 & 0.268 & 0.349 & 0.221 & 0.049 \\ 0.218 & 0.304 & 0.303 & 0.127 & 0.045 \\ 0.179 & 0.264 & 0.340 & 0.174 & 0.047 \end{bmatrix}$$

$= (0.309 \quad 0.580 \quad 0.338 \quad 0.212 \quad 0.030)$

将项目整体综合风险评价等级集合与标准的评价集合(0.1　0.3　0.5　0.7　0.9)进行比较、变换，得到该项目风险因素综合隶属度：

$$P = (0.309 \quad 0.580 \quad 0.338 \quad 0.212 \quad 0.030)\begin{bmatrix}0.1\\0.3\\0.5\\0.7\\0.9\end{bmatrix} = 0.549$$

4.3.3 案例结论分析及启示

通过模糊综合评判的计算可知，该项目风险因素综合隶属度为 0.549，风险等级为中等风险，需要加强对风险的防范。同时通过计算结果可以看出，对于整个项目来说，最大的风险因素为项目建设风险，其次为市场运营风险、法律风险，政府引致风险、金融风险、不可抗力风险、工程技术风险相对较小，因此，该项目需特别注意防范项目建设风险和市场运营风险。在该项目中，因政府部门在公用事业 PPP 项目方面实践经验丰富，政府决策能力、执行力度较强，在合约签订、建设和运行以及项目配套等环节出现决策失误概率较小。因此在该项目中政府引致风险较小，无须特别注意。

该项目投资方为安徽省企业，资金来源不涉及国外资金，因此在金融风险中的汇率变动风险不大。目前中国的利率波动不大，如果采用浮动利率融资，可能会产生利率上升从而增加项目成本的风险，但风险不大。除此之外，项目建设风险中最值得关注的是设计施工风险和环保风险。由于城市污水处理项目工程量大，需要进行大量的土建工作，污水处理工程需要与城市的集水管网进行连接，需要克服管网的复杂性和不同高程的问题，确保污水畅通无阻，还要根据不同类型的污水不同的污水处理工艺，设计施工难度大，因此设计施工风险需要重点考虑。由于项目规划所在地附近有水源，项目规划和应急预案不完善或操作失误很容易造成环境破坏和水源污染，因此环保风险需特别注意。

综上所述，本节利用数学模糊综合评价，通过建立的一套科学系统的 PPP 项目风险指标评价体系，在选取的案例中演示了如何评价城市公用事业 PPP 项目的风险。通过提前建立预警机制不仅可以辨别在项目实施过程中所面临的风险，还能够让 PPP 项目参与各方认识到哪些是需要重点防范的，哪些是影响较小不起决定性和根本性作用的风险。诚然，在一个交易费用不为零的社会中，可以说风险的发生不能够完全被杜绝。然而，在缔结合约之前，项目试运营期之内，以及项目中期评估当中，都可以利用模糊综合评价体系，进行有效的合约条款设计，提前防范可能产生的风险，有效管理已经产生的不确定性，从而接近 PPP 合约的帕累托最优状态，这便是完善我国城市公用事业一般性 PPP 合约治理的有效途径。

4.4　城市公用事业 PPP 一般性合约的风险应对

4.4.1　PPP 项目合约风险的应对策略

上文通过将模糊综合判法建立了 PPP 项目风险指标评价体系，可以科学系统地对项目潜在风险进行有效预警。但风险评估还不是 PPP 项目风险管理工作的全部，贯穿整个 PPP 项目合同期的风险分担机制才是其管理工作的核心内容（王守清，2014）。有效的风险分担机制可以减少项目双方的谈判时间，节约交易成本，从而提高 PPP 项目合约治理的水平。本书在梳理与回顾大量相关文献的基础上，总结出四条常见的风险应对策略，它们是风险规避策略、风险减轻策略、风险转移策略、风险自留策略。

1. 风险规避策略

对于整个城市公用事业 PPP 项目而言，在识别风险的基础上，总希望尽可能地规避或分散风险，但何种风险能够规避，要视具体情况而定。因为有的风险（如系统风险）无法规避，只有政府才有可能通过制定政策和利用多种管理手段进行宏观调控。对另外一些风险，如签订合同风险，我们事前可以采取各种灵活多样的措施和方法，尽可能地规避。

2. 风险减轻策略

这种策略是采取各种措施，减少风险实现的可能性引起的损失，这是一种积极的策略但前提条件是面临的风险可以控制。可控制的风险有两种：（1）纯风险。这种风险只给单位带来损失，风险越大，损失也越大，但风险可以控制，如为了减少工程质量事故的发生可采取各种安全措施，增加安全设施，使风险降低到最小。（2）投机风险。这种风险可能带来较大的效益，既不想放弃风险效益，又不愿意随风险损失，而风险的可控性虽存在，但比较难把握。这时应该制定各种应变措施，咨询专家意见，并做可行性研究和综合分析，从而抑制风险。比如，工程采购中应用最新先进技术可以有效地降低成本，但有较大的风险，而采用传统技术，成熟可靠又安全，风险小。

3. 风险转移策略

用技术和经济手段把风险转移给他人承担：事先向保险公司投保，风险发生后，由保险公司承担损失，或要求社会有关部门提供担保，风险发生时由担保部门提供补偿，这种转移需有协议或法律依据作保证。由专家评标、进口设备由代理机构代理采购、由审价单位进行决算审价都是转移风险的策略，可以降低风险。

4. 风险自留策略

对一些无法避免和转移的风险采取现实的态度，在不影响大局的前提下，自己来承担风险，这就是风险自留策略。一般在以下几种情况下采取风险自留策略：（1）面临不可避免的风险，如来自自然界和人类冲突的意外风险、意外事故风险等，这时只能自己承受；（2）风险已经发生，而且没有转移出去，只能做善后处理，采取措施弥补损失；（3）面临的是可以转移的风险，但转移成本太高，不如自己承担，如向保险公司购买火灾保险，但保险费太高，不如自己承担花费小。

4.4.2 PPP 项目合约风险的分担矩阵

在探讨城市公用事业 PPP 项目风险应对的过程中，我们首先需要对项目风险进行细致的分类和层级划分。《周易》中“方以类聚，物以群分”的智慧为我们提供了一个分类的哲学基础，即通过识别事物的共性与差异来实现有效的管理和分配。在公共私营合作（PPP）项目中，这种分类显得尤为重要，因为风险的分担与责任的归属紧密相连。上文通过对 PPP 项目具体案例的梳理分析与以往文献回顾，将城市公用事业 PPP 项目风险总结归纳为七大类，36 种具体风险，为风险分担提供的比较明确的框架。以下是中国城市公用事业 PPP 项目的风险分担矩阵（见表 4 – 14）。

表 4-14　　城市公用事业 PPP 项目风险分担矩阵

序号	风险因素	政府	私营	共担
1	决策失误风险	√		
2	审批延误风险	√		
3	政府履约风险	√		
4	政府干预风险	√		
5	政府官员腐败风险	√		
6	土地产权风险	√		
7	政府招标风险	√		
8	法律不完善风险	√		
9	监察体系法律法规漏洞风险	√		
10	法律冲突风险	√		
11	法律变更风险	√		
12	项目合同文件风险			√
13	利率变动风险			√
14	项目融资风险		√	
15	汇率变动风险			√
16	税收调整风险	√		
17	货币政策调控风险			√
18	配套不足风险	√		
19	土地征拆风险	√		
20	环保风险			√
21	第三方供应风险			√
22	设计施工风险		√	
23	运营效率低下风险		√	
24	营运成本过高风险		√	
25	同类竞争风险		√	
26	需求不足风险			√
27	残值风险		√	
28	项目收费风险		√	
29	气候风险			√
30	地质灾害风险			√
31	公共卫生事件风险			√
32	国际冲突蔓延风险	√		
33	测算主观风险			√
34	生产技术风险		√	

续表

序号	风险因素	政府	私营	共担
35	完工风险		√	
36	技术不适用风险			√

4.4.3 PPP 项目合约风险应对的理论框架

在现实的经济活动中，城市公用事业 PPP 项目风险的分担要求参与各方具备高度的透明度和合作精神。通过明确各自的责任和义务，各方可以更加积极地参与到风险管理中来，共同应对可能出现的问题。本书给出的 PPP 项目风险应对的理论框架按照一般与具体的原则分为两个部分。

1. 一般情况下 PPP 合约风险的应对

所谓“一般情况下”的 PPP 合约风险应对是指对目标项目按照上文总结的七大类 36 个风险进行风险分担矩阵的分析得出的具有普遍性的结果。如表 4－14 所示，政府部门承担的风险主要参照风险归责原则来确定，共有 15 个。这些风险中，大部分风险的起源和归责对象是政府（公共部门），如腐败、政府干预、政府信用等因素，也有个别风险是较为复杂的情况。比如，土地征拆风险是指中央或地方政府强行没收项目，虽然没收项目的主体是中央或地方政府，但是其原因可能是该项目的部分具体合约条款违反中央政策和方向，也可能是负责项目的地方官员的违规操作，因此该风险的归责对象应该视项目的具体情况而定。

与之相反，社会资本适合承担的风险主要参照风险损失原则来确定，共有 9 个，不过，这些风险的发生的来源不完全是社会资本方。比如，完工风险、供应风险的发生来源可能是施工单位和供应商，他们都是社会资本的委托方。再如，融资风险可能受宏观经济环境的影响更多。除此之外，公私双方适合共担的风险共有 13 个。双方共同承担风险主要有以下特点：（1）双方都不能完全独立控制；（2）双方对于风险事件的发生都有部分责任；（3）风险事件发生所带来的后果对双方都可能产生影响。

2. 具体案例下 PPP 合约风险的应对

这里指的是在一般情况下 PPP 合约风险应对的方法之外，采用模糊综合评判的方式针对具有城市公用事业 PPP 项目进行风险排查。具体案例的 PPP 合约风险应对思路如下：(1) 构建风险因素指标体系，分析项目风险因素种类，将风险划分为各个层次，按不同层级构成风险因素的指标体系；(2) 建立判断矩阵，求得各个风险因素权重值，将同级因素指标间的相对重要程度通过两两比较的方式建立风险判断矩阵，最大限度降低主观因素的影响；(3) 检验矩阵的合理性，为保证通过判断矩阵计算出的权重值的合理性和逻辑性，需要通过对几个指标的计算和比较来对判断矩阵进行一致性检验，当矩阵满足：$C.R = \frac{C.I}{R.I} < 0.1$ 时，判断矩阵符合一致性检验标准，否则矩阵需作出修改。其中 $C.I$ (Consistency Index) 为一致性指标；(4) 模糊综合评判，在建立判断矩阵、得到各风险因素的权重后，需要确定各风险因素的隶属度，隶属度表示个体元素隶属于某一集合的程度，是 (0, 1) 之间的一个数，该值越大说明隶属度越高，引入隶属度是为了说明影响项目成败的某种风险元素对项目的影响程度。而后根据评价等级，由专家对每项因素进行评价，从而得到评价等级的模糊函数矩阵。最后再在各类影响因素之间进行的综合评判，可以得到案例项目的总体风险等级。

综上所述，采用一般与具体相互参照的风险应对的分析框架，可以更有效地实现城市公用事业 PPP 合约风险的分担和管理。因为 PPP 风险之间具有继发性、伴生性等特征，只有在前期可行性分析阶段科学决策，在中期的建设阶段才能避免一些继发性风险。这不仅有助于保障项目的顺利进行，还能促进 PPP 新机制的良性运行与协调发展。

本章小结

实现城市公共事业 PPP 新机制的广泛应用需要对其合约风险进行全周期的动态管理，而这需要依靠全面准确的风险识别清单，科学系统的风险预警机制、权责明晰的风险分担框架。据此，本章内容分为四个部分。首先，明确了城市公用事业 PPP 合约风险的基本概念、特征及其管理手段。其次，论述了 PPP 项目风险识别的各类方法。在此基础上，通过跨案例研究的方式，建立起风险清单。将城市公用事业 PPP 项目风险归纳为七大类，36 种风险。再次，利用模糊综合评判与专家打分相结合的方式，建立了一套科学系统的 PPP 项目风险指标评价体系，保证 PPP 项目在最大限度上做好风险预警。最后，在阐明风险应对策略的基础上，明确了公私双方的风险分担矩阵，同时，提供了一般性 PPP 合约风险应对的理论框架。

第5章
我国城市公用事业PPP一般性合约的租值问题探讨

城市公用事业PPP新机制是公共部门（政府）与私人部门（社会资本）建立在合约框架内的长期伙伴关系，利益共享即是合作双方需要遵循的基本原则，又是激励双方参与其中的根本动力，它主要表现为公私双方对项目租值（准租金）的占有。实现城市公用事业PPP新机制的高质量发展需要通过对其合约的租值进行优化配置，并利用统计推断对相关变量展开参数估计，力图求取最佳的合约安排。同时，强调非正式制度对城市公用事业PPP一般性合约负外部性的调和作用。

5.1　城市公用事业 PPP 一般性合约的创造与分配

实现城市公用事业 PPP 新机制高质量发展需要有效的合约设计机制，而 PPP 一般性合约设计的核心问题是其租值配置或租金分配。合理的租值分配方案对包括公私两部在内的各合约主体都具有正向的激励作用，可以有效促进行各方发挥自身优势为实现项目租值收益最大化而努力。相反，PPP 合约中公私双方的租值或剩余索取权的分配达不到纳什均衡的状态，会削弱彼此的信任程度，不利于公私合作项目的高质量发展。

5.1.1　城市公用事业 PPP 合约的结构

学者艾平（Aipping，2002）认为："公私合作模式的核心是通过设计一系列合约条款，向参与各方提供有效的正向激励作用，并且提升对风险分担的认识及其对风险管理的技术，进而形成一个有效的激励约束机制。" PPP 项目公司（SPV）是一系列复杂合约的集合体，这个体系下的每个合约并非完全独立，而是紧密衔接、相互贯通，存在着相当的关联性。《周易》有言："方以类聚，物以群分"①，一个简单清晰的 PPP 合约分类，可以给本书的合约机制研究提供一个更加具体的范畴。

一般而言，城市公用事业 PPP 项目合约可以分为四大类型，如图 5－1 所示，第一，是项目公司与受聘的项目运营专业人员间的运营管理合约：PPP 项目的运营管理工作决定着项目的绩效评价，而这样的工作可以考虑部分或全部的外包给业内知名的运营商，通过缔结合约的形式购买服务；第二，是项目公司与设备供应商、承建商间的各类工程技术合约：城市公用事业的工程技术繁杂、所涉及专业宽泛，需要靠工程承包与原材料供应合约来保证 PPP 项目的建设或改造；第三，是民营企业与银行等金融机构间的金融

---

① 《周易 · 系辞上》："方以类聚，物以群分，吉凶生矣。" 原指各种方术因种类相同聚在一起，各种事物因种类不同而区分开。后指人或事物按其性质分门别类各自聚集。

支持性合约：PPP 项目的投融资合约主要包括股东协议、贷款合约、担保合约。股东协议由项目公司的股东签订，用以在股东之间建立长期的、有约束力的合约关系；第四，是政府部门与民营企业间的特许经营合约。对此，学者付金存（2016）指出，“在公私合作制的各类合约中，公共部门与私人投资者之间合作剩余的分配，成为城市公用事业各利益主体缔约的根本动力”。

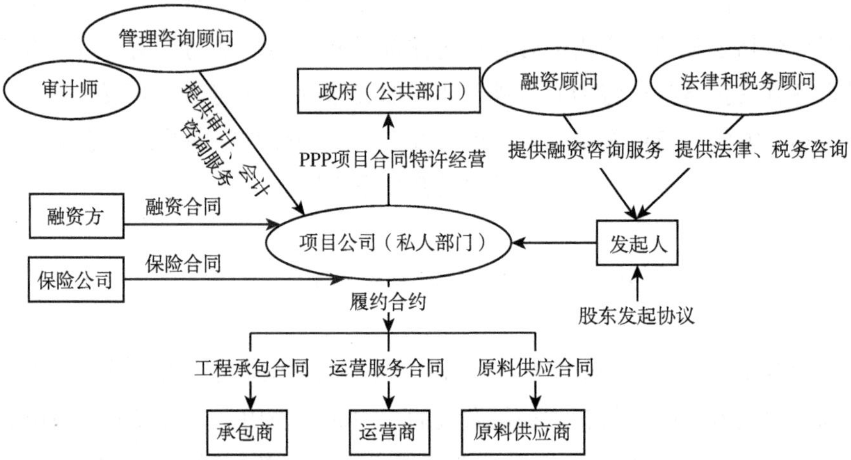

图 5－1 PPP 项目合约关系

通过上文分析可知，城市公用事业 PPP 项目合约错综复杂，所涉及的契约多达数十份，可以说是由多个复杂契约构成的利益共同体。在此基础上，PPP 项目体系下的各方的“利益共享”直接依赖于契约安排或设计的结果。其中，政府与社会资本之间的特许经营契约的重要性在所有 PPP 项目契约中首当其冲。毛泽东曾指出“对于人，伤其十指不如断其一指”①。研究问题不可能面面俱到，本书正是本着纲举目张的原则通过重点研究政府与民营企业的特许经营契约来对 PPP 项目的合约机制进行探讨。

PPP 模式一般应用于先期投资量大、资本收益稳定且时间较长、资产具有专用性特征的公用事业及基础设施项目。通常情况下，由社会资本与政府共同出资营建，如何设计一个能够让公私双方都满意的租值分配额度是项目

① “对于人，伤其十指不如断其一指”出自《中国革命战争的战略问题》（毛泽东 1952 年）。这里借以比喻研究需要抓住重点。

能否高效运营的关键。“合理的租值分配方案对包括公私两部在内的各契约主体都具有正向的激励作用，可以有效促进行各方发挥自身优势为实现项目租值最大化而努力”（王俊豪和金暄暄，2016）。尽管如此，由于经济活动普遍存在的信息不完全性，在资产剩余控制权不清晰的情况下，为了防止对方出现机会主义或“敲竹杠”的行为，契约中的任意一方会竞相地克制自身对专用性资产的投入，其个人理性导致集体无效率的直接后果是整个 PPP 项目的投入不足。因而，以下论述将围绕项目租值的剩余权利和剩余责任如何分配，公私双方各自的投资量为何来展开。

5.1.2　PPP 一般性合约的租值配置模型

城市公用事业 PPP 新机制的合约设计的关键就在于租值的创造与分配。这意味着公私任意一方通过项目合作所得到的租值收益如果小于单独行动下的结果时，PPP 项目将会被终止，生产要素将回归市场进行重新选择。以往的研究忽略合作双方的风险态度从而造成研究结论的偏差。学者李林和刘志华（2013）等对 PPP 项目风险的研究给予本书很大启发。因而，本书试图引入表征公私双方风险态度的系数（风险厌恶、风险偏好、风险中性），借以作为一种变量改进对最优剩余控制权配置的研究。这里假设公私双方对彼此策略基本了解并且共同行动，因而属于静态博弈。假定项目总收益分为事前约定的确定性部分与剩余控制权决定的缔约以前没有说明的部分，并以此为基础来探讨剩余控制权配置的最优范围。

一般情况下，我们用 G(government) 指代政府，而 P(private) 表示私人，本书沿用这种表达方式，假定在缔结契约之初，明确的公私双方各自的确定性初始分配比例如下，公共部门以 θ_g 表示，私人部门以 θ_p 表示，且有 $\theta_g+\theta_p=1$。

这里借鉴以往研究的经验，设剩余索取权系数 α 为一连续变量。令α($\alpha\in[0,1]$) 为公共部门的剩余索取权份额，而 $1-\alpha$ 为私人部门的剩余索取权份额。如果 $\alpha=1$，则公共部门拥有完全的剩余索取权，与此相反，若 $\alpha=0$，则私人部门拥有完全的剩余控制权。如果 $\alpha\in(0,1)$，则双方拥有部分剩余控制权。同时，假设公私双方共同对 PPP 项目进行投资，令公共部门的资本投

入量为 x_g，私人部门的投入为 x_p，并且有资本投入函数 $x_f(f=g,\ p)$ 的成本函数 $C_f(x_f)$，那么，公私两部门的成本函数分别为 $C_g(x_g)$ 及 $C_p(x_p)$。这里假定 $C_f(f=g,\ p)$ 是严格递增且二阶导数连续可导的函数，即 $C_f'>0$，$C_f''\geqslant 0$ 且 $C_f(0)=0$。

合作剩余的创造与分配是 PPP 项目的核心所在。换言之，在 PPP 的特许经营契约中，共同合作创造的租值（准租金）至少得大于双方在非合作状态下双方各自保留资本可获得的收益之和。一般情况下，一个 PPP 项目的存续期长短与它能够创造的租值大小成正比。实际上，私人部门参与公私合作项目的根本动因就在于分享合作剩余，从而得到比保留要素获得更多的收益。因而，这里的参与约束是如果合作剩余不足甚至小于零，PPP 项目将自动解体。所以有公私双方通过确定性的初始配置为项目创造的收益为 $A(x,\alpha)$，其中，$x=(x_g,x_p)$。同时，公私双方通过合作为 PPP 项目创造的收益为 $a(x)$，且有 $a(x)>A(x,\alpha)$。依照以上假设，当 $\alpha=0$ 时 PPP 项目收益为 $A^p(x)$；$\alpha=1$ 时项目收益为 $A^g(x)$，假定 $A(x,\alpha)=\alpha A^g(x)+(1-\alpha)A^p(x)$ 以上函数满足假定：

(1) a 是对 $x_f(f=g,p)$ 严格递增，严格凹的且二阶导数连续可微的函数，且 $a(0,0)>0$。

(2) $A^f(f=g,p)$ 是对 $x_f(f=g,p)$ 非减的凹的且二阶导数连续可微的函数，且 $A^f(0,0)\geqslant 0$。

(3) 对任意 x，$a_1'(x)\geqslant A_1'^g(x)>A_1'^p(x), a_2'(x)\geqslant A_2'^p(x)>A_2'^g(x)$。

(4) 对任意 x，$a_{12}''(x)\geqslant A_{12}''^g(x)\geqslant 0, a_{12}''(x)\geqslant A_{12}''^p(x)\geqslant 0$。

(5) 对任意 x，

$a_{12}''(x)\geqslant A_{12}''^g(x)\geqslant 0, |a_{12}''(x)|>|A_{11}''^p(x)|, |a_{22}''(x)|>|A_{22}''^g(x)|, |a_{22}''(x)|>|A_{22}''^p(x)|$。

(6) 对任意 x，

$|a_{11}''(x)|-|a_{12}''(x)|>|A_{11}''^g(x)|-|A_{12}''^g(x)|\geqslant 0$，

$|a_{11}''(x)|-|a_{12}''(x)|>|A_{11}''^p(x)|-|A_{12}''^p(x)|\geqslant 0$，

$|a_{22}''(x)|-|a_{21}''(x)|>|A_{22}''^g(x)|-|A_{21}''^g(x)|\geqslant 0, |a_{22}''(x)|-|a_{21}''(x)|>|A_{22}''^p(x)|-|A_{21}''^p(x)|\geqslant 0$。

根据以上的假设，合作双方在 PPP 项目中的确定性收益分配为，公共部门：

$\overline{u}_g(x) = \theta_g[\alpha A^g(x) + (1-\alpha)A^p(x)]$，私人部门：$\overline{u}_p(x) = \theta_p[\alpha A^g(x) + (1-\alpha)A^p(x)]$。而经过公私双方共同协商投入的资本数额所创造的合作剩余为：$[a(x) - A(x,\alpha)]$，即公共部门的收益份额为 $r_g = \alpha[a(x) - A(x,\alpha)]$，私人部门的收益份额为 $r_p = (1-\alpha)[a(x) - A(x,\alpha)]$。因而，合作双方最终的实际收益分别为：

$$\begin{aligned} R^g(x,\alpha) &= \overline{u_g}(x) + r_g \\ &= \theta_g[\alpha A^g(x) + (1-\alpha)A^p(x)] + \alpha\{a(x) - \\ &\quad [\alpha A^g(x) + (1-\alpha)A^p(x)]\} \end{aligned} \tag{5.1}$$

$$\begin{aligned} R^p(x,\alpha) &= \overline{u_p}(x) + r_p \\ &= \theta_p[\alpha A^g(x) + (1-\alpha)A^p(x)] + (1-\alpha) \\ &\quad \{a(x) - [\alpha A^g(x) + (1-\alpha)A^p(x)]\} \end{aligned} \tag{5.2}$$

按照以上模型的假设，有关双方合作的预计收入早已在初始控制权分配中以比例 θ_f 完成。对于项目运作过程中产生的租值收入需要双方协商解决。于是，公私双方对租值的剩余索取权的争夺成为一个博弈过程。逆向思考，任何一方关于合作租值的取值都是各自投入的函数，即 f 方分别根据自己的净收益［收益 $R^g(x,\ \alpha)$ 减去成本 $C_g(x_g)$］最大化的原则来决定事前投入 X_f，而根据经济学中求导最优化或极值问题的方法，当 f 方投入的边际收益与边际成本相等时为其最优投入水平，据此，博弈的纳什均衡解 $X^e = [X_g^e(\alpha), X_p^e(\alpha)]$ 可通过求解方程（5.3）和方程（5.4）得到：

$$R_1^g(x,\alpha) = C'_g(x_g) \tag{5.3}$$

$$R_2^p(x,\alpha) = C'_p(x_p) \tag{5.4}$$

方程（5.3）和方程（5.4）分别对 α 求导，可以得到：

$$R_{12}^g \frac{\partial x_p^e}{\partial \alpha} + (R_{11}^g - C''_g)\frac{\partial x_g^e}{\partial \alpha} = -R_{13}^g \tag{5.5}$$

$$R_{12}^p \frac{\partial x_g^e}{\partial \alpha} + (R_{11}^p - C''_p)\frac{\partial x_p^e}{\partial \alpha} = -R_{23}^p \tag{5.6}$$

求解方程（5.5）和方程（5.6）可得：

$$\frac{\partial x_g^e}{\partial \alpha} = \frac{1}{B}[R_{23}^p R_{12}^g - R_{13}^g(R_{22}^p - C_p'')] \tag{5.7}$$

$$\frac{\partial x_p^e}{\partial \alpha} = \frac{1}{B}[R_{13}^g R_{13}^p - R_{23}^p(R_{11}^g - C_g'')] \tag{5.8}$$

其中，$(R_{22}^p - C_p'')(R_{11}^g - C_g'') < 0$ ，$R_{12}^g, R_{12}^p \geqslant 0$ ，$B = (R_{22}^p - C_p'')(R_{11}^g - C_g'') - R_{12}^g R_{12}^p, B > 0$。

因此，要使$\frac{\partial x_p^e}{\partial \alpha}$，$\frac{\partial x_g^e}{\partial \alpha}$同时大于等于零，只要 R_{23}^p，R_{13}^g同时大于等于零，且有：

$$R_{13}^g = \frac{\partial}{\partial \alpha}\left(\frac{\partial R^g}{\partial X^g}\right) = (\theta_g - 2\alpha)[A_1^g(x) - A_1^p(x)] + [a_1(x) - A_1^p(x)] \tag{5.9}$$

$$R_{23}^p = \frac{\partial}{\partial \alpha}\left(\frac{\partial R^p}{\partial X^p}\right) = (\theta_g - 2\alpha)[A_2^g(x) - A_2^p(x)] + [a_2(x) - A_2^p(x)] \tag{5.10}$$

由方程（5.9）和方程（5.10）可知，当 $2\alpha \leqslant \theta_g + \frac{a_1(x) - A_1^p(x)}{A_1^g(x) - A_1^p(x)}$ 时，$R_{13}^g \geqslant 0$ ，当 $2\alpha \geqslant \theta_g + \frac{a_1(x) - A_1^p(x)}{A_1^g(x) - A_1^p(x)}$ 时，$R_{13}^g \leqslant 0$；当 $2\alpha \leqslant \theta_g + \frac{a_2(x) - A_2^p(x)}{A_2^p(x) - A_2^g(x)}$ 时，$R_{23}^p \geqslant 0$ ，当 $2\alpha \geqslant \theta_g + \frac{a_2(x) - A_2^p(x)}{A_2^p(x) - A_2^g(x)}$ 时，$R_{23}^p \leqslant 0$。

PPP 项目建造加之运营的周期较长，其中工程技术的复杂与涉及专业宽泛程度都决定了技术因素在各个环节中的重要性。另外，经济活动中普遍存在的信息不完全性也是影响 PPP 契约设计的主要因素。由此，参考以往的研究，本书采用风险态度及技术水平两个角度，探讨剩余索取权配置对公共部门和私人部门投入的边际收益影响及其成立条件，具体如下：

$$\frac{A_1^p(x)}{A_1^g(x)} = \delta_g \in (0,1), \frac{A_2^g(x)}{A_2^p(x)} = \delta_p \in (0,1), \frac{A_1^p(x)}{a_1(x)} = \xi_1 \in (0,1),$$

$$\frac{A_2^g(x)}{a_2(x)} = \xi_2 \in (0,1)$$

其中，$\xi_1 \leqslant \delta_g$，$\xi_2 \leqslant \delta_p$，δ_p，δ_g 均为与 x 无关的常数，表征 f 方作为唯一

投资人的不必要程度；ξ_1，ξ_2 分别表示公共部门与私人部门对最终收益的风险态度。ξ_i 越小，表明 f 方投入的边际收益越大（a_w 越大，$w=1, 2$），即 f 方为风险偏好方。基于方程（5.9）和方程（5.10）。本书有以下推论：

第一，当 $2\alpha \geqslant \theta_g + \frac{\delta_g(1-\xi_1)}{\xi_1(1-\delta_g)}$ 时，有 $\frac{\partial x_g^e}{\partial \alpha} \leqslant 0$，$\frac{\partial x_p^e}{\partial \alpha} \leqslant 0$，这表明如果公共部门拥有的剩余索取权超过 $\frac{1}{2}\left(\theta_g + \frac{\delta_g(1-\xi_1)}{\xi_1(1-\delta_g)}\right)$ 且满足 $\frac{\partial x_g^e}{\partial \alpha} \leqslant 0$，$\frac{\partial x_p^e}{\partial \alpha} \leqslant 0$ 的条件时，适当提高私人部门的剩余索取权比重（即 α 的减少），x_g^e、x_p^e 会增大，从而有利于合作双方加大各自的投入水平。

第二，当 $2\alpha \leqslant \left(\theta_g - \frac{\delta_g(1-\xi_2)}{\xi_1(1-\delta_p)}\right)$，$2(1-\alpha) \geqslant \theta_p + \frac{\delta_g(1-\xi_2)}{\xi_2(1-\delta_p)}$ 时，有 $\frac{\partial x_g^e}{\partial \alpha} \geqslant 0$，$\frac{\partial x_p^e}{\partial \alpha} \geqslant 0$。这表明如果私人部门拥有的剩余索取权超过 $\frac{1}{2}\left(\theta_g + \frac{\delta_g(1-\xi_2)}{\xi_2(1-\delta_g)}\right)$ 且满足 $\frac{\partial x_g^e}{\partial \alpha} \geqslant 0$，$\frac{\partial x_p^e}{\partial \alpha} \geqslant 0$ 时，适当提高公共部门剩余索取权比重（即 α 的增大），x_g^e，x_p^e 会增大，从而有利于合作双方加大各自的投入水平。

第三，因为 $\alpha \geqslant \frac{1}{2}\left(\theta_g + \frac{\delta_g(1-\xi_1)}{\xi_1(1-\delta_g)}\right)$ 时，x_g^e，x_p^e 同时随着 α 的增大而递减，以及当 $\alpha \leqslant \frac{1}{2}\left(\theta_g - \frac{\delta_p(1-\xi_2)}{\xi_2(1-\delta_p)}\right)$ 时，x_g^e、x_p^e 同时随着 α 的增大而递增。所以，当 $\alpha \in \left(\frac{1}{2}\left(\theta_g - \frac{\delta_p(1-\xi_2)}{\xi_2(1-\delta_p)}\right), \frac{1}{2}\left(\theta_g + \frac{\delta_g(1-\xi_1)}{\xi_1(1-\delta_g)}\right)\right)$ 时，$\frac{\partial x_g^e}{\partial \alpha}$，$\frac{\partial x_p^e}{\partial \alpha}$ 不满足同时大于或者小于零，$\alpha \in \left(\frac{1}{2}\left(\theta_g - \frac{\delta_p(1-\xi_2)}{\xi_2(1-\delta_p)}\right), \frac{1}{2}\left(\theta_g + \frac{\delta_g(1-\xi_1)}{\xi_1(1-\delta_g)}\right)\right)$ 就是博弈双方的纳什均衡解，即帕累托最优状态。

5.1.3　PPP 一般性合约租值配置的推论

通过上文的数理模式分析可知，在城市公用事业 PPP 一般性合约中，共有三种因素影响公私双方剩余索取权的配置，分别是契约中规定的初始配置系数 θ_i，合作双方的技术因素 δ_i 以及双方对未来合作收益的风险态度 ξ_i。

综上所述，我们可以得到以下三个命题。

命题 1：

当 ξ_1、ξ_2、θ_g、θ_p 满足 $\frac{1}{\xi_1} < \frac{1}{\delta_g} + \left(\frac{1}{\delta_g} - 1\right)\theta_p$ 且 $\frac{1}{\xi_2} < \frac{1}{\delta_p} + \left(\frac{1}{\delta_n} - 1\right)\theta_p$ 时，结合以上分析，帕累托最优解变为 $\alpha \in \left\{\frac{1}{2}\left[\theta_g + \frac{\delta_g(1-\xi_1)}{\xi_1(1-\delta_g)}\right], 1\right\}$。

命题 1 表明当初始契约中给私人部门的收益分配比例足够大，且公共部门为风险厌恶型，而私人部门为风险偏好型时，最佳控制权配置应是将剩余控制权较多地分配给私人部门。

命题 2：

当 ξ_1、ξ_2、θ_g、θ_p 满足 $\frac{1}{\xi_1} > \frac{1}{\delta_g} + \left(\frac{1}{\delta_g} - 1\right)\theta_p$ 且 $\frac{1}{\xi_2} < \frac{1}{\delta_p} + \left(\frac{1}{\delta_p} - 1\right)\theta_g$ 时，结合以上分析，帕累托最优解变为 $\alpha \in \left\{0, \frac{1}{2}\left[\theta_g - \frac{\delta_p(1-\xi_2)}{\xi_2(1-\delta_p)}\right]\right\}$。

命题 2 表明当初始契约中给公共部门的收益分配比例足够大，且私人部门为风险厌恶型而公共部门为风险偏好型时，最佳控制权配置应是将剩余控制权较多地分配给公共部门。

命题 3：

当 $\theta_g = \theta_p = \frac{1}{2}$ 时，只要 ξ_1、ξ_2 满足 $\frac{1}{\xi_1} < \frac{3-\delta_g}{2\delta_g}, \frac{1}{\xi_2} < \frac{3-\delta_p}{2\delta_p}$ 时，结合以上分析，帕累托最优解变为 $\alpha \in \left[\frac{3\xi_2 - 2\delta_p - \xi_2\delta_p}{4\xi_2(1-\delta_p)}, \frac{\xi_1 + 2\delta_g - 3\xi_1\delta_g}{4\xi_1(1-\delta_g)}\right]$。

命题 3 表明当初始契约中规定合作双方的收益平均分配，同时私人部门和公共部门对未来收益预期都为风险厌恶型时，最佳剩余控制权配置应是与双方风险态度系数相关的一个区间。

城市公用事业 PPP 新机制与原本的 PPP 机制相比，更加注重项目的市场化运作和财政的可持续性，突出强调采用使用者付费项目来优化回报机制，鼓励项目通过市场化手段来实现收益，减少对政府财政补贴的依赖。PPP 新机制的理念是对以往政府通过合约条款规定固定比例的投资回报率，扭曲正常市场机制行为的纠正。从合约治理的角度来看，政府与民营资本都是合约的主体，项目租值（准租金）的创造，作为协调社会资本与政府利益诉求并激励参与各方付出最大努力的“调节器”，促进 PPP 项目向着效率最大化的方向改进。《论语 · 季氏》所载“闻有国有家者，不患寡而患不均”①。在我国城市公用事业 PPP 模式发展实践中，存在着不少由于公私双方在“利益共享”方面的争执而无法缔结合约的情况。

经济学家张五常（2019）指出，当一项资产的使用权与收入权发生分离时，必定会造成一定程度的租值消散。换言之，PPP 项目参与双方先期投资需要与剩余权利分配相对应才能形成有效的激励作用。前文利用数理模型考察了公私双方对 PPP 项目投入水平与合作剩余索取权的配置。静态博弈的结果显示，共有三种因素影响最优控制权的实现，它们分别是合作双方的风险态度、合作项目中的技术水平以及合约缔结前的初始分配比例。在此基础上，PPP 项目的剩余分配最佳方案既不是来自强调政府部门重要性的赋权方式，也不能够过度依赖社会资本而给予其较大的份额。公私双方需要通过可接受的博弈过程达成帕累托最优。

在赋予了公私各方代表风险态度（风险厌恶、风险偏好、风险中性）的系数后，分析得到以下三条不同结论：第一，当初始契约中给社会资本的收益分配比例足够大，且政府部门为风险厌恶型，而社会资本一方为风险偏好型时，将剩余索取权较多地分配于社会资本一方是能够致使整个项目更有效率的方案。第二，当政府一方在契约初期被分配的收益足够多且为风险偏好型时，如果此时社会资本方面为风险厌恶型，则向政府一方分配更多的剩余索取权为最佳选择。第三，当双方在契约的初始阶段规定各自利益应平均分配，而政府与民营资本都属于风险厌恶类型时，剩余索取权的最优分配应与风险态度系数相关并存于一个可量化的区间内。

① “闻有国有家者，不患寡而患不均”出自《论语》，这里借喻公共部门与私人部门之间租值分配的原则。

5.2 城市公用事业 PPP 一般性合约租值配置的参与估计与数值模拟

通过上文分析可知，公私合作双方的风险态度、合作项目中的技术水平以及合约缔结前的初始分配比例是影响城市公用事业 PPP 一般性合约最优控制权的三个主要因素。本节将利用统计数据对这些参数进行估计，而后通过数值模拟的方式将最优剩余索取权量化为更加精确的数字表达。

5.2.1 PPP 项目库样本的描述性统计

2023 年 10 月 5 日国务院转发的《关于政府和社会资本合作存量项目分类处理的意见》指出，财政部 PPP 项目库废止，财政部门不再负责项目实施方案、物有所值评价和财政承受能力论证。按照政府和社会资本合作新机制（以下简称“PPP 新机制”）要求，2024 年 4 月 10 日，国家发展改革委依托全国投资项目在线审批监管平台，正式上线全国政府和社会资本合作项目信息系统（以下简称“信息系统”），并向各地发送了信息系统操作手册。尽管如此，截至本书完成的时间，国家发展改革委下的政府和社会资本合作项目信息系统还没有建立起有参考价值的 PPP 新机制项目库。有鉴于此，本章对相关参数的估计全部来源于财政部 PPP 综合信息平台与自制问卷（见附录）调查的数据。

根据财政部 PPP 综合信息平台数据显示，截至 2022 年年底，财政部 PPP 管理库项目 10346 个，入库项目的平均期限是 19.52 年，已处于执行阶段的项目计划合作时间为 18.81 年，并且投资总额超 16 万亿元。依据各类参考资料以及本书对城市公用事业的概念定义与范畴划分（见第 2 章），本书从财政部 PPP 项目库中手动筛选出的城镇综合开发、能源开发、市政工程、水利建设、政府基础设施等 2551 个项目（见表 5－1）用以统计分析。其中，最低合同年限为 8 年，最高合同年限为 50 年，平均合同存续年限为 6.05 年，相较于国际平均水平，我国在 2022 年以及之前的城市公用事业

PPP 合同年限存续周期偏短。这一方面与我国的产权结构、生产力水平有密切关系，但另一方面不可否认的是，我国城市公用事业领域的政府或公共部门的权重较大，在提升政绩和节省资金的双重约束条件下，会倾向于缩短项目建设周期和合约存续周期的行为函数。

在重点分析的 50 个城市公用事业 PPP 项目中，其平均投资总额为 11.55 亿元，最高投资额为 125.02 亿元、最低投资总额为 1.22 亿元。合同合作期限从 10—30 年不等，并且平均年限为 22.28 年。对以上项目的合同进行深入分析后发现，其物有所值（Value for Money，VfM）评价指标的权重占比也有显著差异，最低为 5%、最高为 20%。根据财政部规定[①]，物有所值评价包括定性评价和定量评价，且在 2022 年及之前以定性评价为主。而在研究的 50 个城市公用事业 PPP 项目中，均进行了定量的物有所值评价，得分区间为［3.72，96.14］，同时物有所值指标的权重也与之相匹配，能够较为科学地反映 PPP 项目规模大小、预期使用寿命长短、主要固定资产种类、全生命周期成本测算准确性、运营收入增长潜力、行业示范性等特征，为 PPP 项目的风险管理和可持续运行奠定了基础。

表 5-1　财政部 PPP 项目库典型项目描述性统计

研究样本					
变量	观测值	均值	标准差	最小值	最大值
总投资额	2551	5.69	8.76	0.08	150
合作期限	2551	25.09	6.05	8	50
研究样本					
变量	观测值	均值	标准差	最小值	最大值
总投资额	50	11.55	19.05	1.22	125.02
合作期限	50	22.28	5.27	10	30
物有所值权重	50	11.5	3.81	5	20
物有所值得分	50	53.31	36.89	3.72	96.14
财政承受能力	50	2.22	1.82	0.1	7.64

① 资料来源：关于印发《PPP 物有所值评价指引（试行）》的通知，https://www.mof.gov.cn/gp/xxgkml/jrs/201512/t20151229_2512409.htm。

续表

研究样本					
私营部门股权占比	50	0.70	0.32	0	1
融资机构	47	0.68	0.47	0	1
融资额	50	2.43	3.47	0	15.60

在私营部门股权占比方面，在 50 个被研究的样本中，既有私营部门完全持股的项目，也有公共部门完全持股的项目，且私营部门持股的平均比例为 70%，标准差为 0.32，体现出在改革之前的既有 PPP 项目合作模式中，私营部门依旧发挥了减轻公共部门资金压力、提高基础设施和公用事业项目建设运营水平的作用，这也是下一阶段新机制所需要重点考虑的因素。在融资机构方面，共有 47 个 PPP 项目披露了其是否向三大政策性银行、国有六家大型商业银行和全国性股份制商业银行融资以及融资比例。同时，融资机构也是唯一一项未收集到全样本数据的指标，反映出我国城市公用事业 PPP 项目的融资管理制度建设仍旧是一个短板，需要在基本制度建设、风险管理制度建设等方面给予重点关注和技术革新。在融资额方面，其规模最低为 0、最高为 15.6 亿元，平均值为 2.43 亿元，总体融资额度和项目总投资额较为匹配，未出现超大规模融资的问题。

5.2.2 自制问卷调查样本的描述性统计

对城市公用事业 PPP 新机制下合约设计的分析，需要聚焦于利益共享与风险分担两个方面。本书分别采用了模糊综合评判法与数理方程模型的方式来处理。针对以上研究中需要的统计数据，本书通过科学方法设计了一份调查问卷（见附录）。以下是关于该问卷收集样本的描述性统计。

1. 受访者任职单位构成

本次问卷调查共发出问卷 160 份，在规定时间内共有 153 位受访者提供了有效应答。根据数据（见图 5 - 2）显示，在参与调查的 153 个样本中，高校和企业的比例较高，分别为 41.83% 和 38.56%，政府机关占比为 15.03%，科研机构占比为 1.31%，其他占比为 3.27%。可以看出，高校和企业是参与调查的主要单位类型。其中，高校学者和专家是对 PPP 项目进行绩效评价和可研性分析的重要智力来源，企业则是 PPP 项目重要的合作方之一，两者对于 PPP 项目的风险具有敏锐的捕捉能力和科学的评价能力，因此，这一分布对于评价 PPP 项目风险以及分析租值配置能够较为合理。

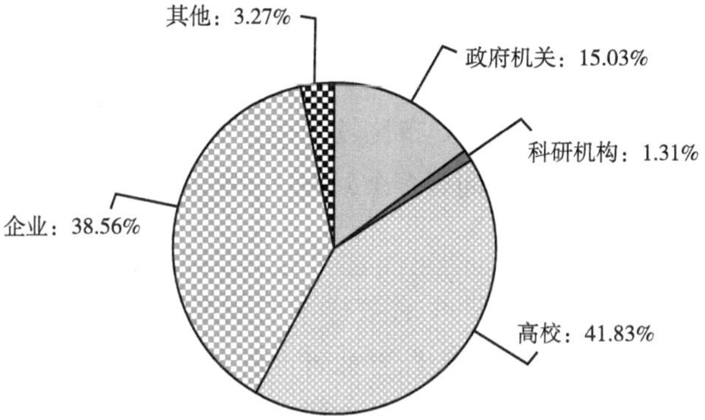

图 5－2　受访者单位分布

2. *受访者参与 PPP 类型*

在受访者参与 PPP 项目类型中，出现次数较多的选项为交通运输、水利建设和市政工程，分别占比为 31.37%、17.65% 和 15.69%。其次是农业、林业和教育、文化、体育，分别占比为 13.07%。而保障性安居工程、医疗卫生和科技也有一定比例，分别为 6.54%、8.5% 和 9.15%。在其他类型中，出现次数最多的是其他类型，占比为 41.83%。社会保障和养老两个选项的选择比例较低，分别为 3.27% 和 4.58%。而根据财政部数据①显示，根据项目数量，可以将行业领域划分为三个梯度：第一梯度包括市政工程、交通运输、生态建设和环境保护三大行业，项目数量均破千，其中市政工程的项目数量高达 5319 个；第二梯度包括城镇综合开发、教育、水利建设、旅游，项目数量均介于 500—1000 个；第三梯度包括医疗卫生、文化等其他行业，项目数量较少，均在 500 个以下。其中项目数量排名前五位的行业分别是：城市基础设施 3039 项，农林水利 1058 项，社会事业 899 项，交通运输

① 资料来源：政府和社会资本合作中心，https：//www. cpppc. org. 下同。

875 项，环保 808 项。上述五个行业项目数量占项目总数的 86%。

3. 受访者角色类型

有关受访者在参与 PPP 项目中担任的角色问题，承建商是最多的，占比为 18.3%，其次是投资人和政府官员分别占 11.11% 和 9.15%。其他角色的比例为 52.29%，显示了参与 PPP 项目的多样性，不同类型的角色都有一定比例的参与。运营商和设计单位的比例较低，分别为 5.88% 和 8.5%。整体来看，PPP 项目中的参与角色分布比较均衡，涵盖了政府、金融、投资、承建、设计、运营、供应和咨询等多个领域。

4. 受访者地域分布

根据成功完成问卷的 153 个有效样本的数据显示，53.59% 的受访者来自安徽省，25.49% 的受访者来自吉林省。其他主要受访者来源于广东省、云南省、内蒙古自治区、山东省和北京市等地，显示出一定的全域性和聚集性特征。除中西部部分省份未有应答问卷外，长三角、珠三角、京津冀、成渝都市圈和东三省均有应答；而根据财政部官网的数据①统计分析后发现，截至 2021 年，我国 PPP 项目的区域分布呈现南多北少的特征，其中华东（26.6%）、西南（19.61%）、华中（17.36%）占比较大，而华北（11.79%）、华南（9.52%）和西北（9.47%）则占比有限。基于全国 PPP 项目的分布特征可知，本次调查问卷的应答样本具备一定的代表性，为获得有效信息奠定了坚实基础。

5.2.3 租金配置相关变量的参数估计与数值模拟

结合 2551 个全样本、50 个典型样本和 153 份抽样调查问卷的数据，本节对上文城市公用事业 PPP 一般性合约的租值配置模型所得结论进行进一步分析。

首先，根据上文结论，公私双方的初始分配比例是租值分配的一个关键变量。这里我们设定政府和社会资本初始的所有权（股权）分配比例为 4∶6，

① 资料来源：政府和社会资本合作中心，https：//www. cpppc. org.

即私营部门的所有权占比为 60%，而公共部门的所有权占比为 40%。这是因为根据对 50 个典型案例的合约文本进行分析后发现，我国城市公用事业 PPP 项目的私营部门股权平均为 60%—70%，考虑到城市公用事业 PPP 项目建设周期长、占用资金多、公益属性强，其存在的价值也在于解决传统监管型政府模式下城市公用事业供给带来的资源浪费、效率低下、服务成本高、服务质量低等问题（刘佳丽和谢斯儒，2015）。此外，国务院和发改委对于 PPP 新机制的设计构想中，同样提出民营企业股权占比原则上不低于 35% 的要求①，因此设定私营部门的所有权占比为 0.6。同时，在本模型中只有私营部门和公共部门两大部门，因此，简化股权结构的分配，将公共部门的所有权比例设定为 0.4。

其次，在风险态度方面，设定私营部门的风险偏好系数为 0.68，本书结合被调研的 50 个 PPP 项目样本，以及银行信贷定价与企业融资行为之间的关系（管海霞和张俊梅，2014；赵平和姚耀军，2022；），选择城市公用事业 PPP 项目合约中企业的平均融资规模作为其风险偏好系数的指代指标，同时，由于在城市公用事业 PPP 合约中，公共部门和私营部门属于风险的共同分担者，因此在只有私营部门和公共部门的简化模型中，公共部门承担剩余风险，即公共部门的风险偏好系数为 0.32，这也符合 PPP 项目风险共担、收益共享的原则（董啸天等，2023；咼兵和贾康，2022）。

最后，公共部门和私营部门对于参与 PPP 项目合作的意愿，根据截至 2019 年的财政部 PPP 中心公布的全国 PPP 综合信息平台项目库年报和季报数据显示，社会资本关于 PPP 项目的参与率在 2016 年时最高，但也仅在 39% 左右，之后一直维持在 35% 左右②。由于对于单一领域或单一行业的数据统计较为有限，且城市公用事业是 PPP 合作项目的重要作用对象，因此设定私营部门参与 PPP 项目的意愿系数为 0.4。对于公共部门，虽然其有极高的意愿参与 PPP 项目，但由于近年来 PPP 项目常常引致财政风险、金融风险和地方政府债务风险，因此结合 PPP 项目的落地和完成度，以及 2023 年

---

① 资料来源：《关于规范实施政府和社会资本合作新机制的指导意见》和《支持民营企业参与的特许经营新建（含改扩建）项目清单（2023 年版）》。

② 资料来源：财政部政府和社会资本合作中心。

以来新机制尚未建立情况下，公共部门较低的参与意愿，将公共部门的合作意愿系数设定值略低于私营部门，具体系数值为0.3。根据以上参数并结合推论三，帕累托最优状态下剩余索取权（α）的纳什均衡解为（4.3%，65.5%）。上述分析结论体现如表5－2所示。

表5－2　　PPP项目最优剩余所有权分配比例

公共部门所有权分配比例 θ_g	0.4	公共部门剩余索取权 $\alpha \in (0.043, 0.65)$
私营部门所有权分配比例 θ_p	0.6	
公共部门风险偏好系数 ξ_g	0.32	
私营部门风险偏好系数 ξ_p	0.68	
公共部门合作意愿 δ_g	0.3	
私营部门合作意愿 δ_p	0.4	

综上所述，我国城市公用事业PPP在合约执行过程中，应当将公共部门剩余索取权比例控制在4.3%—65.5%，即无论是何种类型的城市公用事业项目，公共部门对于剩余索取权的要求，都不应当超过65%，以此才能够保证合约双方各自资源要素的投入水平，并进一步调动民间资本参与项目积极性。在未来新机制顺利运行后，可以从关系到国计民生、公共属性较强的项目，如城镇供水、供气、供热项目入手，保证私营部门的剩余索取权比例不低于35%，从而确保降低成本、提升效率、积极创新等PPP项目合作获得的额外收益主要归特许经营者所有，提升民间资本参与项目积极性，并以此确保城市公用事业PPP新机制的高质量发展。

5.3　城市公用事业PPP一般性合约的租值消散与交易费用

尽管上文已经就城市公用事业PPP项目一般性合约的租值分配问题进行了比较充分的探讨，并且通过数理模型推导及参数数值模拟的方式得到一些明确的结论。对于PPP一般性合约而言，仍然有负外部性因素导致的项目租值消散，制约其租值最大化的实现。进一步的分析要与前文PPP风险的内容结合起来，在租值配置与风险管理之外的第三视角加以探讨，而这第三视角便是交易费用。

5.3.1　PPP 一般性合约的风险分担与交易费用

城市公用事业 PPP 项目的合约治理与风险管理可以被视为同一枚硬币的两面，即最好的合约治理可以将风险因素控制在最低水平，相反，制约 PPP 合约租值创造的风险因素被最大限度地控制，就意味着实现了合约租金的最大化。本书在第 4 章对 PPP 一般性合约的长周期风险管理问题进行了深入探讨，在阐明风险应对策略的基础上，提供了一个清晰的公私双方的风险分担矩阵。尽管其中一些风险需要政府与社会资本共同承担，而没有明确将责任归属划分给特定一方，但本章对风险偏好系数的数值模式可以弥补前文研究的不足。尽管如此，参数估计也好，数值模拟也罢，在应用此类方法的同时，仍需注意它们本身具有的对 PPP 项目租值增长的负面影响。

外国学者卡塔姆（Kartam，2001）主张，PPP 项目风险分担的基本原则应当是，公私双方谁的抗风险意愿较强，谁就分担相应的风险，即对风险应对能力较强的一方优先控制原则。上文通过 50 个 PPP 项目调研样本结合银行信贷及企业融资行为数据分析，对城市公用事业 PPP 合约公私双方的共担风险进行了明确的界定。然而，社会科学中的参数变量之间的相互作用往往是非线性的、复杂的，这使在严格控制条件下进行可重复实验变得非常困难，况且对于试验样本的数量与质量的苛刻要求更增加了它的复杂性，因而提前被准确计算出的概率可能因为观察不到的情况或观察者自身的原因而失去准确性。因此难以得出像物理定律那样客观的规律，或者实验的成本和道德约束使得重复实验不可行。

刘新平和王守清（2011）指出，在 PPP 项目中，任何一方对另一方的风险转移应当被看成是一个动态的过程，合理的风险分担应该是围绕着最优风险分担量，分布在一个各方都能接受的区间内，如图 5 - 3 所示，PPP 项目风险分担的原则应该隶属于一个区间而不是某个固定的数值。张水波和郭富仙（2013）提出：“PPP 项目风险分担并不存在绝对的原则，而是应该在基本原则的基础上，综合考虑双方对风险的态度和项目的具体条件。”有鉴于此，城市公用事业 PPP 项目的风险分担不存在绝对的原则，它应该是围绕着最优风险分担量，在一个各方都能接受的区间的分布。通过数值模拟可以为公私双方在共担风险上提供一个有价值的参考，但对于任何城市公用事业 PPP 项目都应用该数值则会适得其反，增加交易费用，制约项目租值的创造。

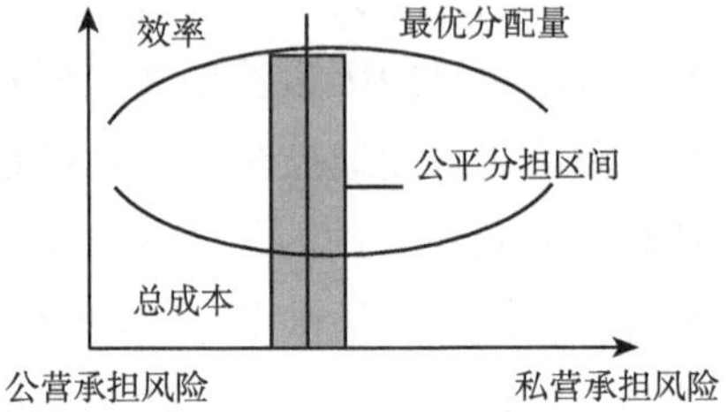

图 5-3　PPP 项目风险分担

缺乏对具体 PPP 项目局限条件的调查，将固定的数值模拟结果应用到公私双方的风险分担过程，相当于实行了价格管制，而无论出于何种原因，价格管制都会造成租值消散。包括市场在内的任何制度或组织都是为了减低租值消散才存在，而约束竞争、避免租值消散的费用是交易费用或制度费用。张五常（2019）在《经济解释》中提出履行定律，即在合约中被选中作价的量或指标，它的监管费用会相对下降，相反，没有被度量作价的其他量的监管费用会上升。由此可知，在城市公用事业 PPP 合约中明文规定且附有相关惩罚措施的条款，公私双方违约的意图由于交易费用的高昂（违约成本）会减少或被压制。对于那些缔约前没有明确的责任义务或对其界定不清的相关条款，公私双方违约的意图将会增加。换言之，固定公私双方共担风险的比例会导致被限制的一方采用隐性机制或非价格机制来收回消散的租值，而在城市公用事业 PPP 项目整个运营周期中，我们很难预知哪种降低交易费用的方式会被采用。

5.3.2　PPP 一般性合约的负外部性与交易费用

城市公用事业 PPP 项目风险分担的主要目标是风险分担的结果使公私双

方在风险管理成本，风险发生概率以及风险造成损失程度方面都要比未分担风险前要低，且任何一方都不需要承担另一方由于未尽责任所带来的后果。然而，通过上文分析可知，采用参数估计或数值模式的方法来处理 PPP 项目的风险共担问题极容易造成交易费用增加，从而侵蚀租值创造的结果。过多纠结于政府与社会资本两方对 PPP 项目风险的应对很难再有新的有效结论，我们将研究的目光转向风险本身，从负外部性的视角出发，寻求新的突破。

城市公用事业 PPP 项目风险具有伴生性的特点。例如一些具有环保风险的公用事业项目，在缔约前一般会有较大的隐蔽性，而当项目落成并运营时产生的负外部性很可能产生与当地法律冲突的结果，进而引起法律风险与政府履约风险。通过适当的政策干预和制度设计，可以在一定程度上缓解负外部性产生的影响，降低交易费用，增加项目租金收入。由于城市公用事业与城镇居民的生产与生活息息相关，所以对其风险的管理还需要除公私双方以外的社会力量参与，社会性因素对于项目风险管控的影响不容忽视。我们生活的社会有一种秩序成为我们不自觉遵守的规范，如电梯门开时的先下后上、公交车站的排队等候，同样，我们在与人交流、人际往来间有一种共同的文化，它成我们一切行为的无条件前提，如敬老爱幼、尊师重道。从广义上来看，传统礼教、文化习俗都属于交易费用的范畴，它在人们的日常生活及生产活动中扮演着不可或缺的角色。因此，有一套有迹可循并深孚众望的伦理规范对协调人际关系、降低交易费用及限制 PPP 项目负外部性带来的影响有着极其重要的意义。

古今中外的历史发展过程为我们揭示出某种规律性，即我们现在生活中的伦理规范是人类社会长期博弈演化的结果，而并非计划设计而产生的，社会规范和传统习俗如此，法律也是如此。众所周知，儒家思想在我国历史发展过程中扮演着重要角色，以致在现今人们的生活中还具有独特的影响力，具体而言，儒家“礼”的重要功能，就是协调预期、定分止争。作为先秦时期儒家的代表性人物，《荀子 · 礼运》指出：“人生而有欲，欲而不得则不能无求，求而无度量分界则不能不争，争则乱，乱则穷。先王恶其乱也，故制礼义以分之，以养人之欲，给人之求，使欲必不穷乎物，物必不屈于欲。两者相持而长，是礼之所（以）起也”。也就是说，在资源有限的社会中，当人们有欲望时就会发生冲突，这时就需要一系列规范来协调冲突。

从交易费用的视角出发，承认公序良俗在经济活动中的积极作用，可以有效防控城市公用事业 PPP 项目风险的发生。事实上，经济学家张五常早在 1974 年就在英国《经济学报》发表文章《监管子女产权与婚姻合约》，从而开启传统习俗、礼教宗法与交易费用关系的研究。一些学者如周燕、李俊慧、向松祚等将交易费用理解为社会规范、公序良俗来进行考察，与新制度经济学中的“非正式制度”异曲同工。因此，对于人们日常生活中往往意识不到，但却发挥重要作用的“非正式制度”的管理就等同于对经济活动中交易费用的管理，同时，也是实现 PPP 项目风险管理的重要手段。张维迎（2014）从博弈论的角度深刻揭示了社会规范与传统礼仪在我们社会中的作用：“礼仪是通过外在的形式，来提醒人们遵守规范，邀请别人更好地监督自己。对参加博弈的人来说，遵守固定的流程或一定的社会规范，即是向他人发送和发送信号的人，即我是一个愿意合作的人。”这便是城市公用事业 PPP 项目风险的社会共治的基础。正如刘尚希（2017）所言，城市公用事业 PPP 项目风险除了会影响政府与社会资本这二元主体外，还需要特别注意居民这个主体，对其项目风险的管理需要所有主体一起共同合作治理。

5.3.3 PPP 项目负外部性的社会性监管

英国学者约翰·恩斯特（John Ernst，1994）将政府管制分为经济性管制与社会性管制。其中，社会性管制涉及的如环境、卫生和安全等方面，也就是说，如果未发生损害公众利益的社会性事件，那么政府的社会性监管水平很难得到明显的检验。而一旦发生突发事件，只能反映出政府在社会性监管方面的角色缺失。实际上，就其产品及服务的属性而言，公用事业与提供一般消费品的行业具有明显区别，尤其是诸如污水处理、垃圾处理、城市供热等领域，它们不仅在一定程度上具有公用品的属性，而且往往涉及运输、储存、生产以及废物排放等问题，不科学的处理方式很容易造成自然环境和居民的生活环境的劣质化，且部分污染源具有隐蔽性，不及时做好防范工作后患无穷。例如，在北京六里屯垃圾焚烧项目中，由于事前未能对该区域居民产生垃圾的湿度与热度进行调研，原材料处理不符合工艺需要，导致焚烧发电成本较大（王俊豪等，2017）。

由上可知，需要社会性管制的城市公用事业 PPP 项目通常具有一定的负外部性效应。有鉴于此，如城市垃圾处理、污水处理等公用行业，在对其进行成本或绩效考核时，需要考虑社会的边际成本等于社会边际收益的局限条件，从而将负外部性纳入社会管制当中。查尔斯（Charles，1991）指出了外部性的表现形式，包括正外部性和负外部性。其中，负外部性主要表现为水、空气、噪声等污染，森林土地等自然资源滥用等。正外部性主要表现为福利院等非营利事业的兴建，整洁、舒适的居住环境，教养子女谦恭有礼、守纪守法等（Charles，H. C. K，1991）。可见，重视社会中的伦理道德建设，提倡公民遵守社会规范，不仅具有正外部性的作用，而且还是 PPP 项目的社会性管制的基础。

当今社会现有的制度（法律）形成了市场交易的前提条件，却仍需要交易费用的"软约束力"来调节个人理性与集体理性的矛盾，在现实生活中交易费用可以在社会规范及风俗礼仪中得到具体的体现，即它是可以被观察到的事实。具体而言，在资源稀缺的社会中，人们都有权追求自我利益的实现。然而，如果每个人只顾及自己的短期利益，个人理性一定会与集体理性产生一定冲突，"囚徒困境"即出现。名声荣誉是人们所遵守行为规范的一个重要考量，甚至可以说是一种最基本的力量，人们在建立长期合作关系时通常会选择声誉好的人。一个人越在乎自己的名声荣誉，就会越守规矩。一个社会中重视名声荣誉的人越多，社会规范的执行就越好。耶鲁大学的艾里克森（Ellickson，1999）教授认为，当社会关系更加复杂时，政府获取和加工的信息的能力会缺乏，但社会规范仍然会在不同的层面上进一步发挥更多更好的作用。这种观点在"十里不同风，百里不同俗"的中国社会表现得格外明显。

张维迎（2014）认为："社会规范本来是外部的力量对个人的约束，但这种外在约束随着时间的推移，可能会变成个人的习惯，成为内在的行为规范。"体现在当一个人做一些不符合社会规范的事情时通常会受到自身道德良知的谴责，感到内疚或羞愧。这就是社会规范向道德规范的转化，无须外部监督，个人也会自觉遵守。为了促进社会中人们彼此间的合作，除了依靠社会规范与伦理道德本身的力量外，还需要建立起"赏善罚恶"的激励机制，诱导人们相互合作；当人们能够从长远的视角看到自己的回报，"赏善罚恶”机制得到公正地执行，其实就是人们得以走出囚徒困境的时候。

具体而言，法律法规和社会规范可以通过改变博弈矩阵内的支付结构，为人们提供一种激励，使个体效率和社会效率保持一致，从而实现经济运行中的帕累托最优。换言之，社会制度与社会规范可以通过改变或影响社会风气的方式使得人们不去选择不利于合作的行为。以下我们将利用一个简单的博弈矩阵来解释社会规范与法律法规在降低交易费用及规避风险上发挥的作用。本书假设“合作”是社会中人们普遍认可的应然行为，因此选择不合作的一方就应该受到惩罚。社会规范不像法律制度呈现出的刚性，它更多地表现为一种软约束。因而，社会规范对“不合作”一方的惩罚可能表现为声誉的削弱或者此后合作机会的损失，心理也会因别人的鄙视而产生成本负担。尽管如此，社会规范所产生的约束效果在很大程度上依赖于参与人对惩罚的“敏感度”，如他是否有其他的外部选择，或者是不是一个“不要脸”的人。由此可知，同样的社会规范对不同人的约束程度是不同的。

图 5 -4 显示了社会规范对囚徒困境的支付的改变。当 A 不合作而 B 合作的时候，A 的支付从 4 变成了 $4-km$；当 A 合作而 B 不合作的时候，B 的支付从 4 变成 $4-bn$。

		B	
		合作	不合作
A	合作	3，3	−1，$4-bn$
	不合作	$4-km$，−1	0，0

图 5 -4　社会规范的博弈模型

这里，m 和 n 表示社会规范对不合作行为的“客观”惩罚，或者是对双方、当事人而言的一个“客观”成本（Objective Costs），和 b 则可以理解为当事人对这种惩罚的心理感受程度（“不要脸”的程度）。因此 km 和 bn 可以理解为感知到的成本（Perceived Costs）。显然，只要 $km > 1$ 和 $bn > 1$，社会规范就可以使“合作”变成一个纳什均衡。

在法律法规的刚性约束下，无须考虑 k 和 b，只要法官宣布判决结果就要执行，不然会被指控为“藐视法庭”“拒不执行”等严重罪名。另外，要实现社会规范的约束力，在很大程度上需要依赖于 k 和 b。如果参与人的脸皮特别厚，或者说不要脸，在矩阵中就几乎可以认为 k 和 b 等于 0，即社会规范对这样的人不会起作用。与此相反，如果参与人很爱惜自己的名节或者自尊心很强，可以认为 k 和 b 很大，即就算是一点点的惩罚（m 和 n）也会因为系数而被放大到很大的程度，这种情况下社会规范就很有效。因此，社会规范的治理效果，依赖于良好的道德伦理、公序良俗。良好社会规范可以发生作用的社会通常交易成本就比较低，经济项目运行的风险也会被降低，这是可以被观察到的事实。

从广义的角度讲，城市公用事业与经营一般产品或服务有所不同，对城市公用事业产品或服务的消费过程是非排他性与非竞争性的，意味着它在一定程度上具有准公用品的属性。清末民初的学者严复将英国思想家约翰·斯图亚特·密尔（John Stuart Mill）的名著《论自由》翻译为《群己权界论》，它开启了中国人对“公”与“私”权力界定认识上的先河（叶雨薇，2015）。人们对于自己利益相关的物品或目标会尽力去追求，相反，事不关己，高高挂起。对公共产品或服务的冒犯甚至侵害会导致再没人愿意提供，而由政府提供又涉及高昂的交易费用。在前文列举的 PPP 项目问题案例中有很多都可从社会规范及伦理道德方面重新审视。总而言之，重视社会中的伦理道德建设，提倡公民遵守社会规范，是防控城市公用事业 PPP 项目风险，有效实行社会性管制的重要手段。在此基础上，政府的社会性管制应当注意利用个人声誉来建立一个“赏善罚恶”的机制，形成对城市公用事业风险的社会共同治理的效应。

本章小结

城市公用事业 PPP 一般性合约以利益共享为原则吸引社会资本参与项目的建设及运营。公私双方共同创造的收益需要大于非合作状态下双方各自保留资本可获得的收益，其中的差额是通过 PPP 的合约安排创造的租值。围绕着 PPP 一般性合约的租值创造与分配，本章分为以下三部分内容。第一部分，利用数理模型对城市公用事业 PPP 一般性合约的租值配置求取最优解，并找出其重要的影响因素。第二部分，结合 2551 个全样本、50 个典型样本和 153 份抽样调查问卷的数据，利用统计推断的方式对 PPP 项目租值配置的相关变量进行参数估计，而后通过数值模拟的方式将最优剩余索取权量化为更加精确的数字表达。第三部分，从交易费用的视角，分析 PPP 一般性合约中负外部性与租值消散的影响，引入非正式制度，探讨了城市公用事业 PPP 项目负外部性的社会共治问题。

第6章

我国城市公用事业PPP不完全性合约分析及PPP合约优化设计

采用动态博弈作为分析工具，对城市公用事业PPP不完全合约中公私双方共同进行专用性资产投资的合作形式进行探讨，挖掘影响政府与社会资本在谈判过程和租值分配方面的影响因素。讨论了合约不完全性与交易费用的关系，以及如何通过合理的机制设计和风险分配降低潜在负面影响。同时，提出了利用贝叶斯方法和无信息先验概念来处理合约中的不确定性问题。最后，本章总结了城市公用事业PPP新机制合约条款的优化设计，包括收益条款、风险条款以及其他补充条款，旨在为PPP项目的高质量发展提供指导和参考。

6.1　城市公用事业 PPP 不完全性合约的机制设计

城市公用事业 PPP 新机制能否实现良性发展依赖其合约治理水平，而合约治理的关键就在于租值的创造与分配。不同于一般性合约，PPP 不完全合约强调了对控制权的分类，即预先通过合同明确分配的特定控制权和那些合同中未明确提及、需通过所有权分配来解决的剩余控制权。再谈判的决策和经济后果需要在合约执行过程中确定，这实际上反映了一种剩余所有权分配的框架。

6.1.1　资产专用性与剩余索取权

通过前文可知，城市公用事业 PPP 项目对合约是否完全的划分基于风险与不确定性的视角，即将未来风险通过数学概率的方式在“事前”体现在合同条款中的风险为完全合约。相反，无法通过概率或频率的方式在“事前”将风险体现在合同条款中，而需要靠“事中”谈判或再谈判的方式组织的合约为不完全合约。剩余索取权利的分配对城市公用事业 PPP 项目的投资而言有决定性的作用，拥有剩余控制权的合作一方有权在不支付额外成本的情况下处理未明确界定的资产。因而，PPP 不完全合约的核心在于如何分配这些剩余权利，以最小化投资的扭曲，并最大化专用性投资的量。

PPP 合约的不完全性对合约设计以及合约执行等方面提出了挑战，需要通过合理的机制设计和风险分配来降低其对合作双方的潜在负面影响。具体而言，政府与社会资本没有任何一方可以在订立合约之初就能够将未来的“不确定性”及其经济后果在合约条款中明确，因而，建立一种“事前”的所有权分配框架需要依赖于数学中的贝叶斯思维。日本学者小岛宽之（2022）曾指出，依靠贝叶斯方法的强大力量，我们通过观察说服每个人所需证据的数量，就能够利用后验概率为他们先前的信念赋值。客观贝叶斯方法中的无信息先验概念在某些情况下提供了一种既客观又不受个人偏见影响的概率分布方式。这种方法基于“不充分理由原则”，对所有可能的结果给予相同的概率权重，从而保持了一种客观性。它在缺乏具体信息时提供了一种中立的起点，有助于减少个人偏见对决策的影响。综上所述，PPP 不完全合约的设计原理即是利用数理模型、博弈理论等工具对贝叶斯中的“后验概率”进行对比计算，而后通过后验概率的结果推测出合约订立之初的剩余索取权分配方式（先验概率）。

PPP 新机制与原本的 PPP 模式相比，更加注重项目的市场化运作和财政的可持续性。新机制强调项目应聚焦于使用者付费，确保项目经营收入能够覆盖成本并获得合理回报。这意味着公私任意一方通过项目合作所得到的租值收益如果小于单独行动下的结果时，PPP 项目将会被终止，生产要素将回归市场进行重新选择。因而，PPP 新机制重点突出了公私双方共同进行专用性资产投资的合作形式。按照现代企业管理制度的理念，公私两部门对于项目租值或准租金的收入权应在法律上享有平等地位。换言之，公私两部门分别拥有对项目租值的部分收入权，租值分配可以采用固定投资收益回报率的方式，也可以按照合作双方事前约定的持股比例采用分成制的方式，两种方式因没有主次、优劣之分，主要依据具体项目差异进行选择，只要在租金条款中明确即可。合理的租值分配方案对包括公私两部在内的各合约主体都具有正向的激励作用，可以有效促进行各方发挥自身优势为实现项目租值收益最大化而努力（王俊豪和金暄暄，2016）。

另外，城市公用事业先期投资巨大、资本回收期长，资产专用性强、成本易沉淀，如果项目是公私双方共同出资筹建，政府与社会资本在租值分配上极有可能发生冲突。也就是说，在资产剩余控制权不清晰的情况下，缔约前的巨额专用性资产投资极易导致事后“敲竹杠”的行为，从而造成项目租值的消散，给资源使用带来负面影响。进一步而言，《水浒传》第四十五载“画龙画虎难画骨，知人知面不知心”①。公私双方为了防止自己被“敲竹杠”都会预先减少己方的投资量，从而很可能造成整个城市公用事业项目投资量不足。通过推演贝叶斯纳什均衡的结果，利用博弈理论作为工具，城市公用事业 PPP 不完全合约的设计过程如下所示。

① “画龙画虎难画骨，知人知面不知心”出自施耐庵《水浒传》，这里借喻公共部门与私人部门信息不对称。

6.1.2　租值配置的动态博弈分析

通常情况下，在研究 PPP 的模型中用 G（government）指代政府，而 P 表示（private）私人，租值分配比例用 Ω 表示，并且 Ω 为连续变量，其取值范围在 [0，1]。再令 Ω 与 $1-\Omega$ 分别为政府的初始剩余索取权分配额度，与社会资本的初始剩余索取权分配额度。由于城市公用事业项目具有公用性，因而假设可以在模型中将双方的投入划分为两部分，W_G 为政府（公共部门）的公益性投入，W_p 为社会资本（私人部门）的公用性投入。另外，无论是否影响项目的公益性，私人部门还会进行自利性的投入 E_p。当 $\Omega=1$ 时，$E_p=0$，也就是当控制权完全由公共部门掌握的情况下，私人部门的逐利性投入会被严格管束直至为零。显而易见，无论是公益性的还是自利性的投入都与控制权分配系数 Ω 紧密相关。以上三种投入的成本函数可分别表示为 $C_G(W_G)$、$C_P(W_P)$、$C_P(E_p)$，$C_i(i=G, P)$，它们都是严格递增的凸函数且二阶可导，即 $C'>0$，$C''\geqslant 0$，且 $C_i(0)=0$。

城市公用事业 PPP 项目开始运营后，双方需要对缔约前不能够预料、无法计算的收入进行分配，倘若只通过索取权的初始配置来进行管理和维护，项目应然的收入为 $B[W_p(\Omega), W_p(\Omega), W_G(\Omega)]$。相反，若 PPP 项目的合作双方能够决策并最终就租值收入分配达成一致，则双方能从合作中共同受益，此时项目收入为 $b[W_p(\Omega), W_p(\Omega), W_G(\Omega)]$，因而有 $b>B$，b 和 B 都是关于投入的增函数。假设按照初始合约中的索取权分配方式所带来的 PPP 项目的确定性收益分配系数为 π，$\pi_G+\pi_p=1$，则公共部门和私人部门的确定性部分的收益分别为：

$$\overline{u_G}=\pi_G B[E_P(\Omega), W_P(\Omega), W_G(\Omega)]$$

$$\overline{u_P}=\pi_P B[E_P(\Omega), W_P(\Omega), W_G(\Omega)]$$

由上可知，通过公私双方共同抉择而产生的租值要高于通过初始索取权分配产生的租值，经过公私双方协商，而产生的合作租值为：

$$S=(\pi_G+\pi_P)[b(E_P(\Omega), W_P(\Omega), W_G(\Omega)) - B(E_P(\Omega), W_P(\Omega), W_G(\Omega))]$$

汤吉军（2023）指出："合约不完全的情况下，剩余索取权和剩余控制权确定了在初始契约没有规定的情况下谁可以决策对生产工具的使用。”尽管如此，这部分事前未列入合约中的“不确定性”收入未必能够在双方之间平均分配。现实中公私双方需要通过可接受的博弈过程达成最终协定，而这种可接受的博弈过程是指双方在博弈中得到的收益要大于支付的成本，否则不如诉诸第三方裁定更有益。这里可将公私间的谈判过程看成是不完全信息下的动态博弈过程，双方通过在策略集中的选择最终找到子博弈精炼纳什均衡解。我们假设公共部门在博弈中率先提出分配方案，其收益比例为 k，则私人部门可得到收益 $1-k$。此时若私人部门接受这个分配方案，博弈就此结束；相反，假如私人部门不肯接受则由己方提出新的分配方案。

因为实践中公私双方的博弈过程多为漫长的多阶段博弈，因而，在每一阶段的谈判中双方都会有一定的损失，即谈判所需费用、时间成本或利息等间接的折损。我们假设存在贴现因子 τ，$0<\tau<1$。为了简化分析，这里假设随着谈判的推进，谈判进行至第二阶段或第二轮则双方的贴现因子为 τ，第三阶段双方贴现因子为τ^2。假设谈判的回合次数为 T，它与双方的贴现因子有函数关系 $T(\tau)$，$T'<0$，$T''\leqslant 0$ 且 $T(0)=1$。除此之外，现实中公私双方对风险的偏好会对判断结果具有很大程度的影响，因而，这里假设偏好风险的一方会采取积极的行动为己方争取利益。以公共部门在谈判中占据主动为例（假定不影响结论），假定其以 h 大小的概率采取主动胁迫私人部门，并索取额外收益以百分率β_i表示；相反，即以概率 $1-h$ 不采取强势地位索取额外利益。公共部门在每回合中索取利益的数值不可能大于总收入，故 $0<k_i+\beta_i<1$。

PPP 项目租值或剩余控制权分配的多阶段动态博弈过程如下所述，在第一回合中，由政府（公共部门）先提出己方的额外收益比例 k_1，并且还会以 h 的概率凭借己方的强势地位向对方索取部分收入，故公共部门实际获得的收益为 $k+\beta$，私人部门所获则为 $1-k-\beta$。因而，公共部门 G 与私人部门 P 所获收益分别为：

$$S_{G1}^{1}=S(k_1+\beta_1)h \tag{6.1}$$

$$S_{P1}^{1}=S(1-k_1-\beta_1)h \tag{6.2}$$

与之相反，当公共部门一方不采取强势地位索取对方额外得益时，则公共部门 G 和私人部门 P 所获得的收益分别为：

$$S_{G1}^{2}=S(1-h)k_{1} \tag{6.3}$$

$$S_{P1}^{2}=S(1-h)(1-k_{1}) \tag{6.4}$$

因此联立式（6.1）—式（6.4），公私两部门的期望收益分别为：

$$S_{G1}=S(k_{1}+h\beta_{1}) \tag{6.5}$$

$$S_{P1}=S(1-k_{1}-h\beta_{1}) \tag{6.6}$$

如果私人部门拒绝公共部门提出的分配方案，则谈判进入第二回合；反之，博弈到此为止。假如博弈进入第二回合，按照规则，首先由私人部门提出意图分配比例，公共部门得益为 k_2，又因谈判回合次数增加，双方收益有损耗，利用贴现因子可表示成 τ；在信息费用的干扰下双方不知道对方的情况，由此，公共部门采取强势地位的概率 h，故双方的期望得益分别为：

$$S_{G2}=S(k_{2}+h\beta_{2})\tau \tag{6.7}$$

$$S_{P2}=S(1-k_{2}-h\beta_{2})\tau \tag{6.8}$$

推理可知，第二回合私人部门提出的分配方案如果不被公共部门接受，则博弈进入第三回合；反之，双方博弈到此为止。假如博弈进入第三回合，按照规则，首先由公共部门提出己方的得益比例 k_3，随着谈判进行双方的交易费用增加为τ^2，则双方的期望得益分别为：

$$S_{G3}=S(k_{3}+h\beta_{3})\tau^{2} \tag{6.9}$$

$$S_{P3}=S(1-k_{3}-h\beta_{3})\tau^{2} \tag{6.10}$$

推理可知，直至谈判中的一方接受另一方的分配方案，否则双方关于剩余控制权的博弈将持续循环，很难终止。随着谈判回合次数的不断增加，公私双方的收益由于交易费用的增加而不断减少。同时，因为个人理性与集体理性的冲突，没有一方愿意主动放弃预期收益来限制谈判次数，从而导致各方都不能够接受对方的分配方案，若没有强制结束的规定，博弈就将如此循环往复。有鉴于此，公私双方关于租值剩余控制权的博弈过程可以被视为是无限次数的讨价还价博弈。根据无限次博弈模型可知，对于一个无限阶段博弈来说，第一回合的结果与第三回合的结果应该是完全一样的。我们把上述博弈过程用图 6－1 表示为三阶段动态博弈。如图 6－1 所示，公私两部门共同的信息是每多进行一个回合的谈判，收益就会损耗一点，所以谈判周期越长对双方而言就越是不利。因而，不如让对方早点得到意图所获收益，以免自己的收益每况愈下。

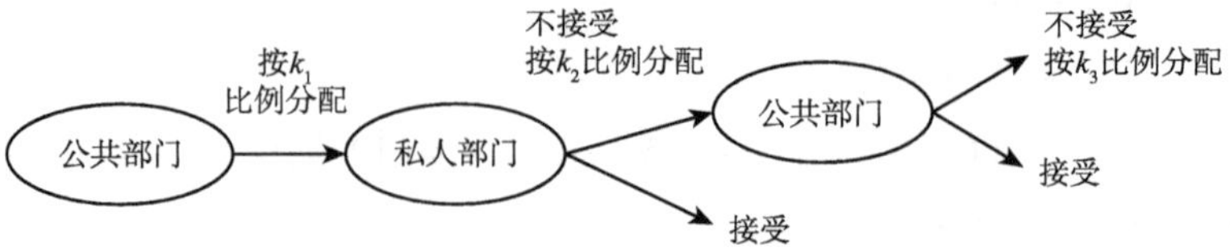

图 6－1　PPP 不完全合约租值分配的博弈树模型

通过逆向推理公私双方的博弈步骤可知，第三回合公共部门的期望收益为：$S_{G3}=S(k_3+h\beta_3)\tau^2$，而私人部门的期望收益则为：$S_{P3}=S(1-k_3-h\beta_3)\tau^2$。在博弈的第二回合中，站在公共部门的角度会考虑私人部门提出的分配方案k_2，若这个k_2分配使公共部门的期望收益小于第三阶段肯定会被拒绝，博弈将会进入第三回合，反之，则博弈在第二回合宣告结束。换言之，倘若私人部门在第二回合提出的分配方案可以令公共部门甘心接受，其期望收益大于第三回合能够得到利益，那么k_2就是一个理想的分配方案。私人部门在这个子博弈中的最优策略为：

$$S_{G2}=S_{G3} \tag{6.11}$$

$$S(k_2+h\beta_2)\tau=S(k_2+h\beta_2)\tau^2 \tag{6.12}$$

$$k_2=\tau(k_3+h\beta_3)-h\beta_2 \tag{6.13}$$

此时私人部门的期望得益为：

$$S_{P2}=S\tau-S\tau^2(k_3+h\beta_3) \tag{6.14}$$

$$S_{P3}=S\tau^2-S\tau^2(k_3+h\beta_3) \tag{6.15}$$

$$S_{P2}>S_{P3} \tag{6.16}$$

由此可知，双方都不会把谈判拖入第三回合。

同理可以逆推归纳出第一回合中公共部门的策略选择为：

$$S_{P1}=S_{P2} \tag{6.17}$$

$$k_1=1-h\beta_1-\tau(1-k_2-h\beta_2) \tag{6.18}$$

所以此时公共部门的期望得益为：

$$S_{G1}=S-S\tau+S\tau^2(k_2+h\beta_2) \tag{6.19}$$

$$S_{G2}=S\tau(k_2+h\beta_2) \tag{6.20}$$

故$S_{G1}>S_{G2}$。因而，合作双方都会对公共部门在第一回合提出的分配方案表示满意，博弈就此结束。由于无限次重复博弈的最后一个回合结果会与

第一回合相同，故有均衡分配比例 k^* 且 $k^* = k_3 = k_1$。通过联立算式（6.13）、算式（6.18），可得：

$$k_1 - \tau^2 k_3 = 1 - h\beta_1 - \tau + \tau^2 h\beta_3 \tag{6.21}$$

$$又 k_1 = k_3 = k^* \tag{6.22}$$

$$所以 k^* = \frac{1 - h\beta_1 - \tau + \tau^2 h\beta_3}{1 - \tau^2} \tag{6.23}$$

6.1.3　PPP 不完全性合约的研究结论

由上可知，则在本博弈模型中，公共部门第一回合中提出的均衡比例 $k^* = \frac{1 - h\beta_1 - \tau + \tau^2 h\beta_3}{1 - \tau^2}$。$k^*$ 是双方都能接受的第一回合的分配比例，其中当 $\beta_i = 0$ 时，即公共部门没有依靠其强势地位向私人部门多索取得益的情况，此时的均衡分配解为 $k^* = \frac{1}{1 + \tau}$。

通过双方谈判，结合各自投入的期望收益函数分别为：

$$\begin{aligned} U_G = {} & [b(E_p(\Omega), W_P(\Omega, W_G(\Omega)) - B(E_p(\Omega), W_P(\Omega), W_G(\Omega))] \\ & (k^* + h\beta) + \overline{U_G} - C_g(W_G(\Omega) \end{aligned} \tag{6.24}$$

$$\begin{aligned} U_p = {} & [b(E_p(\Omega), W_P(\Omega, W_G(\Omega)) - B(E_p(\Omega), W_P(\Omega), \\ & W_G(\Omega))](1 - k^* - h\beta) + \overline{U_P} - C_P(W_G(\Omega)) \\ & - C_P(E_P(\Omega)) \end{aligned} \tag{6.25}$$

通过上文的分析可知，对于任 W_P，E_P，W_G 和 Ω 来说，双方的合作收益除了初始合约中规定的确定性部分得益 $\overline{U_i}$ 以外，还包含上头成本（Overhand Costs）投入后，双方对事前初始合约中未规定的合作租金部分，需要在事后通过谈判来分配。将整个谈判可以被看成是一个不完全信息的动态博弈过程，其中，每个阶段的损耗系数或贴现因子 τ^i 是影响双方剩余分配的重要因素。为了简化分析，我们只是假定 τ^i 是在边际上双方都可以忍受的谈判消耗，然而，在现实社会中，城市公用事业 PPP 项目的谈判是一个耗时费力的过程，谈判期间 PPP 项目的生产停滞不仅加速了固定资产设备的折旧，也对城市公用产品的供给造成重大影响，在实践中许多案例中都需要启动或重启多轮谈判。例如，长春汇津污水处理项目，汇津公司多次与市政府和排水公司交涉要求其支付拖欠的污水处理费，2003 年年底，汇津公司向长春市中级人民法院提出行政起诉，与长春市人民政府对簿公堂，即便如此公私双方也未能就租值分配达成共识（王俊豪，2017）。

只有在 PPP 合约中明确一个特定的剩余控制权配置比例才能起到激励合作双方共同投入的作用。因而，双方合作剩余收益除了与每阶段的损耗系数 τ^i 有关，还和公共部门是否对私人部门采取强势地位的概率 h，以及利用其强势地位向私人部门索取份额 β 有关。尽管如此，在现实的 PPP 合约治理中，由于交易费用或信息费用（信息不对称）普遍存在的缘故，要对公私双方的态度或意图进行准确地判断并不容易，而这将直接影响租金分配，降低资源使用的效率（冯中越，2019）。因而，能否实现不完全信息条件下的 PPP 合约有效治理，关键在于对上述影响因素的把握或控制。

6.2 城市公共事业 PPP 不完全性合约与交易费用

交易费用理论与不完全合约理论密切相关，它基于有限理性原则指出，合约中存在不可验证性，导致无法完全执行，而裁决机构的有限理性又加剧了这一问题。因此，为防止机会主义，交易费用理论建议在合约中设置保证金和承诺期限以及建立私人冲突解决机制处理争议。交易费用理论强调在不同治理结构中作出选择，突出治理结构在降低成本和提升效率中的重要性。

6.2.1 PPP 项目不完全性合约的谈判成本

以合约理论著称的学者哈特（Oliver Hart）和莫尔（Bengt Holmström）经过长期研究不完全合约的成因发现了两个容易被人们忽略的因素。第一，合约订立之初即便某些未来情况可以被预见，将这些情况详细地写入合约中，以双方都认可的方式进行明确，可能涉及高昂的成本。这些成本包括协商、起草合同以及确保合同条款被双方充分理解和接受所需的时间和金钱。第二，即便初始合约条款明确了参与各方的权利与义务，在合同执行过程中产生的某些信息对于合同当事人是可观察的，但对于外部的第三方，如法庭或其他仲裁机构来说，可能是不可证实的。这种不可证实性极有可能导致在合同纠纷发生时难以通过法律途径解决，因为缺乏足够的、可被法庭接受的证据。罗纳德·科斯（Ronald Coase）指出交易费用主要包括搜寻与信息成本、讨价还价与决策成本、监督与执行成本。推论可知，交易费用即是合约不完全性形成的根本原因。

前文利用博弈理论对城市公用事业 PPP 不完全合约的租值配置问题进行了分析，并得出在分配过程中几个影响租值实现最大化的关键因素。其中，项目运营中每阶段的谈判与协商损耗系数或贴现因子τ^i是重要因素之一。由于经济活动中的不确定性无法被消除，公私双方不得不就合约条款中未作明确规定地突发的情况就权利与义务重新进行界定。换言之，PPP 项目的再谈判无可避免，而谈判或磋商属于交易费用。上文为了简化分析，只是假定τ^i是在边际上双方都可以忍受的谈判消耗，然而，在现实社会中，城市公用事业 PPP 项目的谈判是一个耗时费力的过程，谈判期间 PPP 项目的生产停滞不仅加速了固定资产设备的折旧，也对城市公用产品的供给造成重大影响，在实践中许多案例中都需要启动或重启多轮谈判。由此可见，再谈判对城市公用事业 PPP 新机制的高质量发展至关重要，它需要从交易费用的角度来衡量。

学者李俊慧（2016）认为，“信息费用”是比“风险与不确定性”更具有操作性、更符合实证经济学要求的局限条件。不确定性不可捉摸、无从观察和度量，因而难以推导出可以被事实验证的含义。相反，交易费用（信息费用）是可以在经济运行中观察到的对象的特征或转变。这意味着城市公用事业 PPP 项目的不确定性问题可以与交易费用等同起来，这就为我们识别与理解 PPP 项目不确定性提供了一个新的角度，一个可观察的角度。事实上，PPP 项目再谈判也就是关于合约条款中未作明确规定的突发的“不确定性”就收益与风险的重新分配。如果这种不确定性或信息费用（交易费用）可被度量，那么，就能够降低双方的谈判成本，实现整个 PPP 项目的租值最大化。

6.2.2 交易费用的度量与选择

度量本质上是一种基于分类目的的数值估计活动，它的准确性取决于不同观察者之间能否就某一标准达成共识。费用的可度量性并不局限于用特定单位来表示。实际上，张五常与弗里德曼（Milton Friedman）早就提出，从根本上说，测量是用于分类目的的数字估计，准确测量只能通过不同观察者达到某个协议的程度来判断。对于交易费用而言，准确地衡量并不一定意味着它需要以基数表示。由此可知，交易费用的正确看法是在序数排列下，不同观察者对同一现象的判断结果。也就是说，如果现有甲与乙两种同类的交易费用且假定甲比乙的交易费用更高，其他相关条件不变的情况下，不同的观察者可以一致得出甲比乙高的结论时就意味着交易费用在边际上被度量，可证实的命题也就得以成立（张五常，2017）。

包括经济学在内的任何科学研究，简单来说都是提出一种可经过事实重复检验的逻辑命题系统。经济研究中的局限条件转变会造成经济主体的行为跟着改变，这是可以被观察到的事实，符合科学研究的标准，而交易费用是可以通过经济运行中被观察对象的转变来判断的。城市公用事业 PPP 合约中的不确定性问题可以通过考虑先验信念和新证据，公私双方可以量化不同假设的相对可信度，并精确评估信念更新所需的证据量，从而来判断交费费用的大小并作出最终选择。

在信息不对称或不完全的情况下，PPP 项目谈判各方需要根据交易费用的大小进行决策。对于交易费用（信息费用）的度量可以利用主观概率这一强有力的工具。主观概率并非无根据的猜测，而是通过结合个人经验、专业知识以及逻辑思维，对不同基本事件发生可能性的细致评估。通过对类似历史事件的了解和对当前情境的深入分析，我们能够进行比较研究，确立事件间的相对大小关系和对等性，构建出一个合理的概率分布。这种分布虽然未必能提供精确的概率数值，但足以揭示不同结果的相对可能性，PPP 项目谈判的抉择提供坚实的基础。此外，团队合作中，集合多个成员的主观判断可以得出一个更为全面的概率评估，减少个人偏见的影响。

这种通过人们主观意念来比较从而判断的方法完全可以在数学理论中找

到依据。在信息不足的环境中，人们常依赖“主观概率理论”来分配做决策。尽管“主观概率”听起来可能不够可靠，但它是基于人们经过深思熟虑的逻辑分析得出的，因此在逻辑上是有其合理性的。经济学家沙万奇（Savage）已经证明，如果个体的行为选择遵循一定规则，那么他们基于主观概率做出的选择与数学概率指导下的行为是一致的。若要利用主观概率预测数据不足的事件，可以根据自己的经验和逻辑对不同基本事件的可能性进行比较，然后赋予它们相对的数值，以满足它们的大小关系和对等性。即使无法给出精确的概率值，只要能够明确事件间的相对可能性，也能够进行有效的概率分配。

贝叶斯方法为我们提供了一种在不确定性中进行决策和信念更新的强大工具。通过这种方法，我们不仅可以比较两个不同的想法，而且如果我们知道我们对这些想法的先验信念，我们还可以确定需要多少新证据才能使我们改变这些信念。这个过程不仅帮助我们作出更好的决策，而且还允许我们通过观察个体对新证据的反应来推断他们最初的信念。具体的操作流程如图 6－2 所示。

每当观测到新数据时，都会引入该数据，重新进行估计，将之前估计的后验概率作为新的先验概率重新进行估计。当然，如果没有新数据，估计就到此结束。

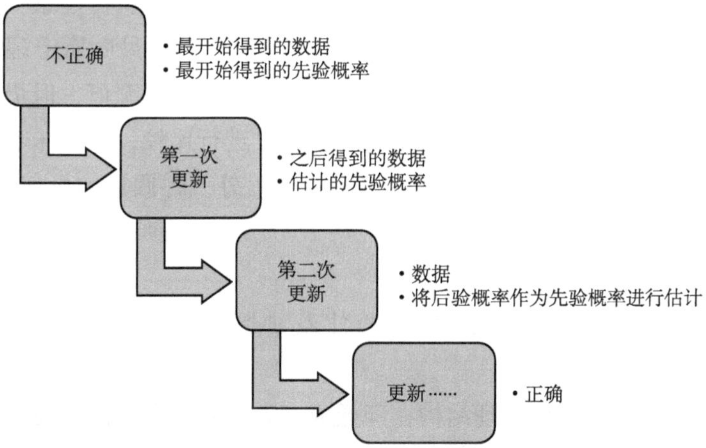

图 6－2　贝叶斯决策流程图

在所观察到的数据下，自己对信念的坚信程度。在贝叶斯公式中，这个要素的术语是后验概率（Posterior Probability，简称为“后验”），也就是将通过贝叶斯定理所求出的解。为了得到后验概率，还需要用到下一个要素：似然（Likelihood）。它表示在给定信念的情况下，观察到某一数据的概率，也就是 P（数据 | 信念）。最后，需要量化初始信念的概率，即 P（信念）。这一要素在贝叶斯定理中被称为先验概率（Prior Probability，简称为“先验”），它表示我们在看到数据之前的信念强度。似然和先验结合在一起就会形成后验。通常情况下，我们需要使用数据的概率 P（数据）对后验归一化，从而使其值介于 0 和 1。

这里我们将信念称为假设 H，并用变量 D 来表示数据。经典贝叶斯定理如下所示：

P（信念 | 数据） = P（数据 | 信念） P（信念） /P（数据）

↑　↑　↑　↑

后验概率　似然　先验概率　归一化概率

用数学方式表达归一化后验概率的这一性质，以便于进行比较。为此，需要使用如下版本的贝叶斯定理，其中符号 $\propto$ 的意思是“成正比”：

$$P(H|D) \propto P(H) \times P(D|H)$$

这个公式可以理解为“后验概率，即给定数据下假设的概率，与 H 的先验概率和在假设 H 下数据概率的乘积成正比”。当 PPP 项目任意一方需要比较两个假设的概率，但 P（D）的值又不容易计算时，贝叶斯定理的这种形式就非常有用。虽然这无法单独得出一个精确的假设概率值，但仍然能够使用贝叶斯定理的这一形式来比较假设。对假设进行比较，就意味着我们可以确切地知道一种假设对观察内容的解释要比另外一种假设的可信度强多少，从而作出最有利于己方的决策。

6.2.3 不确定性的最终要约仲裁机制

交易费用理论强调治理结构在降低成本和提升效率中的重要性。该理论还支持建立一种合理的冲突解决机制，以处理可能出现的争议。因而，仲裁机制作为解决 PPP 合约条款中未作明确规定地突发的“不确定性”的手段，需要被引入 PPP 合约的设计机制。外国学者 Crampes 和 Estache（1998）指出，PPP 项目不确定性风险分担的关键因素即是参与各方对风险的偏好系数。他们通过研究发现，PPP 项目风险分担的结果是公私双方对风险的态度的函数，当任意一方持有风险规避态度而另外一方处在风险中性态度时，就应该由风险中性的一方承担更多风险。当公私双方都是风险中性态度时，对于那些未明确责任的风险由哪一方承担关系不大。判断 PPP 合作双方能否应对有关风险，同时，这也是 PPP 项目合约机制设计中的重要一环。由此可知，公私双方在合作项目中的风险态度是决定那些未明确责任归属的不确定性分担的根本因素。

一般情况下，经济学理论将市场主体对风险的态度分为风险厌恶、风险偏好与风险中性三类。其中，PPP 项目合作双方对风险的态度在本小节中等同于对不确定性的态度。从时间节点上来说，需要采用仲裁机制时，等于说合约当事人在签订合约之初，无法预见的未来可能发生的情况已经发生，此时需要就“新情况”重新确定双方的权利与义务。因而，这与本书一直强调的风险与不确定性的区分并不矛盾。事实上，相对“风险”而言，“不确定性”比较适合采用仲裁机制来应对的。因为，按照前文的定义，风险是有客观概率分布的不确定性，可以通过风险评估等方式在订立合约之初就在条款中明确条件。

在城市公用事业 PPP 项目中，公私双方即使都持有风险中性的态度，在程度上也会略有差异。在这种程度上的差异会导致相对轻度厌恶风险部门会寻求转移一部分风险给重度厌恶风险部门分担，以避免独自承担风险的损失。在理性人的假设下，相对重度厌恶风险的一方会向对方索取一定的报酬作为激励己方“消化”风险的动力。如此一来，轻度厌恶风险部门总是寻求提供最少的激励金额来节省费用，而重度厌恶风险部门会倾向于得到尽可能多的激励金额来减少租值收益的不确定性，当以上矛盾难以协商解决时，就需要引入 FOA 机制。Farber H. S（1980）指出：“最终要约仲裁（The Final Offer Arbitration，FOA）是解决双边纠纷的一种典型机制。它是指纠纷双方在谈判解决无果的前提下，将纠纷事件交由一个谈判双方之外的第三人，此时第三方便可成为仲裁人。”

具体而言，纠纷双方需各自独立地向仲裁人提供一份纠纷的最终解决方案，仲裁人从中选择他们认为更加合理的方案作为纠纷双方的最终定约，其中，纠纷双方提交的最终方案也被称为其各自的期望定约。这样，纠纷双方的期望定约博弈将决定最终定约的选择。学者付金存（2016）在深入分析了公私合约机制应用于城市公用事业的情况后，总结出了极具代表性的结论，让本书此处的研究获益良多。这里为了简化分析，假设风险为整个项目生命周期内的连续变量，且由公共部门一方围绕特定风险提出要约，因此，公共部门（G）和私人部门（P）在 FOA 机制中的博弈实施过程如下：

首先，公共和私营部门需要重视给定的风险分担。对于公共部门，通过估价实现了转移一定比例的风险（R_g），即风险转移后的成本节约；对于私营部门而言，它相当于承担相同风险比例的价格（R_p），代表了承担私营部门风险的成本。根据 FOA 机制，公共部门报价和私营部门报价均称为要约，可以被认为是风险转移比率的函数。因此，风险转移率越高，报价的价值就越高。

其次，相当于裁判员的第三方在这里被称为仲裁人，仲裁人主要考察双方共同给出的一个定约数值 k，且这个公平值与双方的行动无关，只与公私两部门谈判的外部环境有关。换言之，k 是公私双方行为的外生变量，是双方都不知道的数值，而仅知道是一个概率密度为 $f(x)$ 的随机变量。仲裁的规则是仲裁人选择双方最终报价中接近于公正值的为最终定约（R_f）。这里假设 R_f 是介于私人部门最低出价和公共部门最高出价之间的连续变量。FOA 机制是在公私双方谈判协商失败后进行的，假定谈判协商失败时，公共部门对于转移风险的最高出价为 R_g^*，私人部门对于承接风险的最低要价为 R_p^*，因而必有 $R_g^* < R_p^*$，否则谈判协商就成功，无须进行仲裁。因此，仲裁人应保证最终定约（R_f）落在 $[R_g^*, R_p^*]$ 区间上。假如落在这一区间左侧，则对私人部门来说还不如在谈判时接受 R_g^* 为定约；同理，如果落在区间右侧，则对公共部门来说还不如在谈判时接受 R_p^* 为定约。由此可知，有以下不等式：

$$
\begin{aligned}
&|R_g - R_f| \leqslant |R_p - R_f| \qquad && R_f \in [R_g^*, (R_g + R_p)/2] \\
&|R_g - R_f| \geqslant |R_p - R_f| \qquad && R_f \in [(R_g + R_p)/2, R_p^*]
\end{aligned}
\tag{6.26}
$$

根据可行区间的定义和仲裁规则，式（6.26）表示公共部门的出价被仲裁人选为最终定约，式（6.27）表示私人部门的要价被仲裁人选为最终定约，于是最终仲裁值的期望为：

$$E(R_g,R_p) = R_g\int_{R_g^*}^{\frac{R_g+R_p}{2}} f(x)dx + R_p\int_{\frac{R_g+R_p}{2}}^{R_p^*} f(x)dx \tag{6.27}$$

公共部门与私人部门的表达式为（6.28）：

$$\min_{R_g} E(R_g,R_p) = \min R_p + (R_g - R_p)\int_{R_g^*}^{\frac{R_g+R_p}{2}} f(x)dx$$

$$\max_{R_p} E(R_g,R_p) = \max R_g + (R_p - R_g)\int_{\frac{R_g+R_p}{2}}^{R_p^*} f(x)dx \tag{6.28}$$

FOC：

$$\int_{R_g^*}^{\frac{R_g+R_p}{2}} f(x)dx = \frac{1}{2}(R_p - R_g)f\left(\frac{R_g + R_p}{2}\right)$$

$$\int_{\frac{R_g+R_p}{2}}^{R_p^*} f(x)dx = \frac{1}{2}(R_p - R_g)f\left(\frac{R_g + R_p}{2}\right) \tag{6.29}$$

求解上式，有：$R_g=\overline{R_g}$；$R_p=\overline{R_p}$，则：

$$\int_{\frac{\bar{R}_p+\bar{R}_g}{2}}^{R_p^*} f(x)dx = \int_{R_g^*}^{\frac{\bar{R}_p+\bar{R}_g}{2}} f(x)dx = \frac{1}{2}(\overline{R_p} - \overline{R_g})f\left(\frac{\overline{R}_p + \overline{R}_g}{2}\right) \tag{6.30}$$

由 $f(x)$ 及其积分的定义易知，对于任意的 $x\in[R_g^*, R_p^*]$，均有：

$$\int_{R_g^*}^{x} f(x)dx + \int_{x}^{R_g^*} f(x)dx = 1 \tag{6.31}$$

那么，也必然存在 $x=t\in[R_g^*, R_p^*]$，可将 $x=R_g^*$，$x=R_p^*$，$f(x)$ 及其与 x 轴围成的区域平分为两部分，此时：

$$\int_{R_g^*}^{t} f(x)dx = \int_{t}^{R_p^*} f(x)dx = \frac{1}{2} \tag{6.32}$$

若令 $\overline{R}_g$ 与 $\overline{R}_p$ 关于 $x=t$ 对称，则 $\overline{R}_g+\overline{R}_p=2t$，于是得到：

$$\frac{\overline{R}_p-\overline{R}_g}{2}f\left(\frac{\overline{R}_p+\overline{R}_g}{2}\right)=\frac{1}{2} \tag{6.33}$$

进一步求解，可以得公私双方的期望定约均衡（$\overline{R}_g$，$\overline{R}_p$）为：

$$\begin{cases}\overline{R}_g=t-\dfrac{1}{2f(t)}\\[2ex]\overline{R}_p=t+\dfrac{1}{2f(t)}\end{cases} \tag{6.34}$$

通过以上数理分析可知，在 FOA 机制下，公私双方之间的预期均衡仅取决于仲裁人公允价值的概率密度函数 $f(x)$，而与交易各方的要约无关。在此基础上，公私双方若要使自己的期望定约被选中为最终定约，就必须准确地估算 $f(x)$，而不是试图获取对方的风险承接。如此一来，公私双方围绕风险转移出价和风险承接要价的博弈过程，实质上就成为双方以 $f(x)$ 为基准不断趋向均衡的过程。这即是公私双方就无法明确责任归属的风险分担比例的分歧逐渐弱化的过程，同时，也为处理城市公用事业 PPP 项目未明确归责的风险分担问题提供了一个可行的道路。至此，通过最终要约仲裁（The Final Offer Arbitration，FOA）与交易费用贝叶斯逆推理法相结合的方，提供了一个完整有效的关于城市公用事业 PPP 不完全合约中“不确定性”的分析框架，从而为降低双方的谈判成本、提高 PPP 合约治理水平提供了一个有益的参考方向。

6.3 城市公用事业 PPP 新机制合约条款的优化设计

城市公用事业 PPP 新机制实质上是公共部门（政府）与私人部门（社会资本）以风险分担和利益共享为原则，通过协商签订的长期特许经营合约。实现 PPP 新机制的高质量发展需要通过对其合约进行优化设计。根据“风险”与“不确定性”概念的区分，PPP 项目特许经营合约可以分为一般性合约与不完全性合约。围绕着项目租值的创造与分配、项目全周期风险管理，负外部性与租值消散、交易费用与项目再谈判的选择等问题，本书已经进行了比较充分的探讨。行文至此所得结论，将用于城市公用事业 PPP 新机制合约条款的优化设计。

6.3.1 PPP 合约的收益条款设计

城市公用事业 PPP 项目合约是以公共部门与私人部门缔结的特许经营合约为基础，所遵循的“利益共享”原则主要是指公私双方对项目租值（准租金）的占有。因而，整个收益条款的优化设计也是围绕着 PPP 项目租值的创造与分配展开的。根据上文对项目类型与收费机制的论述，PPP 合约收益条款的优化分为以下两类设计：

1. PPP 一般性合约

现实经济活动中根本找不到一份能够将未来所有可能性都考虑在合同之中的完全合约。本书使用“一般性”合约来区别于经济中“不完全”合约的概念。所谓 PPP 一般性合约是指在 PPP 项目合约签订前利用数学概率提供了一种框架，允许评估不同事件发生的可能性并基于此，将“风险”合理地体现在参与双方的权利义务中的合约。实际上，PPP 一般性合约与不完全性合约主要体现在订立合约时对风险安排的不同。

城市公用事业 PPP 合约的公私双方共同创造的收益需要大于非合作状态下双方各自保留资本可获得的收益，其中的差额是通过 PPP 的合约安排创造的租值。在以上约束条件下，当一项资产的使用权与收入权发生分离时，必定会造成一定程度的租值消散（张五常，2022）。城市公用事业 PPP 项目参与双方先期投资需要与剩余权利分配相对应才能形成有效的激励作用。在赋予了公私各方代表风险态度（风险厌恶、风险偏好、风险中性）的系数后，分析得到以下三条不同结论：第一，当初始契约中给社会资本的收益分配比例足够大，且政府部门为风险厌恶型，而社会资本一方为风险偏好型时，将剩余索取权较多地分配于社会资本一方是能够致使整个项目更有效率的方案。第二，当政府一方在契约初期被分配的收益足够多且为风险偏好型时，如果此时社会资本方面为风险厌恶型，则向政府一方分配更多的剩余索取权为最佳选择。第三，当双方在契约的初始阶段规定各自利益应平均分配，而政府与社会资本都属于风险厌恶类型时，剩余索取权的最优分配应与风险态度系数相关并存于一个可量化的区间内。

除以上分析外，PPP 一般性合约条款还需要对影响项目剩余索取权的三个主要因素有所体现。它们分别是合作双方的风险态度、合作项目中的技术水平以及合约缔结前的初始分配比例。首先，根据本文的研究结论，公私双方的初始分配比例是租值分配的一个关键变量。我们在 PPP 合约收益条款中按照政府和社会资本初始的所有权（股权）分配比例为 4∶6 来约定，即私营部门的所有权占比为 60%，而公共部门的所有权占比为 40%。其次，在风险态度方面，本书提供了一个清晰的公私双方的风险分担矩阵。其中，一些风险需要政府与社会资本共同承担，而没有明确将责任归属划分给特定一方，但风险偏好系数的数值模式可以弥补此处研究的不足。因而，应当在 PPP 收益条款中将设定私营部门的风险偏好系数为 0.68，即公共部门的风险偏好系数为 0.32。

最后是公共部门和私营部门对于参与 PPP 项目合作的意愿，本书的研究结论，将私营部门参与 PPP 项目的意愿系数设定为 0.4，公共部门较低的参与意愿，将公共部门的合作意愿系数设定值略低于私营部门，具体系数值为 0.3。帕累托最优状态下城市公用事业 PPP 合约剩余索取权（α）的纳什均衡解为（4.3%，65.5%），应当在收益条款中明确。

2. PPP 不完全性合约

城市公用事业 PPP 不完全合约的特点是无法通过概率或频率的方式在“事前”将风险体现在合同条款中，而需要靠“事中”谈判或再谈判的方式组织合约条款。从全生命周期的角度来看 PPP 项目，它大体可分为项目识别、项目准备、项目采购、项目执行和项目移交五个关键阶段。其中，“识别、准备、采购”都属于订立合约条款的“事前阶段”。不完全合约需要随着项目进行在每个阶段或环节收集更新相关信息，从而对订立合约之初即“事前阶段”所做决策进行修正与丰富。换言之，城市公用事业 PPP 合约可以从项目的发展阶段来理解，从而划分为一般性与不完全性两种。因而，一般性合约在缔结时所明确的条款原则通常情况下在项目运营阶段仍然适用。

PPP 不完全性合约中的公用资产往往需要投资建设，而后通过在特许经营期限内通过出售产品或服务获得租值收入，意图覆盖其上头成本（Overhead Cost）的投入并且多多益善。一般情况下，公私两部门分别拥有对项目租值的部分收入权，租值分配按照合作双方事前约定的持股比例采用分成制的方式，两种方式因没有主次、优劣之分，主要依据具体项目差异进行选择，只要在租金条款中明确即可。事实上，在不完全合约条件下，一个特定的剩余控制权配置比例能起到激励公私双方共同投入的作用，相反，公私双方都进行了投资的 PPP 形式，在资产剩余控制权不清晰的情况下，极易产生为争夺收益权而竞相防御的行为，从而增加了项目本身的租值消散。

城市公用事业 PPP 新机制突出使用者付费，在设计不完全合约条款时依然需要参考 PPP 项目全周期风险管理的研究结论。具体而言，租值剩余分配的每阶段谈判的损耗系数τ^{i}，合约中强势一方采取行动的概率 h 与索取份额 β，以及合约租值剩余索取权的初始分配比例都与项目风险紧密相关。城市公用事业项目不同其面临的风险各有不同。因而，首先需要参照本书第 4 章建立的 PPP 风险清单，利用模糊综合评判法，提前对具体项目的风险进行筛选，力求做到风险防范的主次分明，各有侧重。而后，利用风险分担矩阵建立一个基本的项目风险分担框架。在此基础上，依照公私各方的出资比例，资产占有等情况设计初始租值剩余索取权的配额，所依据的是参与方承担的风险程度与所得收益匹配的原则。

卡尔·马克思曾在《资本论》中引用邓宁格的名言："资本如果有百分之五十的利润，它就会铤而走险；如果有百分之百的利润，它就敢践踏人间一切法律；如果有百分之三百的利润，它就敢犯下任何罪行，甚至被绞死的危险。"当项目开始运营后，由于 PPP 合约的不完全性，对实际产生租值的争夺，必然导致谈判的损耗，即交易费用的上升。本书提供的最终要约仲裁（The Final Offer Arbitration，FOA）是解决双边纠纷的一种典型机制。它是指纠纷双方在谈判解决无果的前提下，将纠纷事件交由一个谈判双方之外的第三方，此时第三方便可成为仲裁人。如此一来，可以有效降低交易成本，提供资源使用效率。另外，合约中强势一方采取行动的概率 h 与索取份额 β，其实就是 PPP 合约的不确定性分担问题，可以在初始配置租值剩余索取份额时敲定，也可以通过最终要约仲裁机制加以处理。

综上所述，由于完全产权类 PPP 合约与一般企业合约并无本质上的差别。一般情况下，完全产权类 PPP 合约不涉及租值分配的问题，在我国实践中也比较少见，因为未将其列入本书的考察范围。另外，除了使用者付费与政府付费两种方式外，可行性缺口补贴在实践中更多是配合以上两种支付机制，因而，被本书纳入补充条款进行表述。总而言之，在设计或完善 PPP 项目的收益条款时，首先，需要依据实际情况确定项目类型与合约类型，做到精准选择，相互匹配。其次，明确 PPP 合约的收费机制与租金配置，所依赖的是本书建立的全面准确的 PPP 风险清单，科学系统的 PPP 风险评估机制，权责清晰的 PPP 风险分担框架。最后，使 PPP 项目租金作为协调公私双方利益诉求，激励各方发挥最大努力的“调节器”，不断调节资源使用效率，朝着帕累托最优改进。有关详细内容都包含在上文的论述中。

6.3.2 PPP 合约的风险条款设计

人们无法在现实中找到一种完美的 PPP 合约，它预计并囊括了项目建设及运行中的所有风险及相应的处理办法。辩证地看，对风险规避权力的争夺就是对合作租金剩余的分配，这是一个硬币的两面。由于中国幅员辽阔，不同地域的人文与经济环境差异较大，这意味着不能够就不同 PPP 项目设计统一的风险条款而放之四海而皆准。在进行 PPP 项目风险考察时，与收益条款一样，首先需要区别项目类型与收费机制，从而能够针对具体项目特点进行精准设计。因而，PPP 合约风险条款的优化分为以下几个步骤设计：

首先，明确项目类型与收费方式。通常情况下，采用政府付费方式的 PPP 项目，其主要特征表现为私人部门专责运营管理，政府负责将新建或已建的资产委托给私人部门经营，例如，TOT（Transfer - Operate - Transfer）模式。因而，私人部门承担有限风险、政府承担大部分风险。就混合产权类 PPP 合约而言，其主要的特征表现为私人部门与公共部门联合投资且按比分利，通常采用使用者付费的。因而，在该类型合约中私人部门承担建设和运营过程中的技术风险以及额外投资的风险。政府投入部分的经营风险由政府分担，其典型模式有 BOT（Build - Operate - Transfer）。就完全产权类 PPP 合约而言，其主要的特征表现为没有公共部门与私人部门之别，社会资本或民营企业集设计建造、管理运营、维修扩建等于一身，自主经营、自负盈亏，承担建设和运营风险以及投资与建设与运营过程中所需的费用；而政府无须投资，只需承担对项目的管制职责及相应的风险。该类 PPP 合约的典型代表是 BOO（Build - Own Operation）。图 6 - 3 是以上分析的关系示意图。

其次，针对明确类型的具体 PPP 项目采用风险识别，风险评估，风险应对三个环节，依次进行设计。前文的研究收集整理了我国城市公用事业实践中的 40 个问题案例，并以此建立起全面准确的风险清单，将城市公用事业 PPP 项目风险归纳为七大类，36 个风险。在此基础上，构建风险应对的理论框架，成为 PPP 合约风险或归责条款设计时，有力的参照图谱。此外，在缔

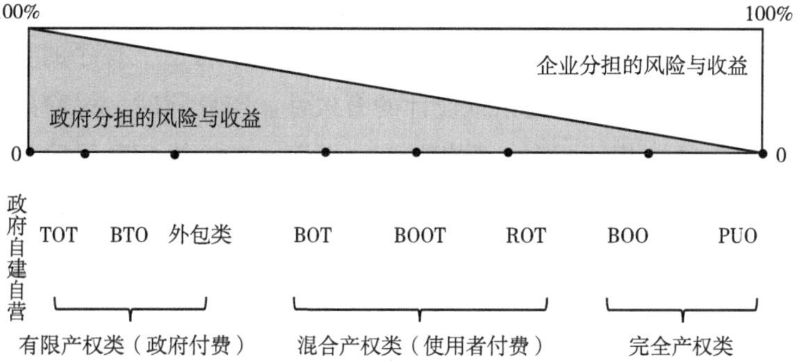

图 6－3　公共部门与私人部门在风险分配与利益获取之间的关系

结 PPP 合约之前，项目试运营期之内，以及项目中期评估当中，利用模糊综合评价法，不但可以辨别项目有可能面临的风险，还能够让参与各方认识到哪些是需要重点防范的，提高风险管理的效率，为以后的项目风险分担做好铺垫。

再次，城市公用事业 PPP 项目周期长，公私双方经常处在信息不对称或不完全的情况，PPP 项目谈判各方需要根据交易费用的大小进行决策。对于交易费用（信息费用）的度量可以利用主观概率这一强有力的工具。通过结合个人经验、专业知识以及逻辑思维，对不同基本事件发生可能性的细致评估。这种分布虽然未必能提供精确的概率数值，但足以揭示不同结果的相对可能性，PPP 项目谈判的抉择提供坚实的基础。此外，团队合作中，集合多个成员的主观判断可以得出一个更为全面的概率评估，减少个人偏见的影响。这样的灵活性条款需要在合约订立之初就明确。

最后，面对风险矩阵的双方共担风险以及不确定性，需要在合约条款中明确仲裁机制使用及条件。FOA 要约仲裁机制假设，公私双方要使自己的期望定约被选中为最终定约，就必须准确地估算 $f(x)$，而不是试图获取对方的风险承接。如此一来，公私双方围绕风险转移出价和风险承接要价的博弈过程，实质上就成为双方以 $f(x)$ 为基准不断趋向均衡的过程。这即是公私双方就无法明确责任归属的风险分担比例的分歧逐渐弱化的过程，同时，也为处理 PPP 项目未明确归责的风险分担问题提供了一个解决途径。

综上所述，城市公用事业本身具有的技术经济特征与 PPP 项目复杂的合约结构，造成了 PPP 项目风险归责的困难。不仅如此，整个 PPP 项目的全周期风险管理工作包括风险识别、风险评价、风险应对三个有序的步骤，其中任何一步失误都会导致风险条款设计的有效性。与此同时，风险条款与收益条款在设计上往往相互配合，互相补充。因而，有效的 PPP 风险分担前提是全面准确的风险清单与科学系统的风险评价机制，本书提出的跨案例综合分析与模糊综合评判能够有效解决以上两点。

6.3.3 PPP 合约的其他条款设计

城市公用事业 PPP 新机制的合约除收益条款与风险条款外，还有主体条款、监管条款、补充条款需要在 PPP 合约中加以详细说明。其中，主体条款可以说是 PPP 项目合约的总纲，规定需要介绍项目实施背景，相关术语的使用及解释，辅助性的声明与担保及合约的生效条件。尽管如此，主体条款中关于法人治理结构及经营管理机制、政府与社会资本各自参股比例、出资人代表投资金额与出资方式、合作期间获得回报的具体途径以及合作各阶段项目有形及无形资产的所有权、使用权、收入权、转让权的归属等事宜，却会因为具体的项目类型不同而有所差异。况且，主体条款一般具有比较统一的表述方式与仿照样本，此处不再赘述。以下是监管条款与补充条款的优化方案。

1. 监管条款

有效的政府监管是确保 PPP 项目良好发展的关键。PPP 合约的本质是政府让渡公用资产的使用权与收入权，允许私人部门在特许期限与范围内负责公用产品与服务的提供。因而，在 PPP 项目合约中必须强化监管措施，防止垄断损害公共利益。公共部门即政府是 PPP 项目监管的主体，因而，监管条款首先应当规定公共部门恪守廉洁从政与从业，防范腐败的责任。在此基础上，政府对 PPP 项目的监管需要明确一个参照系，以此作为项目绩效与履约等方面的评价标准。物有所值评价是评价城市公用事业 PPP 的重要原则之一，高鹤（2016）指出，3E 原则即经济性（Economy）、效性（Efficiency）和有效性（Effectiveness）是组成物有所值评价的重要部门。因而，合作双方在监管条款中应明确体现支出约的程度，投入回报率，公平与效率衡量模型等指标。

实际上，物有所值评价是 PPP 合约监管条款的基本内容，它可以分为定性评价和定量评价两种方式。定性评价通过设计项目融资难易性、政府行政能力、项目可竞争性、项目创新性、项目风险管理能力、全周期整合程度六项指标，来考察整个项目的治理结构、投融资、工程建造、运营和维护等环节能否实现效率最优化。定量评价采用 PPP 模式与政府传统投资方式产出绩效相同的前提下，通过对 PPP 项目全生命周期内政府方净成本的现值（PPP 值）与公共部门比较值（PSC 值）进行比较，从而实现成本核算，项目绩效考核与风险配置等设计的决策参照。在价格管制方面，政府比较理想的一种定价方式即是边际成本定价法，即使产品价格与其边际成本相等时定价，其最优解是边际收益等于边际成本的价格，此时社会福利能够实现帕累托最优。与边际成本定义法相似，拉姆齐定价法①，通过项目相应的需求弹性和成本测算，在实践中具有一定的适用性。

PPP 项目投融资阶段的信用审核与运营阶段的信息披露都是监管条款需要明确的内容。首先应当围绕着项目投资计划、投资规模、融资方案等问题展开设计。尤其应明确公共部门对合作项目的基金注资、担保补贴、贷款贴息等支持条款以及双方在主体条款框架下，投融资违约行为的认定和违约责任。其次，PPP 项目一般运营周期较长，也就导致对项目条款履行的难度加大，从而应当注意对履行责任的监管，如明确履约担保的类型、提供方式、提供时间、担保额度、兑取条件和退还等。除此之外，PPP 项目合作双方还需要本着维护社会公正，提高行政透明度的原则，在法律框架内，明确涉及国家安全与商业机密的相关信息披露事项，并利用监管条款规定保密信息范围、保密措施及保密责任。

工程建设是整个项目周期的重要环节，对项目建设招标采购、工程投资、工程质量、工程进度以及工程建设档案资料等事项安排特别监管措施，应在合同中明确监管的主体、内容、方法和程序以及费用安排。其次，监管

① 高于边际成本的最优定价，本质上是对各种公共服务按照其边际成本进行加成，分摊固定成本，并确定公共服务的价格的公用事业定价方式。

条款应当规定合约双方在工程建设工作中违约行为的认定和违约责任。可根据影响将违约行为划分为重大违约和一般违约，并分别约定违约责任。另外，项目验收是对工程建设最有力的监管，项目合约应该规定项目验收的计划、标准、费用和工作机制等要求。

2. 补充条款

尽管定名为补充条款，可它却是 PPP 项目合约不可或缺的一部分。补充条款包括项目合约的其他未尽事项，包括合同适用的法律、语言、货币等事项，主要分为减少项目受风险波动影响与可行性缺口补贴的运用两个方面内容。

首先，补充条款对其他各类条款还未涉及的违约行为认定，并对相应的违约责任进行明确细化，如可根据相关标准列为重大违约和一般违约，并分别约定违约责任。同时规定公私双方在合约履行期限内，除法律规定或另有约定外，任何一方不得以发生争议为由，停止项目运营服务或采取其他影响公共利益的措施。另外，补充条款还应当规定不可抗力事件的类型和范围，根据不可抗力事件对合同履行造成的影响程度，分别约定不可抗力事件的处理。PPP 项目合约在生效后发布新的法律、法规或对法律、法规进行修订都会直接或影响项目运行或各方收益，变更或解除项目合约的触发条件、影响评估、处理程序等原则都应体现在补充条款中。因特殊原因，任何一方要退出项目，需要有明确的解约流程，即明确公私双方解除合约后的结算、项目移交等事项。结合项目特点和解除事由，可分别约定在合同解除时项目接管、项目持续运行、公共利益保护以及其他处置措施等。

其次，政府还对诸如政府付费类 PPP 项目具有财政补助的责任，这也体现在补充条款当中。政府进行可行性缺口补贴时，需要根据具体项目的建设成本、运营成本及利润水平合理测算。其计算公式为：

$$\text{当年运营补助支出数额}=\frac{\text{项目全部建设成本}\times(1+\text{合理利润率})\times(1+\text{年度折现率})^{\eta}}{\text{财政运营补贴周期（年）}}+\text{年度运营成本}\times(1+\text{合理利润率})-\text{当年使用者付费数额}$$

其中，η 为运营年限。除此之外，政府提供 PPP 项目所需配套措施，还包括土地征收和整理、建设部分项目配套措施、完成项目与现有相关基础设施和公用事业的对接、投资补助、贷款贴息等，这也体现在补充条款当中。

本章小结

本章深入探讨了城市公用事业 PPP 不完全性合约相关内容并综合所有研究结论提供了城市公用事业 PPP 合约的优化设计方案。首先，通过动态博弈方法，分析了公私双方在专用性资产投资合作形式中的互动，以及影响谈判和租值分配的关键因素。其次，探讨了 PPP 合约不完全性与交易费用的相关性，提出通过合理机制设计和风险分配降低潜在负面影响。分析了如何利用贝叶斯方法和无信息先验概念处理合约中的不确定性问题，为合约订立之初的剩余索取权分配提供了数理模型和博弈理论工具。最后，本章总结了城市公用事业 PPP 新机制合约条款的优化设计方案，包括收益条款、风险条款及其他补充条款的设计。

第7章

高质量发展我国城市公用事业PPP新机制的相关政策建议

综合前文研究结论，无论是PPP项目的顺利实施，还是我国城市公用事业的长足发展，都离不开合理的合约优化设计、完善的法律保障体系、有效的政府监管机制和群策群力的社会性监管。本章整理前文研究结论并参考相关文献，从合约设计、法律保障、政府监管和社会共治四个层面，给出发展我国城市公用事业的具体政策建议。

7.1　优化城市公用事业 PPP 项目合约设计

PPP 新机制的本质是以长期合作、伙伴关系、风险分担、利益共享为原则，根据不同的约束条件，建立在公共部门（政府）与私人部门（社会资本）之间的特许经营合约。因而，面对 PPP 新机制发展过程中的诸多挑战，首先应着眼于 PPP 的合约治理，以不断优化合约条款设计的方式，为 PPP 新机制在我国城市公用事业领域的高质量发展提供有力支持。

7.1.1　科学设定模式匹配机制

PPP 模式以其灵活且具有弹性的合约设计，最优拟合了政府与社会资本双方的优势，成为城市公用事业领域内一种替代性的制度安排。按照产权类型可以将 PPP 合约可分为有限产权类、混合产权类、完全产权类三类。按照收费机制可以分为使用者付费、政府付费、可行性缺口补贴。如何针对不同城市公用事业项目将以上各种选项有效匹配，关乎 PPP 新机制能否实现高质量发展。因而，优化城市公用事业 PPP 项目合约应当从完善模式匹配开始。

第一，明确城市公用事业项目的所属类型。PPP 新机制可以对应有三种项目类型。(1) 经营性项目是指具有明确的收费基础，能够提供稳定的现金流，并且经营收费能够完全覆盖投资成本的项目；(2) 准经营性项目是指经营收费不足以覆盖投资成本，需要政府补贴部分资金或资源的项目；(3) 非经营性项目是指缺乏“使用者付费”基础，主要依靠“政府付费”回收投资成本的项目。由于城市公用事业直接关系到城市居民的生活质量和城市的产能水平，并且具有现金流回报充足，长期收入稳定的特点。所以，一般情况下，我们都将其视为经营性或准经营性项目。根据本书的研究，PPP 合约中采用使用者付费与可行性缺口补贴的收费方式比较恰当。

第二，明确城市公用事业 PPP 项目的产权结构。(1) 有限产权 PPP 合约类似于服务外包性合约，在我国的实践中一般都是政府掌握公用资产的所有权，私人部门利用专业的管理优势提供基础性的运营与维护等服务。政府可以通过对项目公司的服务绩效评价来判断私人部门最终的收益，通常采用使用者付费或可行性缺口补贴的方式进行结算。由于私人部门只负责工程建设后的运营维护等部分工作，因此无须承担工程技术及建设施工方面的风险，PPP 风险条款中需要特别注明。(2) 混合产权类 PPP 合约通常采用使用者付费及可行性缺口补贴的收费方式。政府会根据物有所值评价，项目绩效考核以及每年度的收益状况来调整公用资产的租金及相应条款。在项目特许经营期满后，私人部门需要通过有偿或无偿的方式将项目资产移交给政府，但即使在特许经营期内，政府对项目资产也具有特许协议下的监管权力。另外，政府与社会资本双方应该按照本书得出的风险分担矩阵来合理地进行风险条款的安排。(3) 完全产权类 PPP 合约应该采用使用者付费及可行性缺口补贴的支付形式。在整个项目营建过程中私人部门拥有公用资产或设施的所有权，在无触犯法律及重大违规事件发生的情况下，公共部门不得收回其特许经营权。风险分担矩阵中与工程技术及建设施工有关的原本需要双方共担的风险，在 PPP 合约中应当注明直接由私人部分来承担。

第三，建立城市公用事业 PPP 模式的匹配度的测算指标体系。政府不会向项目提供可行性补贴或再投资，往往被视为不可信的威胁（Non - credible Threat）。与此相对，如果没有政府财政补贴的可能性，即使是“优质”项目，项目经理也可能因为预期回报为负而不愿启动。从微观层面出发，透过激励相容机制的视角，我们发现政府一方面需要维持财政纪律和预算约束，另一方面又要支持社会资本积极参与城市公用事业 PPP 项目。政府必须在这两个目标之间找到平衡，同时确保公共资金的有效使用。本书建议采用模糊综合评判法、应用模糊变化原理和最大隶属度原则，针对难以用准确数字进行量化的评价问题，考虑与评价对象相关的各种因素，通过数学处理，对其作出综合评价。实践中，测算体系的指标选取至关重要。一般情况下，可以通过调查走访、专家深度访谈、相关文本及影音资料的分析获得。在一级指标项下，可以考虑项目的外部性、所处市场结构、项目收益性、项目风险性等。在二级指标项下，可对生产外部性、消费外部性、项目进入退出壁垒、产品可替代性、竞标者数量、产品收费潜力、资产流动性、行业风险等进行综合定量分析。最终，通过 PPP 模式匹配机制来优化 PPP 合约治理，从而实现项目效率最大化。

7.1.2　合理配置项目租值比例

PPP 项目中的公私双方共同创造的收益需要大于非合作状态下双方各自保留资本可获得的收益，其中的差额是通过 PPP 的合约安排创造的租值。换言之，社会资本参与 PPP 项目的激励机制就是合作的结果必须要有租值剩余，否则理性的经济主体会退出项目，重新回归到市场进行选择。实际上，PPP 项目租金作为协调公私双方利益诉求，激励各方发挥最大努力的“调节器”，不断调节资源使用效率，朝着帕累托最优改进。对于城市公用事业 PPP 项目合约的租值配置分为以下两种情况。

第一，城市公用事业 PPP 一般性合约。城市公用事业 PPP 项目参与双方先期投资需要与剩余权利分配相对应才能形成有效的激励作用。首先，当初始合约中给社会资本的收益分配比例足够大，且政府部门为风险厌恶型，而社会资本一方为风险偏好型时，将剩余索取权较多地分配于社会资本一方是能够致使整个项目更有效率的方案。其次，当政府一方在契约初期被分配的收益足够多且为风险偏好型时，如果此时社会资本方面为风险厌恶型，则向政府一方分配更多的剩余索取权为最佳选择。最后，当双方在契约的初始阶段规定各自利益应平均分配，而政府与社会资本都属于风险厌恶类型时，剩余索取权的最优分配应与风险态度系数相关并存于一个可量化的区间内。

我们在 PPP 合约收益条款中按照政府和社会资本初始的所有权（股权）分配比例为 4∶6 来约定，即私营部门的所有权占比为 60%，而公共部门的所有权占比为 40%。其次，在风险态度方面，本书提供了一个清晰的公私双方的风险分担矩阵。其中，一些风险需要政府与社会资本共同承担，而没有明确将责任归属划分给特定一方，但风险偏好系数的数值模式可以弥补此处研究的不足。因而，应当在 PPP 收益条款中将设定私营部门的风险偏好系数为 0.68，即公共部门的风险偏好系数为 0.32。最后是公共部门和私营部门对于参与 PPP 项目合作的意愿，本书的研究结论，将私营部门参与 PPP 项目的意愿系数设定为 0.4，公共部门较低的参与意愿，将公共部门的合作意愿系数设定值略低于私营部门，具体系数值为 0.3。帕累托最优状态下城市公用事业 PPP 合约剩余索取权（α）的纳什均衡解为（4.3%，65.5%），应当在收益条款中明确。

除以上分析外，PPP 一般性合约还需要结合本书在第 4 章论述中建立的风险清单，在项目缔约之前，项目试运营期间，以及项目中期评估阶段，利用模糊综合评价法，将风险量化并分级，让决策人了解哪些风险至关重要，哪些微不足道，并预先排除最有可能发生的风险，保证 PPP 项目在最大限度上做好提前防范。有关政府付费类 PPP 项目中产品或服务的使用量与质量的考察标准，相关绩效评价体系等事项应体现在合约的监管条款当中。

第二，城市公用事业 PPP 不完全性合约。在经济活动中，收入权的界定不清与使用权界定不清都会给生产效率带来负面影响（李俊慧，2015）。因而，PPP 合约双方在资产剩余控制权不清晰的情况下，极易产生为争夺收益权而竞相防御的行为，从而增加了项目本身的租值消散。在进行使用者付费类 PPP 项目合约设计时，依然需要参考前文 PPP 项目全周期风险管理的研究结论。具体而言，租值剩余分配每阶段谈判的损耗系数τ^i，合约中强势一方采取行动的概率 h 与索取份额 β，以及合约租值剩余索取权的初始分配比例都与项目风险紧密相关。另外，城市公用事业 PPP 合约再谈判无可避免，将不确定性视为可被比较大小的交易费用，采用贝叶斯推理法，能够帮助公私各方的决策。虽然这无法单独得出一个精确的假设概率值，但仍然能够使用贝叶斯定理的这一形式来比较假设。对假设进行比较，就意味着我们可以确切地知道一种假设对观察内容的解释要比另外一种假设的可信度强多少，从而作出最有利于己方的决策。

城市公用事业项目不同，其面临的风险各有不同。因而，首先需要参照本书第 4 章建立的 PPP 风险清单，利用模糊综合评判法，提前对具体项目的风险进行筛选，力求做到风险防范的主次分明，各有侧重。而后，利用层级关联建立一个基本的项目风险分担框架。在此基础上，依照公私各方的出资比例，资产占有等情况设计初始租值剩余索取权的配额，所依据的是参与方承担的风险程度与所得收益匹配的原则。另外，当城市公用事业 PPP 不完全合约项目开始运营后，由于 PPP 合约的不完全性，对实际产生租值的争夺，必然导致谈判的损耗，即交易费用的上升。本书提供的最终要约仲裁（The Final Offer Arbitration，FOA）是解决双边纠纷的一种典型机制。它是指纠纷双方在谈判解决无果的前提下，将纠纷事件交由一个谈判双方之外的第三方，此时第三方便可成为仲裁人。如此一来，可以有效降低交易成本，提供资源使用效率。另外，合约中强势一方采取行动的概率 h 与索取份额 β，其实就是 PPP 合约的不确定性分担问题，可以在初始配置租值剩余索取份额时敲定，也可以通过最终要约仲裁机制加以处理。

总而言之，PPP 模式追求的是长期合作，培育合作伙伴往往比单纯一个项目的成功更具战略意义，也更有利于这一模式的良好运行和协调发展。若企业在项目初期便将社会公共利益作为其目标函数，项目最终的成功率必然会大大提高（欧纯智和贾康，2017）。

7.1.3　完善动态风险管理框架

城市公用事业 PPP 项目全周期风险动态管理主要包括三个方面内容，即全面准确的风险识别清单、科学系统的风险评价机制、权责清晰的风险分担框架。

第一，风险识别清单可能由于用词习惯的变化或时代进步的因素等原因而有所不同，但就其基本原理及分类来说却大同小异。具体而言，首先，利用跨案例法整理分析的方式充分识别风险敞口，将城市公用事业 PPP 项目风险总结归纳为七大类，包括政府引致风险、法律风险、金融风险、项目建设风险、市场运营风险、不可抗力风险和工程技术风险，并且以一级指标呈现。其中，包含 36 种具体风险，以二级指标呈现。

第二，利用模糊综合评判与专家打分相结合的方式，建立一套科学系统的 PPP 项目风险指标评价体系，可采取如下指标评价体系模板：（1）构建风险因素指标体系，分析项目风险因素种类，将风险划分为各个层次，按不同层级构成风险因素的指标体系。（2）建立判断矩阵，求得各个风险因素权重值，将同级因素指标间的相对重要程度通过两两比较的方式建立风险判断矩阵，最大限度降低主观因素的影响。（3）检验矩阵的合理性，为保证通过判断矩阵计算出的权重值的合理性和逻辑性，需要通过对几个指标的计算和比较来对判断矩阵进行一致性检验，当矩阵满足：$C.R=\frac{C.I}{R.I}<0.1$ 时，判断矩阵符合一致性检验标准，否则矩阵需做出修改。其中 $C.I$（Consistency Index）为一致性指标。（4）模糊综合评判，在建立判断矩阵、得到各风险因素的权重后，需要确定各风险因素的隶属度，隶属度表示个体元素隶属于某一集合的程度，是（0，1）之间的一个值，该值越大说明隶属度越高，引入隶属度是为了说明影响项目成败的某种风险元素对项目的影响程度。而后根据评价等级，由专家对每项因素进行评价，从而得到评价等级的模糊函数矩阵。最后再在各类影响因素之间进行综合评判，可以得到案例项目的总体风险等级。值得一提的是，风险评价机制不仅可以被用于项目实施之前进行预警，还可以在项目试运营阶段以及中期评估阶段发挥其甄别风险的功能，只不过因为阶段不同而设置的风险变量有别而已。

第三，采用风险分担矩阵与 FOA 仲裁机制相结合的方式建立起权责明晰的 PPP 项目风险分担框架。政府部门承担的风险主要参照风险归责原则来确定，共有 15 个。这些风险中，大部分风险的起源和归责对象是政府（公共部门），如腐败、政府干预、政府信用等因素，也有个别风险是较为复杂的情况。比如，“土地证拆”风险是指中央或地方政府强行没收项目，虽然没收项目的主体是中央或地方政府，但是其原因可能是该项目的部分具体合约条款违反中央政策和方向，也可能是负责项目的地方官员的违规操作，因此该风险的归责对象应该视项目的具体情况而定。与之相反，社会资本适合承担的风险主要参照风险损失原则来确定，共有 9 个，不过，这些风险的发生的来源不完全是社会资本方。比如，完工风险、供应风险的发生来源可能是施工单位和供应商，他们都是社会资本的委托方。再如，融资风险可能受宏观经济环境的影响更多。除此之外，公私双方适合共担的风险共有 13 个。双方共同承担风险主要有以下特点：双方都不能完全独立控制；双方对于风险事件的发生都有部分责任；风险事件发生所带来的后果对双方都可能产生影响。

对于政府与社会资本共担的风险，若双方通过协商谈判无法达成一致，或者再谈判的成本极其高昂，公私双方都无法承受，就需要利用 FOA 要约仲裁机制来解决未明确责任的风险分担问题。公私双方围绕风险转移出价和风险承接要价的博弈过程，实质上就成为双方以 $f(x)$ 为基准不断趋向均衡的过程。这即是公私双方就无法明确责任归属的风险分担比例的分歧逐渐弱化的数理推导方法，同时，也为处理城市公用事业 PPP 项目未明确归责的风险分担问题提供了一个可行的道路。

7.2 健全 PPP 法律法规及完善其合约保障

由于城市公用事业 PPP 项目投资大、建设周期长等特点，参与各方在履行合约过程中，在其权利义务的确定、风险分担和利益分配等方面，常常产生争议或纠纷，由于法律纠纷处置不当而导致项目暂停甚至提前终止的案例屡见不鲜。完善的 PPP 项目法律保障体系，对于有效防范 PPP 项目的法律风险、妥善解决 PPP 项目中的法律纠纷、保障 PPP 项目顺利实施至关重要。

7.2.1 强化合约合法合规审查

PPP 合约是整个项目的核心，一些不规范的合约，可能会带来政府隐性债务风险。对 PPP 合约的风险管控，需要建立一个事前、事中和事后全过程管控的体系，特别是事前对于 PPP 项目合约进行合法合规性审查，对于防范 PPP 项目中的法律风险、防止未来 PPP 项目实施过程中可能出现的纠纷和隐患尤为重要，是确保项目在全生命周期内顺利实施的前提。

首先是对主体合法性的审查。应严格审查签约主体的资格，审查的重点应包括 PPP 项目合约中的社会资本一方是否经过县级以上人民政府授权、是否具有法人资格等、是否为严格通过采购程序确定的合作方。另外，坚持政企分开原则，加强审查 PPP 项目合约主体的合规性，地方政府融资平台公司不能作为社会资本方签订合约，国有企业或地方政府融资平台公司不能代表政府方签订合约。对于合作的社会资本方是否具有与项目建设相匹配的能力和资质，也应该作为重点关注内容。

其次是对合约内容的审查。对于合约内容的合法性审查，要重点关注涉及权利义务的各项条款，是否通过平等协商基础上约定各方的权利和义务，体现平等性、契约性、可谈判性，对于项目出资、股权转让、服务质量与标准、收益分配方式、履约担保、风险分担等方面是否条款是否明确，对于项目投资、建设、运营全生命周期各阶段各方权利义务是否明细，是否违反

《预算法》《公司法》《合同法》等有关法律法规规定。对于合约中是否含有“固定回报、明股实债、到期回购”等政府违规举债的内容，也应作为重点审查的内容。

最后是对合约过程的审查。合约的谈判、缔结过程是否合法合规，也将直接影响合约的合法合规性。要重点关注项目政府的缔约过程是否合规，PPP 项目招标信息是否向社会公开，包括招投标文件、评审结果等，评审过程和结果确保公开、透明。根据财政部印发的《政府和社会资本合作项目财政管理暂行办法》（财金〔2016〕92 号），在结果公示结束后、PPP 项目合同正式签订前，项目实施机构应将 PPP 项目合同提交行业主管部门、财政部门、司法部门等相关职能部门审核后，报本级人民政府批准。因此，各职能部门作为 PPP 合约签订前的最后一道关口，要发挥好合法性审查的作用。另外，还要严格防范通过签订阴阳合同，由政府方为项目融资提供各种形式的担保、还款承诺等方式，由政府财政兜底项目投资建设运营的风险。

7.2.2 厘清 PPP 合约法律性关系

在 PPP 项目中，签订合约的两方分别为政府部门和社会资本，PPP 合约本质上是一种特许经营的行政许可，从合约的主体、本质特征来看，PPP 合约属于行政协议的范畴。而从合约内容来看，政府一方与社会资本就项目出资、股权转让、收益分配等方面协商一致，这些事项均属于民商事的范畴，从合约形式来看，PPP 合约也具有平等性、可谈判性等民事合同的特征（胡潇潇，2016）。除公共部门与社会资本之间的特许经营项目合约外，负责项目投资、建设、运营的各参与方及供应服务第三方之间也会缔结一系列合约来确定彼此的权利义务，并以此作为各方主张权利、履行义务的基本遵循，这些合约共同构成复杂多样的 PPP 合约体系和法律关系。2019 年，财政部出台了《关于规范政府和社会资本合作合同管理工作的通知》（财金〔2014〕156 号），同时发布《PPP 项目合同指南（试行）》，明确了 PPP 项目合约兼具行政法律关系和民商事法律关系，然而在规则层面，目前并没有专门的法律针对 PPP 合约的性质和争议解决作出规定。当 PPP 合约出现争议或纠纷时，究竟属于民事纠纷还是行政争议，采取何种法律、通过何种程序解决，适用行政诉讼法解决争议还是采用仲裁方式，往往存在较大争议。

因此，为了解决合约各方的困惑，建议通过深入研究、充分论证，就 PPP 项目合约中不同内容的不同属性进行明确区分，将 PPP 合约中行政法律关系和民商事法律关系各自的范畴明确下来，厘清 PPP 合约的法律关系属性问题，并固化下来，上升到法律法规层面。当纠纷产生时，可以根据具体争议的内容决定其中的法律关系，从而选取不同的解决机制。对于政府部分向社会资本授予特许经营权或是对项目进行规划、监管的行为，应划分在行政法律关系范畴内；而在项目建设、运营维护、收费机制、股权转让等方面，政府部门与社会资本作为两个平等的民事主体之间约定产生的权利和义务，应划分在民商事法律关系范畴内。

7.2.3　建立立体化法律法规体系

PPP 模式是在法律框架下形成的合约伙伴关系，需要由相关的法律法规为依托构建良好的 PPP 项目监管体系，即体系建设、法规先行。从表面来看，我国规范 PPP 的法律体系具备层次性，涵盖“顶层设计”的目标指向需要，也具体明确了一些技术性标准。但是，详细梳理已有法律法规会发现，有关 PPP 的法律体系需要进一步完善。目前对于 PPP 的法律层面约束，仍是通过《中华人民共和国政府预算法》和《中华人民共和国政府采购法》作为依据，且这两部法律并不是专门规范 PPP 问题的，无法完全适应 PPP 发展的需要，存在一定的“适配性”问题。并且以上法律法规出台的时间早于 PPP 新机制的建立，随着近年来 PPP 理论和实务层面又出现了许多新思路、新问题，总结出了新经验、新规范，相关法律法规未及时修订，使它们的“时效性”也大打折扣。缺乏更具针对性、适时性的法律法规，对 PPP 项目的风险分担、收益分享等问题产生了巨大隐患，也在一定程度上限制了 PPP 模式的健康长足发展。

第一，强化顶层设计，加速国家层面上位法的出台。行业有规制有规范才能走得更久远，目前 PPP 正进入规范化发展的新阶段，在这个阶段里，既可以参考国际经验，如德国的《公私合作促进法》、韩国的《民间参与基础设施法》、日本的《运用民营企业活力加速兴建特定公用设备临时措施法》

等，在全国人大及其常委会层面出台一部专门的立法，或者由国务院牵头，综合国家发改委和财政部的经验，出台一部专门性条例来规范行业的发展，还可以总结由发改委牵头起草的《基础设施和公共事业特许经营法（征求意见稿)》和由财政部牵头起草的《政府和社会资本合作法（征求意见稿)》两部草案的有益内容，结合国家发改委新机制建立健全的需要，出台一部部门法规。无论采取何种形式，这部法律法规都应当发挥总领作用，避免地方政府在理论和政策理解不到位的情况下，异化现有政策，削弱 PPP 建设城市公用事业的有效性。立法应该建立在对 PPP 实操问题全面研究的基础之上，厘清过去各方对于 PPP 理解的误区，化解相关法律及政策冲突。现今社会各界对 PPP 项目国家上位法的出台依然充满期待，出台上位法可以说是众望所归，也更加有利于协调和推进 PPP 行业的发展。

第二，在具体立法的过程中，有关方面也需要综合考察国内外有关经验，科学立法。在 PPP 立法问题上，欧美，尤其是海洋法律体系国家（英国）往往选择先立法、再改革的路径（庞朝骥，2007)。在法律约束的条件下，改革成本较小，但也存在改革红利不足等问题。中国是一个典型的大陆法律体系国家，自 1978 年以来，我国一直坚持先改革、后立法的路径，比如独具特色的“试点”制度。这一政策安排，能够极大地释放改革红利，但也需要承担巨大的改革成本（凌湄和刘晓音，2004)。尤其在改革初期，政府治理能力不足、治理体系不完善的条件下，往往陷入“一管就死、一放就乱”的摇摆抉择困局中（郭剑鸣和康莉莹，2015)。因此，在 PPP 的立法过程中，有关部门应该在合理平衡公权力与私权益的基础上，吸收 PPP 模式应用比较成熟的国家的立法经验，并结合我国国情，降低立法成本、提高治理水平。地方政府则可以“量体裁衣”，出台一系列地方法规，吸引私人部门与地方政府展开合作，促进区域经济的发展。

第三，纵观世界发达国家，对城市公共事业 PPP 项目的监管体系，主要由法律、法规和政府规范性文件及合约等组成。现有 PPP 法律的建设都强调立法、执法的问题，其实法律法规的“软”效力也值得进一步关注和挖掘。如法律救济往往对 PPP 也十分重要，因为私营部门在与政府的合作中天然具有处于“弱势”，引导企业利用法律手段保护自身利益，也是政府监管的职责所在。而在 PPP 项目合约正常执行的过程中，法律手段的使用应当次于经济手段，因此法律法规的建立和完善也需要配合法治化营商环境的优化。法律法规可以明确在PPP合约内部以及对PPP项目进行监督过程中政府权力的边界，规范政府依法行政。根据PPP全生命周期中政府权力行使的环节设计规制方式。在PPP项目合同订立之前，强调法律法规在促进公正、高效、透明营商环境的作用。在PPP项目合同订立之后，保证法律法规有利于诚信履约、平等对待社会资本的作用。值得一提的是，无论是项目的识别、准备、采购、执行和移交等阶段，法律法规都需要规范政府部门介入的方式和程度，设定严格的程序，保证公共部门的权威性以及社会资本的合法利益和积极性。

7.3　加强城市公用事业PPP项目政府监管

随着近年来政府监管理念和政策工具的转变和创新，我国的城市公用事业发展进入了一个快速发展阶段。但承龙（2016）认为，政府倘若没有设计有效的竞争和监管政策就推行特许经营（PPP模式），很可能造成经营效率低下、项目失败的后果。可以说我国城市公用事业PPP新机制的高质量发展要求各监管方革新监管理念、重构监管目标、转变监管方式、设计高效的监管途径，建立符合市场经济规律的监管体系，为PPP模式的健康发展保驾护航。

7.3.1　树立尊重市场化的监管理念

原本由财政部和国家发改委共同管理的PPP平台（全国PPP综合信息平台），现在转变为主要由国家发改委负责经营和推进的平台（全国PPP项目信息监测服务平台），这种管理架构的变化可能会带来一定的适应期。在这个过渡期内，可能会出现政策解读不一致、协调机制不够顺畅以及相关法规更新滞后等问题。为降低其带来的风险，需要制订明确的过渡期指导方案，为新旧机制的转换提供清晰的路径和操作指南。建立跨部门沟通协调机制，确保政策执行的连贯性和一致性。在此背景下，对城市公用事业PPP新机制的监管应当总结国际经验和已有改革成果并结合《关于规范实施政府和社会资本合作新机制的指导意见》的主旨思想，对现有监管理念和模式进行调整，树立激励性监管的行政理念。

第一，首先需要厘清政府与市场的关系，明确公共部门与私人部门在 PPP 合约中各自扮演的角色。卡尔·马克思（Karl Marx，2004）曾在《资本论》中引用邓宁格的名言："资本如果有百分之五十的利润，它就会铤而走险；如果有百分之百的利润，它就敢践踏人间一切法律；如果有百分之三百的利润，它就敢犯下任何罪行，甚至被绞死的危险。"从理性人角度讲，社会资本参与城市公用事业项目就是为了追逐超额利润。PPP 合约中的私人部门有可能弃公共利益于不顾，以自身利益最大化作为其生产的目标函数。而政府与人民存在"委托—代理"关系，出于维护人民的利益和保证公信力的需要，政府在城市公用事业的建设过程中更关注工程的质量、福利性及社会效应等方面。尽管如此，除了监管与被监管的角色，双方还是合作伙伴（刘穷志和任静，2016）。从合作伙伴的关系出发，双方是存在目标一致性，企业的利益与公共利益也是可以共存的。激励性监管要求转变监管思路，变"监管型"政府为"服务型"政府。科学的政府监管不仅是对企业的管制，还应当包括对企业利益的保护，以企业利益的实现助推公共利益的实现。

第二，激励性监管理念还需要遵循有效竞争的原则。从城市公用事业的产业结构来看，大致可分为生产加工、运营输送、产品销售三个主要环节。其中，运营或输送环节由于具有网络性，被视为非竞争性业务，其他环节属于竞争性业务。党的十八届三中全会通过的《中共中央关于全面深化改革若干重大问题的决定》明确提出，对包括主要城市公用行业在内的自然垄断行业，要"实行以政企分开、政资分开、特许经营、政府监管为主要内容的改革，根据不同行业特点实行网运分开、放开竞争性业务，推进公共资源配置市场化"，PPP 模式具有纵向一体化的组织形式，能够通过整合各业务环节在"有为政府"与"有效市场"之间寻找一种平衡。在此基础上，实行政府激励性监管首先要放宽市场准入，形成有效竞争格局。例如，在现有 PPP 项目参与方之外，鼓励并引导潜在竞争者进入，同时享有平等使用现有的垄断性网络设施，以提供潜在的竞争性服务。又在保持现有 PPP 项目运营主体的同时，加入新的纵向一体化企业，改变原有的垄断性的网络元素市场，形成寡头竞争性的网络元素市场，即形成“数网竞争”的市场结构。总而言之，激发现有企业活力，改善供给效率是激励性监管理念的基本原则。

第三，监管应在严肃财政纪律保证公共品高质量供给之间取得平衡。比较PPP领域监管旧机制和新机制可以发现，PPP项目的经营方式、收益获取方式和适用领域都得到了一定程度的约束，尤其是适用领域采用了正面清单的方式予以明确。这一系列改革背后的原因是我国在旧的PPP监管模式下，财政纪律未得到有效约束，部分造成了商业行为和地方政府无序投资行为的风险外溢化，侵蚀了财政资源、损害了公共部门信用，因此，在新机制建立和运行的全过程，必须牢牢把握财政纪律，深入研究PPP领域财政和金融协同运作的机制，避免商业行为和市场主体间金融借贷行为产生的经营性、私人性风险传导至财政领域，诱发隐性债和地方政府违法违规信用担保问题。在正常的财政金融协同机制建立后，要积极探索做大做强PPP新机制，以结果为导向，细化PPP重点领域正面清单，并根据我国重大发展战略、重大科技战略和重大区域战略需求，对正面清单实现稳步扩容。为保证公共品供给的数量和质量与人民群众对美好生活的向往相一致，还可以探索设立民营企业参与“黑名单”，对不符合资质、存在违法违规行为的社会资本采取一定期限的市场禁入举措，降低项目建设初期的搜寻成本、提高项目成功运行的概率。

7.3.2　完善现代化的政府监管体系

构建科学完善的城市公用事业PPP模式政府监管体系，离不开科学的规则、专业的监管队伍、完备的监管制度、合格的参与主体共同作用，优化城市公用事业建设，提升整体水平。首先，应重视专业人才的培养，通过专业培训和继续教育提高监管人员对PPP项目的财务、法律和技术方面的理解与分析能力。其次，需要在技术层面进行投入，建立和完善监管信息系统，利用大数据、云计算等技术手段提高监管效率和准确性。此外，监管机构应不断优化监管机制和流程，明确监管职责，简化监管程序，确保监管活动高效、透明。同时，建立独立的监管机构，制定明确的监管规则和标准，强化监管透明度和问责机制，确保监管机构的决策过程和结果公开，接受公众监督。最后，合理分配监管资源，优先考虑风险评估，利用数据分析指导资源分配，实现资源的优化配置。

PPP 是一种在合约框架下形成的公私合作机制，其基础是现代企业法人制度，其要求条件为产权明确、权责一致、政企分开、科学管理（杜唯平等，2017）。政府的监管体系建设同样需要符合现代企业制度。随后，引入相关利益方，实现政府监管体制改革网络化。各行业可以成立相关协会，利用自身技术和专业人才优势。加强公开招标制度的完善，健全听证制度以及规范谈判制度。城市公用事业的发展与完善，需要广泛动员社会各方面力量的参与，进而增强政府规制的有效性，促进改革的深入发展。

第一，良好的 PPP 政府监管体系需要以相关法律法规为准则。纵观世界发达国家，良好的监管体系一定由相关的法律法规为依托，即体系建设，法规先行。对城市公共事业 PPP 项目的监管体系，主要由法律、法规和政府规范性文件及合约等组成。现有 PPP 法律的建设都强调立法、执法的问题，其实法律救济往往对 PPP 更加重要。因为私营部门在与政府的合作中天然具有处于“弱势”，引导企业利用法律手段保护自身利益，也是政府监管的职责所在。另外，立法部门在有关问题上也要适时调整有关法律，消除新法与旧法的矛盾。比如，针对诉讼的相关法律之间关系不明晰这一情况，由于不同的诉讼救济途径将对当事人权益产生重大影响，因此必须厘清相关法律之间的关系。同时，让仲裁机制发挥作用，有效规避法律条文冲突与政府行政干预等问题。海洋法律体系国家（英国）往往选择先立法、再改革的路径（庞朝骥，2007）。在法律约束的条件下，改革成本较小，而中国是一个典型的大陆法律体系国家，自 1978 年以来，一直坚持先改革、后立法的路径。因此，在 PPP 的立法过程中，适当吸收发达国家立法经验并结合我国国情，可以降低立法成本、提高治理水平。

第二，在政府监管体系中设立相对独立的监管机构。对于 PPP 项目的监管并非主体越多、监管层级越丰富，就意味着监管的效果越充分。对此，有学者建议应当学习发达国家的 PPP 监管经验，设立独立的监管机构，避免监管空档是我国 PPP 政府监管体系建设的当务之急（李楠楠，2017）。例如，美国各个州都有专司公共事业的机构——公共事业管理委员会（PUC）。另外，英国财政部同样下设有专门机构负责 PPP 项目的推介管理工作（贾康和孙洁，2014）。参照发达国家的发展经验，我国城市公用事业PPP监管体系内原有的相关行政部门应当专注于制定相关产业政策和与其他政府部门的协调合作，不再进行具体监管，即以“政监分离”为基础，建立隶属于行政部门的、具有相对独立性的监管机构。

第三，设置监管部门之间的协调机制。有效的PPP监管体系应当通过建立跨部委的协调机制避免多头监管，职责不清的局面。我国城市公用事业PPP由政府多部门共同监管，比如，在立项阶段和招投标阶段，由发改部门进行监管。PPP项目的财政承受能力和物有所值评价等由财政部门进行监管；而按照《国务院关于“先照后证”改革后加强事中事后监管的意见》（国发〔2015〕62号）中“谁审批、谁监管，谁主管、谁监管”的原则，对于特定行业的PPP项目有关事项由其行业主管部门负责监管。

第四，建立各部门间的协调机制。由于城市公用事业PPP项目涉及经济管理、金融财政、工程技术以及法律政策等多个专业领域，各地公安、商务、住建、国土、环保、市场监管、税务等部门都从不同职能部门参与PPP项目监管，项目监管很难形成合力（张偲，2015）。针对我国PPP监管体系内的矛盾，本书认为应当借鉴发达国家的PPP治理经验，建立政府各个主管部门间的协调机制。协调机制建立的一个重要前提是明确各部委之间的职能界限。简言之，发改部门一般负责总体规划和结构规划，不直接参与具体PPP项目的运营管理；相对而言，财政部门通常负责对发改部门的总体规划进行分类落实，比较关注财政资金使用效率方面的问题。鉴于此，财政部应该改善项目财务管理，同时努力协调和其他职能部门之间的工作。总而言之，部门间协调机制的设立将对城市公用事业PPP项目监管体系的完善起到重要作用。

7.3.3　健全科学系统的监管监督机制

PPP模式的合约本质要求政府对其进行监管，这也是保证目标项目有效实施的根本手段。对于政府而言，PPP新机制是新生事物，对其监管的经验可以说还在积累阶段。在国务院和各部委积极倡导的背景下，政府需要围绕监管位置、监管程度、监管内容和监管方式等问题在技术层面上进行设计和论证，避免监管的越位、缺位和失位现象，这也是科学运用 PPP 模式建设城市公用事业的关键。在此基础上，对监管机构或相关行政部门自身的监督也是政府监管的重要组成部分，构建行之有效的绩效考核机制是健全监管监督机制的核心内容。在政府监管实践中，常常简单地把城市公用事业 PPP 项目的绩效当作政府监管的绩效，这是我国 PPP 实践中的一个误区。城市公用事业所供给的产品及服务具有普遍性、公用性及不可替代性，这意味着它无法像其他行业一样通过销售数量去衡量公众的满意度（陈小安，2009）。这也为该领域的绩效评价体系的设计增加了难度。目前大多数的城市公共项目 PPP 管理体系大多只适用于某些具体的公共行业，而不具备普适性，政府在不同行业的监管绩效无法一起进行比较，政府监管的绩效也并不等同于行业绩效（陈龙，2017）。

科学系统的 PPP 项目监管绩效评价指标体系应当坚持监督为主、激励机制为辅的监管路径，适当采取特许经营权竞标、标尺竞争等方法。实际上，PPP 项目的政府监管绩效评价体系还需要克服自身的主观性，多加强对自身的监管。当前 PPP 项目政府监管绩效评价主要集中在对私营部门在项目运营中的效率和效果的评价，而尚未建立起对政府监管方的监管效能的评价指标体系，因此城市公用事业绩效评价体系并不完善。同时，监管机构自由裁量权较大，绩效评估方法没有进行政府监管的成本收益分析，大多通过打分计数评估，因此主观性较大，并且绩效评价的透明度、公开化和客观性不够，缺乏必要社会监督，监管力度缺失（王俊豪等，2017）。通过建立绩效考核机制，可以加强对政府自身的监管，增加绩效评价的透明度、公开化和客观性，形成必要的社会监督，保证监管过程的高效性。

7.4 推动城市公用事业 PPP 项目社会共治

城市公用事业与城镇居民的生产与生活息息相关，对其 PPP 项目合约的治理，除了明确公私双方在合约中的各项权利与义务外，还需要来自社会各方的公众力量参与，社会性因素对于项目风险管控的影响不容忽视。像中国这样一个广土众民的国家，更需要社会公民广泛参与，形成群策群力，社会共治的 PPP 新机制高质量发展环境。

7.4.1　释放社会柔性化治理效能

城市公用事业与提供一般消费品的行业具有明显区别，尤其是诸如污水处理、垃圾处理、城市供热等领域，它们不仅在一定程度上具有公用品的属性，而且往往涉及运输、储存、生产以及废物排放等问题，不科学的处理方式很容易造成自然生态和居民生活环境的劣质化，且部分污染源具有隐蔽性，不及时做好防范工作后患无穷。学者查尔斯（Charles，1991）曾经将外部性分为 16 种表现形式，其中，负外部性的表现有：工厂产生污染（水、气、噪声等）；滥用森林土地等自然资源；汽车排放废气、噪声、抢占人行道等。正外部性的表现有：兴建孤儿院、养老院等非营利事业；整洁的住宅与美丽的庭院；教养子女谦恭有礼、守纪守法等（Charles，H. C. K，1991）。可见，重视社会中的伦理道德建设，提倡公民遵守社会规范，不仅具有正外部性的作用，而且还是 PPP 项目的社会性管制的基础。

张五常（2019）指出，风俗与法律同为市场合约的一部分，礼仪风俗与社会规范可以借助经济主体处理负外部性，这需要从交易费用的视角来理解。PPP 新机制的本质是合约，合约选择的自由度能够决定资源使用是否有效，而合约的选择又受到交易费用的制约。风俗礼仪与社会规范具有降低交易费用的作用，并且可以被不同观察者度量，从而为 PPP 合约条款的优化设计提供更多的可能性。除此之外，社会规范可以简化交易流程，通过共同认可的行为准则减少交易过程中的复杂性，降低交易的复杂性和协调成本，同时，通过社会规范的建立和维护，可以优化营商环境，降低企业的制度性交易成本，提高企业的活力和竞争力。

在城市公用事业 PPP 项目治理中，社会规范的作用还表现在协助相关法律运作方面，法律法规（Law）和社会规范（Social Norm）作为两种最基本的人类社会的游戏规则（Rules of Game），既是长期历史演化的结果，又是人们每次博弈的前提，它们共同决定着人们对经济活动结果的预期（张维迎，2022）。我国城市公用事业 PPP 领域的立法滞后，致使其合约治理难度加大，需要通过强化社会规范与公序良俗等方式，来提高项目效率同时减少风险。良好的社会规范为人们提供了一种预期机制，使个体在进行交易时能够预见到交易可能的结果和可能发生的纠纷，从而减少了因不确定性而产生的交易成本实际上，任何国家或地区的经济运行都离不开法律法规与社会规范，一般情况下，两者还具有相辅相成，互相补充的作用。正如顾炎武在《日知录》中所说，“人君之于天下，不能以独治也。独治之而刑繁矣，众治之而刑措矣”。

社会规范与法律法规发挥的效力来看，由于法律是由专业机构研究、制定、颁布、实施的，存在少数人的价值观强加于多数人的问题，法律在维护权威的同时，不可避免地要求执行的刚性。相反，上千年的传统道德与礼教习俗使我国形成了比较一致的社会规范，多数人对少数人的监督执行，会极大地提高违反规则行为的被发现的程度，将对少数人违法行为的监督成本分摊到多数人身上，因此在某些情况下是一种成本低廉的社会执行机制。我国改革开放后，包括城市公用事业在内的许多行业，走的都是先实践后立法的路线。当社会中的法律存在漏洞或体系不够完善时，若没有适当的社会规范或公序良俗来暂时填补空白，经济活动的结果很可能是资源租值不断下降并直至为零。实际上，在某些情况下，社会规范可以作为法律的补充，减少对正式法律制度的依赖，从而降低因法律程序而产生的费用因而，在城市公用事业 PPP 发展中，我们应当同样注重加强社会道德规范的作用。

7.4.2 完善社会公众常规化问责

在城市公用事业 PPP 项目实施过程中，对于政府如何履行合同约定、政府失信时如何追究责任等方面，监管方或是沿用旧的评价体系或是少有成型的绩效评价体系。另外，真正来自由社会公众的对于 PPP 项目的评价少之又少，方式也比较单一且缺少客观性，也没有对政府监管效率的分析（黄四宝，2017）。因此，政府应当鼓励成立相关行业协会和民间非营利组织、社会团体，协助政府进行识别、判断和决策。其中，建立公众问责机制，对于 PPP 项目参与各方来说都是较为有效的社会性监管手段。公众问责机制产起源于西方发达国家，从产权视角来看，授权一方对让渡权利的对象具有监督权，若是被赋权一方越权行事或没有完成授权方的委托责任，授权一方可以直接向被赋权方问责，甚至“收回成命”，转交他人。

作为公共利益的代表，政府对提供公共物品和服务负有不可避免的自然责任。但是，由于政府也是由社会中的成员组成，由于信息不完全的缘故，各种角色之间的冲突将不可避免地影响角色职责的有效履行。为了防止不同角色之间的冲突，需要建立问责机制进行监管。强有力的问责制意味着政府必须为错误的决策、过度关注少数利益集团的要求以及执法不力付出更高的代价。公共问责制可以有效地抑制个人监事的牟利行为，为充分表达公众话语提供了广阔的平台。这不仅是维护公众利益的重要途径，也是保障公众充分行使话语权，形成广泛监督和提高政府规章质量的保证。通过这些措施，可以提高项目的透明度、效率和效果，降低风险，增强公众信任，促使监管机构更有效地考虑国家和公众利益，以防止国家和公众的隐性利益，从而促进城市公用事业 PPP 项目的规范发展。

建立公众问责机制首先需要在项目的各个阶段，如立项、设计、施工、运营等，鼓励公众参与，收集公众意见，并在决策过程中予以考虑。其次，通过绩效评估体系定期对项目进行评估，并将结果公之于众，以考核项目是否达到预期目标。再次，制定和完善相关法律法规，为公众问责提供法律依据，确保公众参与和监督的权利得到法律保护。对于违反合同、损害公共利益或未能达到项目目标的行为，应有明确的问责和惩戒机制，确保责任追究到位。最后，通过媒体、社会组织和公众代表对项目实施进行监督，确保项目符合公共利益和环境保护要求。

记者招待会、论证会、听证会、网络热搜、热线电话、意见箱等都是实践中与问责机制配套的，能够推动社会公众广泛参与的有效手段。同时，政府必须利用自己的监管和信息优势，广泛收集各行业信息、结合民众意愿，及时进行信息披露制度，还可以鼓励成立相关行业协会和民间非营利组织、社会团体，协助政府进行识别、判断和决策。确保所有项目信息，包括合同条款、项目进展、资金使用情况等，能够及时、准确地向公众公开。除此之外，互联网、新媒体等也是当今我国公民进行政务问责的有效平台，可激活民间话语的力量，网络平台通过网民的力量构成了大量的信息来源，极大地促进了舆论监督的发展。同时，利用信息技术，如区块链、大数据分析等，提高项目管理的透明度和效率。

7.4.3 营造社会共治共享和谐圈

清末民初的学者严复将英国思想家约翰·斯图亚特·密尔（John Stuart Mill）的名著《论自由》翻译为《群己权界论》，它开启了中国人对“公”与“私”权力界定认识上的先河（叶雨薇，2015）。部分城市公用事业 PPP 项目具有一定的负外部性效应，如城市垃圾处理、污水处理等行业，如果不将负外部性纳入社会管制当中，很有可能发生伴生性风险，从而影响 PPP 新机制的高质量发展。因而，对城市公用事业 PPP 项目的治理除了相关监管机构的力量外，还需要塑造社会共治的良好氛围。各级政府应该树立伙伴培育理念，保障合作企业的权利，有效制约部分政府“一次博弈”的交易冲动。相反，政府应广泛收集各行业信息、结合民众意愿，对目标企业进行有效激励，具体工具包括市场准入、资金扶持、优先采购和税收优惠等。在此基础上，形成全社会守约履约的契约精神，公共部门就能够专注对于公共产品的数量以及质量，并有所保障，进一步提高监管效果，节约大量公共资源，实现从经营者向监管者的过渡。私人部门可以关注于产品的优化，提高自身的经济效益，由对政府命令的被动接受转变为经济激励机制下的能动生产，自觉承担更多社会责任。

在资源稀缺的社会中，人们都有权追求自我利益的实现。然而，如果每个人只顾及自己的短期利益，会导致个人理性与集体理性发生冲突，即出现“囚徒困境”。名声荣誉可以说是人们所遵守行为规范的一个重要组成部分，甚至可以说是一种最基本的力量。通过建立信任和声誉机制，帮助减少交易双方之间的信息不对称，降低因信息不透明而产生的搜寻和验证成本。一般来讲，人们通常更愿意与声誉好的人保持长期的合作关系。一个人越在乎自己的名声荣誉，就会越守规矩。一个社会中重视名声荣誉的人越多，社会规范的执行就越好。耶鲁大学的艾里克森（Ellickson，1999）教授认为，当社会关系变得复杂的时候，政府就会缺乏能力获得和加工足够的信息，社会规范仍然会在不同的层面上进一步发挥更多更好的作用。公序良俗可以优化营商环境，降低企业的制度性交易成本，提高企业的活力和竞争力。这种观点在“十里不同风，百里不同俗”的中国社会表现的格外明显。

本书利用博弈模型建立起的“赏善罚恶”的激励机制，能够诱导人们相互合作；当人们能够从长远的视角看到自己的回报，“赏善罚恶”机制得到公正的执行，使人们得以走出囚徒困境。具体而言，法律法规和社会规范可以通过改变博弈矩阵内的支付结构，为人们提供一种激励，使个体效率和社会效率保持一致，从而实现经济运行中的帕累托最优。换言之，社会制度与社会规范可以通过改变或影响社会风气的方式使人们不去选择不利于合作的行为。假设“合作”是社会中人们普遍认可的应然行为，由此，倘若参与的一方选择合作，而另一方选择不合作，不合作的一方就应该受到惩罚。社会规范不像法律制度呈现出的刚性，它更多地表现为一种软约束。因而，社会规范对“不合作”一方的惩罚可能表现为声誉的削弱或者此后合作机会的损失，甚至表现为因别人的鄙视而遭受的心理成本。因此，社会规范的治理效果，依赖于良好的道德伦理、公序良俗。良好社会规范可以发生作用的社会通常交易成本就比较低，经济项目运行的风险也会被降低，这是可以被观察到的事实。

综上所述，通过规范个体行为，促进了合作精神，减少了因个体机会主义行为而产生的监督和执行成本。重视社会中的伦理道德建设，提倡公民遵守社会规范，是防控城市公用事业 PPP 项目风险，有效实行社会性管制的重要手段。在此基础上，政府的社会性管制应当注意利用个人声誉来建立一个“赏善罚恶”的机制，形成对城市公用事业风险的社会共同治理的效应。

本章小结

本章在全书分析结论的基础上，提出四条发展中国城市公用事业 PPP 模式的政策建议。第一，PPP 模式的本质是建立在公共部门（政府）与私人部门（社会资本）之间的合约安排。实现我国城市公用事业 PPP 模式的良性发展首先要优化其项目合约的设计，主要包括科学设定模式匹配机制，合理配置项目租值比例，完善动态风险管理框架。第二，PPP 项目合约以法律框架为依托，强化合约合法合规审查，厘清 PPP 合约法律关系，建立立体化法律法规。第三，城市公用事业 PPP 新机制的发展需要政府监管的保驾护航。因而，需要树立尊重市场化的监管理念，完善现代化的政府监管体系，健全科学系统监管监督机制。第四，发展城市公用事业 PPP 新机制还需要除了公私双方以外的社会公众力量的广泛参与。PPP 项目的社会共治可以通过释放社会柔性化治理效能，完善社会公众常规化问责，营造社会共治共享和谐圈。

第8章 研究结论与展望

随着改革开放后，中国城市公用事业的建设与运营方式从国有企业垄断经营向民营企业特许经营的市场化方向转变，PPP 模式作为对传统公用品供给模式的一种替代性制度安排，在我国城市公用事业领域广为流行。2023 年，由国家发改委和财政部共同研究起草，国务院办公厅转发的《关于规范实施政府和社会资本合作新机制的指导意见》（以下简称“新机制”）正式出台，被视为中国式现代化进程中 PPP 模式发展的新里程碑。新机制鼓励民营企业参与和实施用户付费机制，旨在创造一个更加有利于活跃市场经济、鼓励社会资本发展的投资环境，推动 PPP 项目的高质量发展。与此同时，我国城市公用事业 PPP 新机制在实践过程中也面临着一些挑战，主要包括营建用途产生异化、社会资本参与困难、政府监管效能不足、项目合约治理与风险管理水平欠缺等问题，值得社会各界的重视且亟待解决。由于城市公用事业 PPP 新机制主要是政府与社会资本之间的一种合约安排。面对 PPP 新机制现有的问题，应该着眼于 PPP 的合约治理，以不断优化合约设计的方式，为 PPP 新机制在我国城市公用事业领域的良性发展提供有力支持。有鉴于此，无论是 PPP 项目的顺利实施，还是我国城市公用事业的长足发展，都离不开优化合理的合约设计、完善的法律保障体系、有效的政府监管机制和群策群力的社会共治。

8.1　研究结论

第一，本书提出城市公用事业具有网络性、垄断性与公用的特征，而垄断性与公用性其实都来源于其网络性特征。首先，我国千家万户正常生产生活都依赖于城市公用事业基础设施网络系统，从《民法典》的角度来看，我国城市公用事业的网络铺设存在地役权的障碍。政府介入城市公用事业领域是为了克服交易费用，让价格机制更好地发挥作用，这才是城市公用事业垄断性的合理解释。另外，城市公用事业的生产过程所需的物理网络正是该行业公用性的来源。网络型城市公用行业可通过计量表等测量工具对不付费的使用者加以“隔离”，也就是供给者可以通过控制网络节点来选择向哪些消费者输送产品。这种方式为公用产品在消费技术上提供了可分性，同时，也为公用行业在收费方式上提供了一条途径，经营者可以通过控制网络结点使那些“免费搭乘者”无法消费这种公用产品。

第二，提出政府和社会资本在城市公用事业 PPP 合约中的行为逻辑与约束条件。政府在城市公用事业 PPP 项目中面临财政纪律与支持社会资本参与的双重挑战。尽管政府承诺不提供补贴，但因项目启动后沉没成本的存在，政府可能违背承诺，提供财政支持，导致“劣质”项目启动。然而，无补贴预期可能使“优质”项目也难以启动。政府需在维持财政纪律与鼓励社会资本参与之间找到平衡，同时限制项目经理利用信息不对称的不诚信行为。因此，本书通过合约机制的优化设计，应对城市公用事业 PPP 项目各类风险、激励公私双方通力合作，推动 PPP 新机制的高质量发展。

第三，城市公用事业 PPP 项目的租值创造与分配是公私双方缔结 PPP 合约的根本动力，同时，也是其合约设计的核心内容。从风险与不确定性的性质特征入手，将城市公用事业 PPP 合约分为一般性与不完全性进行分类讨论。对于 PPP 一般性合约而言，在赋予了公私各方代表风险态度（风险厌恶、风险偏好、风险中性）的系数后，得到以下三条不同结论：一是，当初始契约中给社会资本的收益分配比例足够大，且政府部门为风险厌恶型，而社会资本一方为风险偏好型时，将剩余索取权较多地分配于社会资本一方是能够使整个项目更有效率的方案。二是，当政府一方在契约初期被分配的收益足够多且为风险偏好型时，如果此时社会资本方面为风险厌恶型，则向政府一方分配更多的剩余索取权为最佳选择。三是，当双方在契约的初始阶段规定各自利益应平均分配，而政府与社会资本都属于风险厌恶类型时，剩余索取权的最优分配应与风险态度系数相关并存于一个可量化的区间内。

另外，PPP 一般性合约条款还需要对影响项目剩余索取权的三个主要因素有所体现，分别是合作双方的风险态度、合作项目中的技术水平以及合约缔结前的初始分配比例。首先，根据本书的统计结果推断，在 PPP 合约收益条款中按照政府和社会资本初始的所有权（股权）分配比例为 4∶6 来约定，即私营部门的所有权占比为 60%，而公共部门的所有权占比为 40%。其次，在风险态度方面，本书提供了一个清晰的公私双方的风险分担矩阵。其中，私营部门的风险偏好系数为应对设定为 0. 68，而公共部门的风险偏好系数为 0. 32。最后根据本文的研究结论，将私营部门参与 PPP 项目的意愿系数设定为 0. 4，公共部门较低的参与意愿，将公共部门的合作意愿系数设定值略低于私营部门，具体系数值为 0. 3。帕累托最优状态下城市公用事业 PPP 合约剩余索取权（α）的纳什均衡解为（4. 3%，65. 5%），应当在收益条款中明确。

第四，对于 PPP 不完全性合约而言，从全生命周期的角度来看 PPP 项目，它大体可分为项目识别、项目准备、项目采购、项目执行和项目移交五个关键阶段。其中，“识别、准备、采购”都属于订立合约条款的“事前阶段”。不完全合约需要随着项目进行在每个阶段或环节收集更新相关信息，从而对订立合约之初即“事前阶段”所做决策进行修正与丰富。一般性合约在缔结时所明确的条款原则通常情况下在项目运营阶段仍然适用。不完全性 PPP 的租值剩余分配的每阶段谈判的损耗系数 τ^i，合约中强势一方采取行动的概率 h 与索取份额 β，以及合约租值剩余索取权的初始分配比例都与项目风险紧密相关。城市公用事业项目不同其面临的风险各有不同。因而，首先需要参照本书第 4 章建立的 PPP 风险清单，利用模糊综合评判法，提前对具体项目的风险进行筛选，力求做到风险防范的主次分明，各有侧重。而后，利用风险分担矩阵建立一个基本的项目风险分担框架。在此基础上，依照公私各方的出资比例，资产占有等情况设计初始租值剩余索取权的配额，所依据的是参与方承担的风险程度与所得收益匹配的原则。

第五，城市公用事业与城镇居民的生产与生活息息相关，社会性因素对于 PPP 项目风险管控的作用不容忽视。礼教风俗与社会规范作用是交易费用（制度费用）的一种，可以起到协助合约履行、防范化解 PPP 风险、提高资源使用效率的作用。假设经济活动中“合作”是人们普遍认可的应然行为，社会规范对“不合作”一方的惩罚可能表现为声誉的削弱或者此后合作机会的损失，甚至表现为因别人的鄙视而遭受的心理成本。因此，社会规范的治理效果，依赖于良好的道德伦理、公序良俗。良好社会规范可以发生作用的社会通常交易成本就比较低，经济项目运行的风险也会被降低，这是可以被观察到的事实。强调社会规范以及伦理道德的作用，善加运用中华传统文化中的非正式制度的约束力，使之成为城市公用事业 PPP 新机制的社会性管制的一个重要途径。

第六，无论是 PPP 项目的顺利实施，还是我国城市公用事业的长足发展，都离不开优化合理的合约设计、完善的法律保障体系、有效的政府监管机制和群策群力的社会性监管。实现我国城市公用事业 PPP 模式的良性发展首先要优化其项目合约的设计，主要包括科学设定模式匹配机制，合理配置项目租值比例，完善动态风险管理框架。其次，PPP 项目合约以法律框架为依托，强化合约合法合规审查，厘清 PPP 合约法律关系，建立立体化法律法规。再次，城市公用事业 PPP 模式的发展需要政府监管的保驾护航。因而，需要树立尊重市场化的监管理念，完善现代化的政府监管体系，健全科学系统监管监督机制。最后，发展城市公用事业 PPP 模式还需要除了公私双方外的社会公众的广泛参与。PPP 项目的社会共治可以通过释放社会柔性化治理效能，完善社会公众常规化问责，营造社会共治共享和谐圈。

8.2　研究展望

新型城镇化作为中国式现代化的重要组成部分，是实现现代化的重要途径和载体，而城市公用事业又是我国新型城镇化中必不可少的重要环节。随着市场在资源配置中发挥决定性作用日益显著，我国城市公用事业逐步从国有企业垄断经营向民营企业特许经营的方式转变。正是在这一过程中，PPP 作为对传统供给模式的一种替代性制度安排被引入，其特点在于既能有效解决地方财政压力、又能充分发挥公私部门各自禀赋优势。2023 年，由国家发改委和财政部共同研究起草，国务院办公厅转发的《关于规范实施政府和社会资本合作新机制的指导意见》正式出台。新机制的发布是中国 PPP 模式发展的重要里程碑，它为未来 PPP 项目的规范化、市场化和效率化发展提供了方向。

由于城市公用事业 PPP 项目主要是政府与社会资本之间的一种合约安排。在新机制的背景下，探讨如何建立双方的更加有效的合作机制，实质上就是对 PPP 合约有效治理的研究。有鉴于此，本书从 PPP 项目合约治理的角度出发，构建 PPP 项目全周期动态风险管理框架，明确激励公私双方共同努力的租值剩余控制权（索取权）比例，以不断完善合约条款的方式，为 PPP 在我国城市公用事业领域的良性发展提供有力支持。尽管如此，学术界有关 PPP 项目风险的应对，PPP 合约相关法律法规及保障，PPP 项目合约的政府监管等问题的探索不断有新的突破，在写作本书的同时，无法将所有新鲜的研究成果与方法纳入参考之列，深表遗憾。

在未来对城市公用事业 PPP 新机制的研究中，应对突出以下方面的内容：第一，针对 PPP 新机制的特殊性，未来的研究可以着重于构建和优化法律保障体系，确保项目的合法性、合规性以及合同执行的效力。第二，探索如何利用现代信息技术，如区块链、大数据分析和人工智能，来提高监管效率和透明度，构建一个智能化的监管体系。第三，研究如何建立更加有效的公众参与和问责机制，确保 PPP 项目的公共性和透明度，提高公众对项目的信任度。第四，探索技术进步，特别是数字化和智能化技术，如何影响 PPP 模式的发展，以及如何利用这些技术来优化 PPP 项目。

参考文献

英文文献

[1] Adams H C. Relation of the State to Industrial Action [J]. Science, 1887, 1 (6): 7-85.

[2] Aghion P, Tirole J. On the Management of Innovation [J]. The Quarterly Journal of Economics, 1994, 109 (4): 1185-1209.

[3] Allan. B. J. R. Public-Private Partnerships: A Review of Literature and Practice, Saskatchewan Institute of Public Policy. Public Policy Paper, No. 4, 1999, pp. 12-18.

[4] Alvin H. Hansen. Economic Policy and Full Employment [J]. Journal of Marketing, 1947, 13 (3): 423-423.

[5] Apping S. The Role of Convertibles in Syndicated Venture Financing [J]. Journal of Business Venturin G, 2002 (2): 139-154.

[6] Armen Albert Alchian. The Collected Works of Armen A. Alchian, Volume 1 & 2: Choice and Cost under Uncertainty/Property Rights and Economic Behavior [M]. Liberty Fund, 2006.

[7] Athena, Roumboutsos, Fabio. Public - Private Partnership Tenders: Optimizing on Competition [J]. Transportation Research Record, 2018.

[8] Barnett, William A, Samuelson, P. A. An Interview with Paul A. Samuelson [J]. Working Papers, 2009, 8 (4): 226-238.

[9] Battu H, Mcmaster R, White M J. An Empirical Investigation of Oliver Williamson's 'Organization of Work' [J]. Applied Economics, 2002, 34 (13): 1657-1669.

[10] Ben L. The Risk Management Research Based on the PPP Project [J].

Urbanism and Architecture, 2014.

[11] Besley O, Moore J. Incomplete Contracts and Ownership: Some New Thoughts [J]. American Economic Review, 2007, 97 (2): 182 -186.

[12] Besley T, Ghatak M. Government Versus Private Ownership of Public Goods [J]. The Quarterly Journal of Economics, 2001, 116 (4): 1343 -1372.

[13] Bi L , Ma X . Opportunism and Governance Study on PPP Projects from the Perspective of Contract Theories [J]. International Conference on Economic and Business Management, 2019.

[14] Bing L, Akintoye A, Edwards P J, Et Al. The Allocation of Risk in PPP/PFI Construction Projects in the UK [J]. International Journal of Project Management, 2005, 23 (1): 25 -35.

[15] Bonbright J C. Fully Distributed Costs in Utility Rate Making [J]. American Economic Review, 1961, 51 (2): 305 -312.

[16] Che Y - K, Hausch DB. Cooperative Investments and the Value of Contracting [J]. American Economic Review, 1999, 89 (1): 125 -147.

[17] Cheng J H. A View of Public and Private Sectors for Taiwan's BOT Transportation Project Financing using Fuzzy Multi - Criteria Methods. Proceedings of the 10th IEEE International Conference on Fuzzy Systems, Australia, The University Of Melbourne, 2001 -12 -2 -5: 356 -359

[18] Clacher I , Hillier D , Mccolgan P . Agency Theory: Incomplete Contracting and Ownership Structure [M]. Corporate Governance. John Wiley & Sons, Ltd, 2011.

[19] Coase R H. The Nature of the Firm [J]. Economics, 1937, 4 (16): 386 -405.

[20] Coase R H. The Problem of Social Cost [M]. Economic Analysis of the Law. John Wiley & Sons, Ltd, 2007.

[21] Crampes C, Estache A Regulatory Trade - Offs in the Design of Concession Contracts. Utilities Policy, 1998, 7 (1): 1 -13.

[22] Darrin Grimsey, Mervyn K. Lewis, Darrin Grimsey, etc. The Economics of Public Private Partnerships [M]. E. Elgar, 2005.

[23] Demirel H C, Leendertse W, Volker L. Mechanisms for Protecting Returns on Private Investments in Public Infrastructure Projects [J]. International Journal of Project Management, 2022, 40 (3): 155 - 166.

[24] Demsetz Harold. Why Regulate Utilities? [J]. The Journal of Law and Economics, 1968, 11 (1): 55 - 65.

[25] Ellickson, R. The Evolution of Social No Academy. Yale Law School, Program for Studies in Law, Economics and Public Policy, Working Paper, 1999, No 230.

[26] Engel E, Fischer R, Galetovic A. The Basic Public Finance of Public - Private Partnerships [J]. Journal of The European Economic Association, 2013, 11 (1): 83 - 111.

[27] Farber, H. S. An Analysis of Final - Offer Arbitration [J]. Journal of Conflict Resolution, 1980, 24 (4).

[28] Francesconi M, Muthoo A. Control Rights in Public - Private Partnerships [J]. Social Science Electronic Publishing, 2006, 2 (1): 26 - 27.

[29] Grossman S J, Hart O D. The Costs and Benefits of Ownership: A Theory of Vertical and Lateral Integration [J]. Journal of Political Economy, 1986, 94 (4): 691 - 719.

[30] Grossman S J, Hart O. Vertical Integration and the Distribution of Property Rights [M]. Economic Policy in Theory and Practice. Palgrave Macmillan UK, 1987.

[31] Hammami, M., Ruhashyankiko, F., Yehoue, E., Determinants of Public Private Partnerships in Infrastructure [J]. IMF Working Papers, 2006.

[32] Hart O. Property Rights and the Nature of the Firm [J]. Journal of Political Economy, 1990, 98 (6): 1119 - 1158.

[33] Hong L I, Dan - Lin H. Review of the Research on PPP Project Risk Management [J]. Construction Economy, 2014.

[34] Iossa E, Martimort D. The Theory of Incentives Applied to the Transport Sector [J]. Social Science Electronic Publishing, 2009 (13).

[35] John Ernst. Whose Utility - The Social Impact of Public Utility Privati-

zation and Regulation In Britain [J]. Open University Press, 1994.

[36] Kartam N A, Kartam S A. Risk and Its Management in the Kuwaiti Construction Industry: A Contractors' Perspective [J]. International Journal of Project Management, 2001, 19 (6): 325 -335.

[37] Kaysen, C. Ang Turner, D. , 1959, Antitrust Policy: An Economic and Legal Analysis, Cambridge, MA: Harvard Press, Pp. 191 -195.

[38] Kosuke Oshima. Public - Private Partnerships, Dividing Operational Stage, and Optimal Governance Structures [J]. Public Organization Review, 2016.

[39] Kumar C. Opportunism and Hold - Up in the Incomplete Public Private Partnership (PPP) Contracts [J]. Indira Gandhi Institute of Development Research, Mumbai Working Papers, 2018.

[40] Liu F , Wu Y , Han L , Et Al. Allocation of Major Risk of PPP Project Contract [J]. Annual Report on The Development of PPP in China. Research Series on the Chinese Dream and China's Development Path. Springer, Singapore, 2020.

[41] Lott, Jr, John, Et Al. Armen A. Alchian's Influence on Economy [J]. Economic Inquiry, 1996.

[42] Macgregor D H . Augustin Cournot. The Mathematical Principles of the Theory of Wealth, 1838 [J]. The Economic Journal (153): 153.

[43] Mansor N S, Rashid K A. Incomplete Contract in Private Finance Initiative (PFI) Contracts: Causes, Implications and Strategies [J]. Procedia - Social and Behavioral Sciences, 2016, 222: 93 -102.

[44] Nguyen D A , Garvin M J. Life - Cycle Contract Management Strategies in US Highway Public - Private Partnerships: Public Control or Concessionaire Empowerment? [J]. Journal of Management in Engineering, 2019, 35 (4).

[45] O Charles, H. C. K. The World of Economics 2nd Revised Edition, Volume I Monwealth Publishing Co. , 1991.

[46] Ostrom E. Institutional Rational Choice [M]. Theories of the Policy Process, 2019.

[47] Richard Nelson, Sidney Winte. Evolutionary Theorizing in Economics [J]. 2002.

[48] Samuelson, Paul A. The Pure Theory of Public Expenditure [J]. The Review of Economics And Statistics, 1954, 36 (4): 387 -389.

[49] Savas E S. Privatization and the New Public Management [J]. Fordham Urban Law Journal, 2001, 28.

[50] Savas E. S. Alternative Institutional Models for the Delivery of Public Services [J]. Public Budgeting & Finance, 2010, 1 (4): 12 -20.

[51] Schmidt K M . Contributions of Oliver Hart and Bengt Holmström to Contract Theory [J]. Munich Reprints in Economics, 2017.

[52] Schmitz P . Incomplete Contracts, Limited Liability, and the Optimality of Joint Ownership [J]. ERPN: Contract Design & Incentives (Sub - Topic), 2019.

[53] See The National Council for PPP, for the Good of the People: Using PPP to Meet America's Essential, USA: The Nations Council For PPP, 2002.

[54] Segal I R, Whinston M D. Antitrust in Innovative Industries [J]. The RAND Journal of Economics, 2000, 31 (4): 603 -633.

[55] Shi L , Zhang L , Onishi M , et al. Contractual Efficiency of PPP Infrastructure Projects: An Incomplete Contract Model [J]. Mathematical Problems in Engineering, 2018 (PT. 5): 1 -13.

[56] Siemiatycki M. The Global Experience with Infrastructure Public Private Partnerships [J]. Planning & Environmental Law, 2012, 64 (9): 6 -11.

[57] Stavrianos, Leften Stavros. A Global History: From Prehistory to The 21st Century [J]. 1999.

[58] Stiller D F R . Political Risks: How to Effectively Mitigate Political Risks, Deal Structure, Financing and Political Risk Insurance [J]. Journal of Airport Management, 2015, 9 (2): 133 -143 (11).

[59] Taleb N N . Black Swan: Second Edition [J]. 2010.

[60] Tirole, Jean . The Theory of Corporate Finance [M]. Princeton University Press, 2006.

[61] William W. Sharkey. The Theory of Natural Monopoly [M]. Cambridge University Press, 1982, PP. 4—5; W. J. Baumol. On the Proper Cost Tests for Natural Monopoly in A Multiproduct Industry [J]. American Economic Review, 1977 (11).

[62] Williamson, Oliver E. The Theory of the Firm as Governance Structure: From Choice to Contract [J]. Journal Of Economic Perspectives, 2002, 16 (3): 171 - 195.

[63] Xing Y, Guan Q. Risk Management of PPP Project in the Preparation Stage Based on Fault Tree Analysis [J]. IOP Conference Series: Earth and Environmental Science, 2017, 59: 012050.

[64] Yanliang M. On Risk Management in PPP Projects [J]. Railway Construction Technology, 2010.

[65] YING Yi - Hua, HUANG Hui - Qiong. The Risk Management Research of PPP Projects Based on the Full Life Cycle [J]. Accounting & Finance, 2017.

[66] Yoram Barzel. A Theory of the State [M]. A Theory of the State. Cambridge University Press, 2002.

[67] Yunhua Z , Jingchun F , Song X , et al. Optimal Allocation Model of Residual Control Rights in Public Private Partnerships for Water Infrastructure [J]. Ence and Technology Management Research, 2017.

[68] Yu - Zhuo Z , Economics S O . A Review of Oliver Hart's Incomplete Contract Theory [J]. Journal of Tianjin University of Commerce, 2019.

[69] Zou P X W , Wang S , Fang D . A Life - Cycle Risk Management Framework for PPP Infrastructure Projects [J]. Journal of Financial Management of Property & Construction, 2008, 13 (2): 123 - 142.

中文图书文献

[1] [美] 萨瓦斯. 民营化与 PPP 模式：推动政府和社会资本合作（国家治理与政府改革译丛）[M]. 周志忍，等，译. 北京：中国人民大学出版社，2015.

[2]［美］保罗·萨缪尔森，等．经济学［M］．北京：人民邮电出版社，2011.

[3]［美］埃里克·弗鲁博顿，鲁道夫·芮切特，等．新制度经济学：一个交易费用分析范式［M］．陈昕编，姜建强，罗长远，译．上海：上海人民出版社，2006.

[4]［美］奥利佛·威廉姆森，斯科特·马斯滕．交易成本经济学［M］．李自杰，译．北京：人民出版社，2008.

[5]［美］劳伦斯．克莱因．经济理论与经济计量学［M］．北京：首都经济贸易大学出版社，2000.

[6]［美］米尔顿·弗里德曼．价格理论［M］．北京：华夏出版社，2011.

[7]［美］詹姆斯·M. 布坎南，等．公共物品的需求与供给［M］．上海：上海人民出版社，2009.

[8]［奥］米塞斯．Human action：A treatise on economics［M］．北京：中国社会科学出版社，1999.

[9]［德］君特·维瑟尔．世界志：一个不出门而发现世界的人，一幅十六世纪世界的精准图像［M］．刘兴华，译．北京：金城出版社，2012.

[10]［德］卡尔·亨利希·马克思．资本论［M］．北京：人民出版社，2004.

[11]［英］马歇尔．经济学原理［M］．张桂玲，黄道平，编译．北京：中国商业出版社，2009.

[12]［英］李特尔．福利经济学评述［M］．北京：商务印书馆，2016.

[13]［日］青木昌彦，奥野正宽．高等学校经济学教材经济体制的比较制度分析［M］．魏加宁，等，译．北京：中国发展出版社，2005.

[14] 白暴力，白瑞雪，傅辉煌．现代产权理论与中国产权制度改革：宏观经济模型的微观机制基础［M］．北京：经济科学出版社，2016.

[15] 方勇，等．荀子［M］．北京：中华书局，2011.

[16] 费安玲，丁玫，张宓．意大利民法典［M］．北京：中国政法大学出版社，2004.

[17] 付金存．中国城市公用事业公私合作机制与政府规制研究［M］.

北京：中国社会科学出版社，2016.

［18］高鹤．中国经济转型：基于财政分权与地方政府行为的研究［M］．长春：吉林出版集团股份有限公司，2016.

［19］高鸿业，刘文忻，冯金华，等．西方经济学：微观部分［M］．北京：中国人民大学出版社，2014.

［20］郭剑鸣，康莉莹．中国城市公用事业政府监管监督体系研究［M］．北京：中国社会科学出版社，2015.

［21］柯永建，王守清．特许经营项目融资（PPP）：风险分担管理［M］．北京：清华大学出版社，2011.

［22］李俊慧．经济学讲义——颠覆传统经济学26讲（第二版）［M］．北京：中信出版社，2016.

［23］李楠楠．基础设施领域公私合作契约关系研究［M］．北京：经济科学出版社，2017.

［24］李维华．特许经营理论与实务［M］．北京：机械工业出版社，2005.

［25］刘普寅．模糊理论及其应用［M］．北京：国防科技大学出版社，1998.

［26］刘尚希，赵福军．政府和社会资本合作（PPP）知识读本［M］．北京：中国财政经济出版社，2017.

［27］卢洪友．中国城市公共事业经营管制机制研究［M］．北京：经济管理出版社，2007.

［28］钱穆．中国经济史［M］．北京：北京联合出版公司，2014.

［29］王俊豪，周小梅，王建明，等．中国城市公用事业民营化绩效评价与管制政策研究［M］．北京：中国社会科学出版社，2013.

［30］王俊豪．管制经济学原理．第2版［M］．北京：高等教育出版社，2014.

［31］王俊豪．中国特色政府监管理论体系与应用研究［M］．北京：中国社会科学出版社，2022.

［32］王俊豪，等．中国城市公用事业发展报告（2017）［M］．北京：中国建筑工业出版社，2018.

［33］王力哲．博弈论［M］．北京：民主与建设出版社，2018.

［34］王岭．城市公用事业特许经营权竞标机制分类设计与管制政策研究［M］．北京：中国社会科学出版社，2019.

［35］闻媛．经济分析与道德哲学．［M］．上海：上海交通大学出版社，2015.

［36］肖兴志．产业经济学（第2版）［M］．北京：中国人民大学出版社，2016.

［37］袁庆明．新制度经济学［M］．上海：复旦大学出版社，2012.

［38］赵福军，汪海．中国PPP理论与实践研究［M］．北京：中国财政经济出版社，2015.

［39］张维迎．博弈论与信息经济学［M］．上海：上海三联书店，2008.

［40］张维迎．博弈与社会讲义［M］．北京：北京大学出版社，2014.

［41］张维迎．经济学原理［M］．西安：西北大学出版社，2015.

［42］张维迎．重新理解企业家精神［M］．海口：海南出版社，2022.

［43］张卫东．新制度经济学［M］．大连：东北财经大学出版社，2010.

［44］张五常．佃农理论［M］．北京：中信出版社，2017.

［45］张五常．货币战略论［M］．北京：中信出版社，2017.

［46］张五常．经济解释五卷本二〇一九增订版［M］．北京：中信出版社，2019.

［47］张五常．五常学经济［M］．北京：中信出版社，2017.

［48］张五常．中国的经济制度［M］．北京：中信出版社，2017.

［49］植草益．微观规制经济学［M］．北京：中国发展出版社，1992.

［50］周兰萍．PPP项目运作实务［M］．北京：法律出版社，2016.

［51］周燕．交易费用与公用经济［M］．北京：中央编译出版社，2017.

中文期刊文献

［1］蔡芳方．从项目实操视角看PPP新机制［J］．中国招标，2024

(1): 15 – 18.

[2] 常瑜，刘彤瑶. 产权理论研究综述 [J]. 商场现代化，2016 (18): 236 – 237.

[3] 陈龙. PPP 项目绩效评价研究综述 [J]. 财政科学，2017 (4): 90 – 96.

[4] 陈小安. 论城市公用事业竞争性供给 [J]. 广东财经大学学报，2009，24 (6): 53 – 58.

[5] 程敏，刘亚群. 基于特许期调整的城市污水处理 PPP 项目再谈判博弈研究 [J]. 软科学，2021，35 (5): 117 – 122，137.

[6] 崔建远，苗延波. 地役权的解释论 [J]. 法学杂志，2009，30 (2): 42 – 45.

[7] 戴大双，于英慧，韩明杰. BOT 项目风险量化方法与应用 [J]. 科技管理研究，2005，25 (2): 98 – 100.

[8] 但承龙. 城市公用事业特许经营的政府监管分析 [J]. 湖南社会科学，2016 (6): 84 – 88.

[9] 董坤，解本政，张琳，等. PPP 项目缔约阶段的风险分担研究 [J]. 工程管理学报，2019 (3): 75 – 80.

[10] 董啸天，王子宸，王喆. PPP 融资模式风险与管控研究 [J]. 山东社会科学，2023 (12): 178 – 184.

[11] 杜唯平，张茂轩，聂登俊. 建立绩效导向的 PPP 项目监管机制研究 [J]. 经济研究参考，2017 (61): 61 – 66.

[12] 冯中越. 城市公用事业特许经营合约的承诺与再谈判 [J]. 晋阳学刊，2019，233 (2): 89 – 100.

[13] 付金存，王岭. 契约视角下城市公用事业公私合作的困境与破解路径 [J]. 北京理工大学学报（社会科学版），2016 (4): 64 – 70.

[14] 付金存. 公私合作制下城市公用事业价格规制的目标体系、关键问题与政策设计 [J]. 新疆大学学报（人文社会科学版），2017 (6): 30 – 37.

[15] 高东方. 不完全契约理论综述 [J]. 现代营销（下旬刊），2018 (7): 182 – 183.

[16] 龚明华，宋彤. 关于系统性风险识别方法的研究 [J]. 国际金融

研究，2010（5）：90－96.

［17］关晓琳，王艳．我国城市公用事业市场化改革中的困境分析［J］．经济研究导刊，2012（2）：84－86.

［18］管海霞，张俊梅．中小企业融资问题研究［J］．山西财经大学学报，2014，36（S2）：40－41.

［19］郭玉凤，王润泽，师玉静．PPP模式下综合管廊运营风险管理研究综述及评价［J］．城市道桥与防洪，2024（6）：225－229.

［20］洪银兴．新阶段改革需要掌握科学的世界观方法论［J］．当代经济研究，2019（1）：10－12.

［21］候丹丹，丁莹．政府与社会资本合作模式的演进与展望——对政府和社会资本合作新机制的解读［J］．会计之友，2024（9）：148－155

［22］黄少安．制度经济学由来与现状解构［J］．改革，2017（1）：134－146.

［23］黄志雄，袁峰华．经济下行、PPP风险来源与机制设计［J］．财政科学，2021（2）：132－144.

［24］吉云．奈特不确定性的经济分析——对集体决策效率的解释［J］．制度经济学研究，2008（2）：17.

［25］贾康，孙洁．公私合作伙伴关系（PPP）的概念、起源与功能［J］．经济研究参考，2014（13）：12－21.

［26］贾娜．产权理论研究综述［J］．法制与社会，2010（21）：18，30.

［27］金永祥，崔红永．PPP新机制、新流程、新挑战［J］．施工企业管理，2024（1）：75－76.

［28］黎毅，邢伟健．PPP项目“明股实债”问题的研究［J］．海南金融，2017（11）：38－45.

［29］李解，王建平，许娜．知识集成对城市轨道交通施工安全风险管理系统功能影响分析［J］．科技管理研究，2017（16）：251－259.

［30］李俊慧．科斯定理的三个版本与权利界定［J］．学术研究，2015（9）：89－94.

［31］李林，刘志华，章昆昌．参与方地位非对称条件下PPP项目风险

分配的博弈模型［J］．系统工程理论与实践，2013，33（8）：1940－1948.

［32］李伟，陈成．PPP项目风险管控研究——以某湿地修复项目为例［J］．建筑经济，2023，44（11）：69－74.

［33］李文新，史本山．BOT项目套牢问题的博弈分析［J］．经济管理，2013（10）：156－164.

［34］李秀辉，张世英．PPP：一种新型的项目融资方式［J］．中国软科学，2002（2）：52－55.

［35］李延均．公共服务领域公私合作关系的契约治理［J］．理论导刊，2010（1）：21－24.

［36］凌湄，刘晓音．改革开放以来经济社会发展战略的提出、丰富和发展［J］．经济论坛，2004（13）：150－151.

［37］刘佳丽，谢地．西方公共产品理论回顾，反思与前瞻——兼论我国公共产品民营化与政府监管改革［J］．河北经贸大学学报，2015（5）：11－17.

［38］刘佳丽，谢斯儒．城市公用事业民营化中公共利益的维护与政府监管体系重构［J］．经济与管理研究，2015，36（10）：25－32.

［39］刘佳丽，谢斯儒．我国自然垄断行业政府监管的研究范式亟待改革［J］．学术交流，2015（9）：134－138.

［40］刘景婵，马宝珠．关于PPP风险管控的研究［J］．对外经贸，2018（5）：121－122.

［41］刘穷志，任静．中国PPP模式政府监管制度设计［J］．财政监督，2016（6）：41－44.

［42］刘善军．地方政府通过PPP模式融资存在的问题及对策［J］．时代经贸，2019（20）：26－27.

［43］刘相锋，冉洁．城市公用事业特许经营制度执行主体改革研究——基于不完全契约理论的视角［J］．城市发展研究，2021，28（10）：44－48.

［44］刘晓月，韩轶，张小彦，等．PPP项目再谈判触发事件识别及其合同设计研究［J］．建筑经济，2021，42（10）：25－30.

［45］刘新平，王守清．试论PPP项目的风险分配原则和框架［J］．建筑经济，2006（2）59－63.

[46] 卢护锋，邹子东．PPP项目异化的结构性诱因与矫正机制研究：基于政府治理视角［J］．天津财经大学学报，2018，38（9）：106－115.

[47] 罗曼，王海霞．PPP模式在我国城镇化发展中的作用［J］．中国财政，2014（5）：52－53.

[48] 马海涛，姚东旻．现代财税体制的理论渊源、基本共性与中国特质［J］．改革，2023（11）：83－95.

[49] 聂辉华．契约理论的起源、发展和分歧［J］．经济社会体制比较，2017（1）：7－19.

[50] 聂明，陈顺良．PPP项目全寿命周期的风险评估模型及应用研究［J］．江苏科技信息，2015（4）：34－37.

[51] 欧纯智，贾康．PPP在公共利益实现机制中的挑战与创新——基于公共治理框架的视角［J］．当代财经，2017（3）：28－37.

[52] 潘飞．PPP模式新机制项目投融资决策模型及其应用研究［J］．财讯，2024（1）：26－28.

[53] 潘旭亮，贾康．PPP模式不完全合约治理结构的选择［J］．地方财政研究，2018（5）：79－84.

[54] 彭桃花，赖国锦．PPP模式的风险分析与对策［J］．中国工程咨询，2004（7）：3.

[55] 秦红嫚，何紫微．论PPP项目合同纠纷的可仲裁性［J］．浙江理工大学学报（社会科学），2023，50（6）：718－727.

[56] 秦虹，钱璞．网络型城市公用事业激励性监管政策设计［J］．城乡建设，2015（4）：30－32.

[57] 曲久龙，胡雪莹．基于扎根理论的公共图书馆政府与社会资本合作项目风险管理研究［J］．图书馆学研究，2023（6）：42－51.

[58] 沈满洪，谢慧明．公共物品问题及其解决思路——公共物品理论文献综述［J］．Journal of Zhejiang University（Humanities and Social Sciences），2009（7）：45－56.

[59] 沈满洪，张兵兵．交易费用理论综述［J］．浙江大学学报（人文社会科学版），2013，43（2）：44－58.

[60] 沈于田．民间投资引发水务革命——上海竹园第一污水处理厂项

目招商引资案例分析［J］. 上海城市发展，2004（2）：32 -34.

［61］宋金波，常静，靳璐璐. BOT 项目提前终止关键影响因素——基于多案例的研究［J］. 管理案例研究与评论，2014，7（1）：86 -95.

［62］宿辉，陆元亮. 基于实证的 PPP 项目再谈判触发机制研究［J］. 建筑经济，2019，40（5）：45 -48.

［63］汤吉军. 经济体制转轨、路径依赖与制度创新［J］. 吉林大学社会科学学报，2017，57（2）：8.

［64］汤吉军. 资源再配置，沉淀成本与统一大市场构建研究［J］. 新华文摘，2023（5）：53 -57.

［65］王爱军. 咨询机构视域下的 PPP 新机制［J］. 中国招标，2024（1）：19 -22.

［66］王丙亮，游锐. 大型基础设施建设 PPP 项目风险分配研究——修正最终要约仲裁的引入［J］. 经济论坛，2009（21）：126 -128.

［67］王博，方鸣，刘滩清. 城市轨道交通风险管理与可接受风险水平的探讨［J］. 现代城市轨道交通，2016（4）：99 -102.

［68］王灏. PPP 的定义和分类研究［J］. 都市快轨交通，2004，17（5）：23 -27.

［69］王俊豪，陈无风. 城市公用事业特许经营相关问题比较研究［J］. 经济理论与经济管理，2014，34（8）：58 -68.

［70］王俊豪，金暄暄. PPP 模式下政府和民营企业的契约关系及其治理——以中国城市基础设施 PPP 为例［J］. 经济与管理研究，2016，37（3）：62 -68.

［71］王俊豪，徐慧，冉洁. 城市公用事业 PPP 监管体系研究［J］. 城市发展研究，2017（4）：98 -105.

［72］王俊豪，朱晓玲，陈海彬. 民营企业参与 PPP 的非正式制度壁垒分析——基于新制度经济学的视角［J］. 财经论丛，2017（6）：107 -113.

［73］王守清，刘婷. PPP 项目监管：国内外经验和政策建议［J］. 地方财政研究，2014（9）：7 -12.

［74］王守清，张博，程嘉旭，等. 政府行为对 PPP 项目绩效的影响研究［J］. 软科学，2020，34（3）：1 -5.

[75] 王志刚，郭雪萌. PPP 项目风险识别与化解：基于不完全契约视角 [J]. 改革，2018 (6)：89 – 96.

[76] 卫志民，于松浩. 地方政府和社会资本合作风险防范机制研究 [J]. 理论视野，2019 (5)：53 – 59.

[77] 吴昺兵，贾康. PPP 项目财政支出责任债务风险生成机理的政社博弈分析 [J]. 经济与管理研究，2022，43 (2)：30 – 47.

[78] 谢新敏. 我国 PPP 模式运行现状及问题研究 [J]. 北方经贸，2019 (7)：143 – 144.

[79] 谢伊玲. PPP 项目再谈判触发因素及其治理研究 [J]. 经营管理者，2024 (4)：68 – 69.

[80] 徐德信，汪国银. 合约实施理论发展综述 [J]. 安徽工业大学学报 (社会科学版)，2010，27 (1)：44 – 47.

[81] 徐杰，李果林. 风险收益动态视角下政府与社会资本合作演化博弈分析 [J]. 软科学，2020，34 (6)：126 – 130.

[82] 许梦博，张一楠. 中国城市公用事业公私合营模式的垄断之谜 [J]. 社会科学家，2017 (11)：68 – 73.

[83] 杨瑞龙，聂辉华. 不完全契约理论：一个综述 [J]. 经济研究，2006 (2)：104 – 115.

[84] 杨雅琴. 加拿大运用 PPP 投资公共项目的经验借鉴 [J]. 地方财政研究，2016 (4)：40 – 45.

[85] 姚东旻，李军林. 条件满足下的效率差异：PPP 模式与传统模式比较 [J]. 改革，2015 (2)：34 – 42.

[86] 叶雨薇. 严复《群己权界论》的翻译及其纠结 [J]. 学术研究，2015 (3)：119 – 128

[87] 尹贻林，穆昭荣，高天，等. PPP 项目再谈判触发事件验证研究 [J]. 项目管理技术，2019，17 (7)：37 – 42.

[88] 尹昱. 新机制为金融机构 PPP 融资带来机遇 [J]. 中国招标，2024，2 (2)：71 – 72.

[89] 应益华. 公共价值分析框架下的政府和社会资本合作新机制价值共创 [J]. 财会月刊，2024，45 (3)：107 – 113.

[90] 占英春. 对策论文献综述 [J]. 知识经济，2010 (9)：133－133.

[91] 张冰馨，方健红，李昌铃. PPP 项目风险识别及指标体系的构建研究 [J]. 科技经济市场，2018 (2)：65－68.

[92] 张偲. 地方政府投融资公私合作制的监管体制创新研究 [J]. 当代经济管理，2015，37 (4)：79－84.

[93] 张冬梅，武琪，冯艳娜. PPP 项目招投标阶段风险分担研究 [J]. 绿色环保建材，2018，136 (6)：218－221.

[94] 张楠. 探析 PPP 项目绩效管理 [J]. 品牌研究，2023 (26)：124－127.

[95] 张水波，郭富仙. 基于风险视角的国际 PPP 项目投标决策模型研究 [J]. 工程管理学报，2013 (5)：59－63.

[96] 赵平，姚耀军. 中国利率市场化改革对中小民营企业融资约束的影响研究——引入银行信贷风险定价能力作用的再考察 [J]. 财经研究，2022，48 (7)：109－123.

[97] 赵团结，刘曼玉. PPP 项目再谈判的案例分析 [J]. 中国管理信息化，2019，22 (17)：140－143.

[98] 赵亚飞，张超. 我国 PPP 模式制度问题研究 [J]. 黑龙江教育：理论与实践，2019，1278 (4)：12－14.

[99] 郑江淮. 企业特质性资源、内部谈判与企业制度——评青木昌彦《企业的合作博弈理论》[J]. 管理世界 (月刊)，2005 (6)：161－166.

[100] 周黎安. 中国地方官员的晋升锦标赛模式研究 [J]. 经济研究，2007 (7)：36－50.

[101] 周清松，张慧婷，苏新龙. 中国基础设施 PPP 项目风险管理分析——基于 COSO－ERM 框架 [J]. 社会科学前沿，2016，5 (1)：113－122.

[102] 周燕. 政府的合约性质及其经济治理——基于中国地方政府若干实践的交易费用考察 [J]. 管理世界，2017 (8)：81－94.

其他类文献

[1] 陈益刊. PPP 新机制配套文件征求意见 聚焦使用者付费项目 [N]. 第一财经日报，2023－01－01 (2).

［2］程奇．弗兰克·奈特主要经济思想研究［D］．浙江大学，2024.

［3］丁志国，郭婷婷．理性的约定：现代契约理论发展综述［C］//吉林大学数量经济优秀成果汇编（2018年卷）．吉林大学数量经济研究中心；吉林大学商学院，2019：9.

［4］胡潇潇．试论PPP模式中政府特许经营合同的法律性质［D］．天津大学，2016.

［5］黄四宝．城市基础设施PPP项目监管绩效影响因素及其提升路径研究［D］．重庆大学，2017.

［6］林勉．PPP项目风险评价研究［D］．天津大学，2015.

［7］宓翠．不同主导力量下考虑信息分享的闭环供应链决策研究［D］．燕山大学，2018.

［8］王春华．对标PPP新机制民企获特许经营重大利好［N］．中国经济导报，2024－01－01（2）.

［9］许洋洋．城市公用事业特许经营政府监管研究［D］．南京理工大学，2018.

［10］章昆昌．基于博弈论的PPP项目风险分担方法研究［D］．湖南大学，2011.

［11］钟寰，周娴．基于熵权法和灰色关联分析的基础设施PPP项目风险分担研究［D］．长沙理工大学，2019.

附录　PPP 项目风险因素权重及其影响程度判断专家调查问卷

尊敬的专家：

您好！感谢您在百忙之中抽出时间帮助我们填写这份调查问卷！

近年来，PPP（Public－Private－Partnership，政府和社会资本合作模式）模式在城市公用事业及基础设施领域得到了广泛的应用，其中，因风险管理不当导致的失败案例数不胜数。风险问题研究是城市公用事业 PPP 模式研究的关键环节，风险研究包括对风险识别、风险评估与风险分担全过程的研究，对于风险因素的精准识别以及有效评价，是最终确定合理的风险分担方式的必备基础。

本研究目的是调查城市公用事业 PPP 项目中各个风险因素的重要程度和严重程度，以定性和定量相结合的方式提醒管理者需要重点关注、重点控制的风险。此次调查问卷仅用于学术研究，请您放心并客观填写。

第一部分：填写人基本信息

1. 您所在单位的性质：[单选题]*

○政府机关　　○科研机构　　○高校

○企业　　○其他

2. 您从事现在工作的时间为＿＿＿＿＿＿年，从事 PPP 项目研究＿＿＿＿＿＿年。[填空题]*

3. 您是否参加过 PPP 项目？若无，请直接进入第二部分。[单选题]*

○是　　○否

4. 您参加的 PPP 项目类型是（可多选）：[多选题]*

☐交通运输　　☐水利建设　　☐生态建设和环境保护

☐农业、林业　　☐科技　　☐保障性安居工程

□医疗卫生　　□养老　　□教育、文化、体育
□市政工程　　□政府基础设施　　□城镇综合开发
□旅游　　□社会保障　　□其他

5. 您在参与的 PPP 项目中担任的角色（可多选）：［多选题］*

□政府官员　　□政府代理机构　　□金融机构
□投资人　　□承建商　　□设计单位
□运营商　　□供应商　　□咨询顾问
□其他

第二部分：风险因素权重评估

（请直接填写数字 1 –5. 风险概率：1 –几乎不可能发生；2 –极小；3 –偶然发生；4 –很可能发生；5 –经常发生）

6. 政府引致风险风险概率*

决策失误风险	______________
审批延误风险	______________
政府履约风险	______________
政府干预风险	______________
政府官员腐败风险	______________
土地产权风险	______________
政府招标风险	______________

7. 法律风险风险概率*

法律不完善风险	______________
监管体系法律法规漏洞风险	______________
法律冲突风险	______________
法律变更风险	______________
项目合同文件风险	______________

8. 金融风险风险概率*

利率变动风险	________________
项目融资风险	________________
汇率变动风险	________________
税收调整风险	________________
货币政策调控风险	________________

9. 项目建设风险风险概率*

配套不足风险	________________
土地征拆风险	________________
环保风险	________________
第三方供应风险	________________
设计施工风险	________________

10. 市场运营风险风险概率*

运营效率低下风险	________________
营运成本过高风险	________________
同类竞争风险	________________
需求不足风险	________________
残值风险	________________
项目收费风险	________________

11. 不可抗力风险风险概率*

气候风险	________________
地质灾害风险	________________
公共卫生事件风险	________________
国际冲突蔓延风险	________________

12. 工程技术风险风险概率*

测算主观风险	________________
生产技术风险	________________
完工风险	________________
技术不适用风险	________________

第三部分：风险因素对项目影响程度评估

（请在相应的位置打“√”）

13. 政府引致风险*

	很小	较小	一般	较大	很大
决策失误风险	○	○	○	○	○
审批延误风险	○	○	○	○	○
政府履约风险	○	○	○	○	○
政府干预风险	○	○	○	○	○
政府官员腐败风险	○	○	○	○	○
土地产权风险	○	○	○	○	○
政府招标风险	○	○	○	○	○

14. 法律风险*

	很小	较小	一般	较大	很大
法律不完善风险	○	○	○	○	○
监管体系法律法规漏洞风险	○	○	○	○	○
法律冲突风险	○	○	○	○	○
法律变更风险	○	○	○	○	○
项目合同文件风险	○	○	○	○	○

15. 金融风险*

	很小	较小	一般	较大	很大
利率变动风险	○	○	○	○	○
项目融资风险	○	○	○	○	○
汇率变动风险	○	○	○	○	○
税收调整风险	○	○	○	○	○
货币政策调控风险	○	○	○	○	○

16. 项目建设风险*

	很小	较小	一般	较大	很大
配套不足风险	○	○	○	○	○
土地征拆风险	○	○	○	○	○
环保风险	○	○	○	○	○
第三方供应风险	○	○	○	○	○
设计施工风险	○	○	○	○	○

17. 市场运营风险*

	很小	较小	一般	较大	很大
运营效率低下风险	○	○	○	○	○
营运成本过高风险	○	○	○	○	○
同类竞争风险	○	○	○	○	○
需求不足风险	○	○	○	○	○
残值风险	○	○	○	○	○
项目收费风险	○	○	○	○	○

18. 不可抗力风险*

	很小	较小	一般	较大	很大
气候风险	○	○	○	○	○
地质灾害风险	○	○	○	○	○
公共卫生事件风险	○	○	○	○	○
国际冲突蔓延风险	○	○	○	○	○

19. 工程技术风险*

	很小	较小	一般	较大	很大
测算主观风险	○	○	○	○	○
生产技术风险	○	○	○	○	○
完工风险	○	○	○	○	○
技术不适用风险	○	○	○	○	○

问卷结束。对这些问题占用您的宝贵时间表示歉意，并再次诚挚感谢您的帮助和支持！

后记

对于城市公用事业PPP模式选题的思考还是在吉林大学读博士研究生期间。信奉好的文章选题就是成功一半的我，在被产业经济学这个专业“画地为牢”之后，就一直在积极寻找有开拓潜力且未被充分挖掘的前沿领域。那些日子，我每天往返于图书馆、匡亚明楼资料室、食堂与寝室之间，食不知味，全力搜罗，在爬疏与阅读大量相关文献与影音资料后，仍旧在原地打转。“柳暗花明”出现在一次无意中翻看产业经济学教材的经历。偶然回顾以往所学，让我对“垄断”这一古老的经济学话题产生了一种相见恨晚的感觉。然而，如何将这个大致的方向与具体的博士论文联系起来，在经过多方思索之后，还是一筹莫展。几经辗转，寤寐思服。最终，通过国有经济研究中心汤吉军老师的介绍，阅读了王俊豪教授的著作及文章。而后更是不揣冒昧，发送邮件，希望王老师能够面授机宜，不吝赐教。当时王俊豪老师除了学者的基本研究工作外，还担任浙江财经大学校长一职，并一手创办了中国政府管制研究院，可谓是日理万机，事务缠身。可邮件发出没过多久，王老师便发来手机短信，热情邀请我参加当年浙江财经大学主办的中国政府管制论坛，并且已然安排好各项接待事宜。这突如其来的惊喜实在让我这个博士生受宠若惊。

与王老师的见面交谈非常愉快，也让我受益匪浅。王俊豪教授几十年来在城市公用事业研究领域深耕细作，著作等身，而我的产业经济学专业所向，也正是研究经济主体在特定产业中的市场行为，再加上城市公用事业属于典型的“自然垄断”行业。因而，那次拜访不但让我当面领略了王老师的风采，更重要的是基本明确了我的博士论文选题，即要以城市公用行业为主要内容开展研究。满心收获回到学校，就迫不及待地与我的导师展开探讨。许梦博教授认为，城市公用事业不仅在居民生活与物质生产两方面具有极广泛的影响力，而且非常契合产业经济学专业的选题方向。在此基础上，许老师还建议我考虑当时在我国基础设施领域已蔚然成风的政府与社会资本合作（PPP）模式—将它与城市公用事业相结合的研究更具前沿性及现实性。

放眼中国历史，与 PPP 模式相似的形式在我国社会发展早期就已经出现，并在经济体制和国家治理中扮演重要角色。在我国传统的国家治理结构中，将广义的政府与社会资本合作都归结为公私合作、特许经营。中国历史，源远流长，历经风雨，千年不辍，其发展之悠久为“特许经营”提供了足够的长度，任它变化演绎直至作为一种成熟的制度积淀下来；其文化之多彩又为“特许经营”增加了充分的厚度，使它在实施方面有着丰富的经验传照后世。中国传统的“生意专营”或“官督商办”与现代流行于欧美各国的 PPP 模式不谋而合。

PPP 模式正对我的胃口！在导师的耳提面命后，经过短暂研究，我便很快发现，PPP 模式尽管表面上形式多样，五花八门，究其本质而言，不过是政府与社会资本之间在不同局限条件下的特殊合约安排；而合约理论恰巧是本人用功最深的“专长”。真可谓是“归来笑捻梅花嗅，春在枝头已十分。”闻道有先后，术业有专攻。学者需有一技傍身，才能在学术道路上走得既稳且远。当时就已经打算将学术作为日后谋生手段的我，对于这样的道理深以为然。行文至此，就不得不提到对我学术影响最大的一位学者——张五常先生。作为新制度经济学的代表性人物，张五常先生有着传奇的人生经历，高超的学术造诣以及对广大青年学子的殷切期望。

回顾西方经济学的发展历程可以发现，在传统新古典经济学框架下的企业是由参数、变量构成的函数关系抽象成的一般化生产单位，资源使用效率即是在这样的生产单位下利用数学工具按照边际成本与边际收益相当原则计算出的数字。这种对经济问题进行抽象演绎的分析结果往往一叶障目，脱离现实，同时，遭到许多学者的质疑。正是面对这样在学习过程中与日俱增的疑问，我接触到了张五常教授的学说体系。还记得攻读博士学位期间的那些无眠夜晚，我手捧张五常教授的四卷本《经济解释》反复研读，偶有所得便喜不自胜。弱水有三千，只取一瓢饮。现今的经济学理论成百上千，可对张五常先生学术思想的理解越深就越加坚定了我要走的学术道路。学术是有品位这回事的，这是张五常教授的名言。

青春时光，匆匆而过。凭借对中国城市公用事业 PPP 模式的研究，我功不唐捐，最终获得博士学位；而后顺利在国内高校获得教职，开启人生新的篇章。古人云："书山有路勤为径，学海无涯苦作舟。"正是秉持这样一种信念，笔者多年以来，无论寒暑，肆力问学而不改，刻苦钻研而不怠。能够把多年来的学习研究沉于笔下，写就这篇书稿，我心无憾。此时此刻，还充满着大功告成的喜悦。此项"工程"的最终完成，除了自己的辛勤努力外，也离不开他人的鼎力相助。正是他们的背后支持与倾情付出，成就了我与此书，在此我力求一一列出，郑重致谢。

师者贤，育桃李，授业恩，永铭记。首先，要对在博士学习期间所有教授过我的老师致以真挚的感谢。许梦博教授是我的导师，她为我在通往学术的道路上架起了一座坚实的桥梁。许老师知行合一的治学态度，一丝不苟的工作风格，逻辑严谨的思维方式都深刻地影响了我。在整个博士期间，许老师不断给我鼓励，倾力为我讲解学科前沿问题，使我获益良多。除此之外，还要衷心感谢在求学期间给予我特别帮助的国有经济研究中心的汤吉军教授，他高超的学术素养给了我一个高度，站在这个高度上看待学习和生活，常常有一种一览众山小的感觉。最后，我要感谢几位前辈学人。张五常、王俊豪、向松祚、盛洪、茅于轼、聂辉华、李俊慧等一众学者。尽管和他们中的大多数都素未谋面，但见字如面，若晤其人，他们的经济学思想不仅指引我完成许多研究工作，还深深地影响了我的学术取向。

2023 年，《关于规范实施政府和社会资本合作新机制的指导意见》正式出台，为未来 PPP 项目的规范化、市场化和效率化发展提供了方向。PPP 领域迎来的新变化，同时也是我对旧文进行全面修订的一次契机。在此期间，我有幸认识了中国财政经济出版社的张晓丽女士。她对学术出版物的独到见解以及一丝不苟的工作态度让我对自己著作的出品信心倍增。另外，中国财政科学研究院博士研究生朱永兴也在本书成书过程中提供了有益支持和无私帮助。我与朱永兴相识于博士求学期间，在论文撰写和专著成书的全过程，他都给予了思想的碰撞、专业的建议。对于两位在本书付梓过程中作出的贡献，我在此深表感谢！在本稿成书过程中，让人始料未及的是，修订工作几乎相当于重写，改动幅度超过 8 万字，前前后后算起来长达一年。此时此刻，驻笔回望，甘咸苦辣，不断涌上心头，仿佛就在昨天。

同学年少，风华正茂。我还需要对求学期间的同窗好友表示感谢！那些相互切磋，砥砺思想的夜晚；那些指点江山，激扬文字的岁月；必将成为我一生中最美好的回忆。特别感谢张壮博士，张娟博士以及徐伟行长，他们对我学术思想的养成起到了潜移默化的作用。不仅如此，在我遇到困难时他们毫不犹豫地伸出援手，雪中送炭。对此我心存感激，念念不忘。希望在今后的日子里还有与他们互动的机会，也让我能够品尝帮助他人的快乐。除此之外，来自家人的长期操劳为我分担了本应由我来承担的家务，为我安排下一张安静的书桌，保障了我能够心无旁骛地写作。最终也成为我完成此书的最大动力。

最后，我要感谢安徽财经大学周婷、李梦媛、张雨洁、李心蕊、闵鉴等同学，以及我曾经的学生米麒鞘。有赖于她们出色完成大量基础性工作，本书稿最终能以清晰的面貌，井然的秩序呈现出来。

感谢过去的一切，让我拥有如此之多。雄关漫道真如铁，而今迈步从头越。天道酬勤，不畏前路。

献给阳阳和小逸逸！

张一楠

2024 年 10 月于安徽蚌埠